ZU DIESEM BUCH

In der Verhaltenstherapie bei Erwachsenen werden heute zunehmend Verfahren der Selbstkontrolle eingesetzt: der Patient ist als sein eigener Therapeut engagiert. Watson und Tharp zeigen ausführlich anhand vieler Fallgeschichten und leicht lesbar, wie unerwünschte, aber hartnäckige Gewohnheiten (z. B. Rauchen oder Zuvielessen oder Kontaktschwierigkeiten) in eigener Regie analysiert und verändert werden können. Die Autoren legen hiermit das erste systematisch aufgebaute Lehrbuch der Selbstkontrolle vor. Gleichzeitig vermitteln sie eine klare Einführung in die Begriffe, Grundsätze und Methoden der Verhaltenstherapie.

DAVID WATSON, Dr. phil., Professor für Psychologie an der University of Hawaii; ROLAND THARP, Dr. phil., Professor für Psychologie und Director of Clinical Studies an der University of Hawaii; Mitautor (zusammen mit R. Wetzel) von »Behaviour Modification in the Neutral Environment« (1969).

David Watson / Roland Tharp

Einübung in Selbstkontrolle

Grundlagen und Methoden
der Verhaltensänderung

Verlag J. Pfeiffer · München

Die amerikanische Originalausgabe ist unter dem Titel »Self-Directed Behavior: Self-Modification for Personal Adjustment« erschienen.

Vorwort und Übersetzung aus dem Amerikanischen von Simone und Klaus Grawe, Diplompsychologen, Universität Hamburg

Mitglied der »verlagsgruppe engagement«

Nr. 13
Reihe »Leben lernen«
herausgegeben von
Lorenz Wachinger

Alle Rechte vorbehalten!
Printed in Germany
Druck: Manz, Dillingen/Donau
Umschlagentwurf: Hermann Wernhard
© Verlag J. Pfeiffer, München 1975
ISBN 3-7904-0150-1

Inhalt

Vorwort

Es gibt viele Bücher über persönliche Anpassung, aber fast keine darüber, wie man sie erreicht. Viele Bücher mahnen uns, jeden Tag besser zu werden, aber wenige sagen uns, wie. Das muß nun nicht länger so bleiben, denn eine allgemeine Theorie zur Erklärung menschlichen Verhaltens ist entwickelt, und es gibt Techniken, die man auf Verhaltensprobleme anwenden kann. Dieses Buch will Sie mit der allgemeinen Theorie des Verhaltens bekannt machen, Sie durch Übungen zur Entwicklung von Fertigkeiten in der Selbstanalyse führen und Sie mit konkreten Informationen darüber versorgen, wie Sie die Ziele erreichen können, die Sie sich vorgenommen haben. Wichtigstes Anliegen dieses Buches ist es, Ihnen, dem Leser, zu helfen, mehr Selbstbestimmung zu erreichen, mehr »Willenskraft«, mehr Kontrolle über Ihr eigenes Leben.

Das Buch kann als Lehrbuch in Psychologie-Kursen dienen, aber es erfordert nicht unbedingt eine regelrechte Lehrveranstaltung. Jeder Leser kann es zur Selbstinstruktion benutzen. Es sind keine Voraussetzungen erforderlich. Klienten von Therapeuten oder Beratern können es als Hilfsmittel benutzen, um ihre eigene Selbstveränderung zu planen.

Wir möchten Sie warnen vor einer möglichen unerwarteten Nebenwirkung: Sie könnten Interesse an der Wissenschaft vom Verhalten bekommen. Überraschend viele Leute fangen an, sich näher mit dem Gegenstand dieses Buches zu beschäftigen, nachdem sie es gelesen haben. Dieses Interesse ist vielleicht z. T. auf die gegenwärtige Jagd nach etwas Sinn- und Bedeutungsvollem zurückzuführen – wenige Dinge liegen uns so sehr am Herzen wie wir selbst. Aber es ist auch das Ergebnis eines echten Lernens aus Erfahrung, das sich durch den Selbstveränderungsprozeß ergeben kann.

Das Mittel, durch das Sie lernen, wird Ihre eigene Selbstanalyse sein, Ihre eigenen Programme, um Ihre Wertvorstellungen in Realität umzusetzen. Nach einem Abschnitt über den individuellen Charakter von Wertvorstellungen werden wir Sie mit einigen theoretischen Grundlagen der Verhaltensanalyse vertraut machen. Danach werden Sie zügig durch eine Reihe von Themen geführt, die die einzelnen Schritte auf dem Weg zu größerer Selbstbestimmung darstellen. Als nächstes folgt ein Kapitel darüber, an welche Fachleute Sie sich wenden können, wenn Sie Ihre Probleme nicht durch Selbsthilfe bewältigen können*.

Am Schluß folgt eine theoretische und philosophische Abhandlung über Willen und Selbstkontrolle. Während des ganzen Buches werden Sie immer wieder aufgefordert werden, begleitend zu jedem Kapitel Ihr eigenes Selbstveränderungsprojekt durchzuführen. Im gewissen Sinne wird Ihr tägliches Leben zum Laboratorium werden, in dem Sie Ihr eigenes Verhalten studieren und verändern.

DANKSAGUNGEN

Es ist schwierig, allen denen unsere Anerkennung auszusprechen, ohne die diese Arbeit nicht zustande gekommen wäre. Wir haben besonders zu danken für die ausgezeichneten kritischen Analysen von Leonard Ullmann, Donna Gelfand und John Peters. Joyce Watson half uns in jedem Stadium des Projektes, insbesondere bei der Durchsicht des Manuskripts auf Klarheit.

Finanzielle Unterstützung wurde uns z. T. gewährt durch Stipendien des University of Hawaii Research Council und des National Institute of Mental Health (Grant MH 17747.01).

Dieses Buch ist in erster Linie entstanden aus unseren Erfahrungen mit Studenten und Kollegen an der Universität von Hawaii. Stundenlange, geduldige Gespräche mit Jack Annon,

---

* Dieses Kapitel ist in der deutschen Ausgabe nicht enthalten, siehe Vorwort des Übersetzers.

Richard Dubanoski, Ian Evans, Ronald Johnson, Scott Mac Donald und Gisele Speidel erbrachten bedeutungsvolle Beiträge. Mehrere Studenten haben von Anfang an eng mit uns zusammengearbeitet und in vieler Hinsicht zur Entwicklung der Ideen beigetragen: Barbara Brown, Janice Kaya, Linda Mahoe, Chantis Stinson, Kathleen Westropp und Brian Young. Wir sind glücklich, einer Reihe von Studenten unsere Anerkennung auszusprechen, die an unseren ersten Seminaren teilgenommen haben: Gale Ashby, Him Bell, Steven Brown, Diana Chang, Pamela Dominy, Catherine Frost, Sandra Gatz, Verlwa Hata, Liana Higa, Nancy Hunter, Alice Johnson, Ellen Kaguni, Lynette Kajiwara, Jane Krisberg, Janice Ledoux, Anne Leung, Sylvia Lum, Lynette Mizuno, Tomoko Nagado, Abdul Halim Othman, Ron Pickus, Lanette Shizuru, Walter Skiba, Clarence Steadman, Loxy Strahle, Eta Yee, Ernie Yoshimoto und Gwen Young.

Roberta Fong, Catherine Frost und Irene Ohashi schrieben das Manuskript, Janet Sall half beim Korrekturlesen.

Schließlich möchten wir noch gut 500 Studenten unsere Anerkennung aussprechen, die während mehrerer Semester an dem Psychologie-Kurs 110 an der Universität von Hawaii teilgenommen haben. Sie studierten Selbstveränderung dadurch, daß sie Selbstveränderungsprojekte unternahmen, und halfen damit sich selbst und uns. Das Buch hätte ohne ihre fröhliche Mitarbeit nicht geschrieben werden können.

Vorwort für den Fachmann

Selbstmodifikation ist ein Versuch, Selbstveränderungsstrategien mit der allgemeinen Verhaltenstheorie zu verknüpfen. Die systematische Untersuchung der Selbstmodifikation begann wohl mit Skinners Werk aus dem Jahre 1953, *Wissenschaft und menschliches Verhalten* (deutsch bei Kindler, 1973), in dem er acht Möglichkeiten zum Erlangen von Selbstkontrolle aufführte. 1965 unterschied Ferster drei solche Arten (im Anschluß an die Untersuchung von Ferster, Nurnberger und Levitt aus dem Jahre 1962), und Goldiamond veröffentlichte seine bekannten Fallstudien (Ferster, 1965; Goldiamond, 1965). Mindestens fünf Jahre früher begannen Kanfer und seine Mitarbeiter mit ihrer Pionierarbeit über Selbstverstärkung (Kanfer und Marston,

1963a; 1963b; Marston und Kanfer, 1963). Es folgte der Artikel von Kanfer und Phillips (1966) über »instigation therapy«, der Ziele und Techniken für den klinischen Unterricht in Selbstregulation beschreibt. Bald darauf erschien ein ausgezeichnetes Beispiel für »instigation therapy«-Forschung und -Behandlung (Rehm und Marston, 1968). 1966 hatte Cautela seine Technik der »verdeckten Sensibilisierung« veröffentlicht. Es begann die allmähliche Erforschung von Adaptionen verhaltenstherapeutischer Standardtechniken für Selbstkontrolle – zuerst der Aversionstherapie (McGuire und Vallance, 1964) und der Desensibilisierung (Migler und Wolpe, 1967). Von 1967 bis heute ist eine Fülle von Fallberichten, Parameterstudien und Vorschlägen für neue Techniken erschienen. Eine repräsentative Aufzählung würde enthalten: Stuart, 1967; Tooley und Pratt, 1967; Kolb, Winter und Berlew, 1968; Kahn und Baker, 1968; Davison, 1968; Nolan, 1968; Bergin, 1969; Harris, 1969; Rardin, 1969; Rutner und Bugle, 1969; Nurnberger und Zimmermann, 1970; Repucci und Baker, 1969; Stuart, 1971, und Marston und McFall, 1971.

Die Selbstmodifikationstechniken basieren auf einer Fülle von experimentellen Laboruntersuchungen, von denen viele in Kapitel 14 aufgeführt werden. Ausgezeichnete Überblicke über Theorie und Forschung in diesem Bereich geben Kanfer (1970), Kanfer und Philipps (1970) und Bandura (1969).

Zwei sehr vielversprechende theoretische Ansätze der Selbstmodifikation sind in dieser Ausgabe nicht enthalten. Über den einen hat Cautela (1970) einen guten Überblick gegeben, der andere ist die Verwendung verbaler, subvokaler oder »verdeckter Selbstverstärkung«, wie sie von Homme (1965) vorgeschlagen wird. Obwohl diese Technik möglicherweise sehr wirksam ist, haben wir uns dafür entschieden, zu warten, bis weitere experimentelle und klinische Erfahrungen über die effektivsten Methoden ihrer Anwendung vorliegen. Die zweite Theorie betrifft die Methoden der »verdeckten Sensibilisierung«, der Gegenkonditionierung durch die Verwendung unangenehmer Vorstellungen (Cautela, 1966). Obwohl diese Technik sich als klinisch nützlich erwiesen hat, scheint Vorsicht wegen ihrer möglichen falschen Anwendung geboten. Nach unserer Erfahrung neigen viele Menschen dazu, ihre Vorstellungen in Phantasien abschweifen zu lassen, während sie verdeckte Sensibilisierung als »Hausaufgabe« durchführen. Das Lenken der Vorstellungen durch einen Therapeuten ist ein Schutz dagegen, aber selbstgelenkte Phantasien können schädliche, unbeabsichtigte Sensibilisierungen bewirken. Es ist dagegen schwierig, sich irgendwelche schädlichen Wirkungen bei der Selbstdesensibilisierung vorzustellen, sogar wenn sie nicht erfolgreich ist.

Diese beiden Techniken, die verdeckte Konditionierung und die verdeckte Sensibilisierung, bei denen die Manipulation von mentalen Vorgängen auf die von Verhaltensweisen abgestimmt ist, bedürfen intensiver Forschung. Spätere Abhandlungen über Selbstmodifikation mögen sie sehr wohl mit behandeln.

David Watson
Roland Tharp

VORWORT DES ÜBERSETZERS

Das Buch von David Watson und Roland Tharp, das mit dieser Übersetzung einem breiteren deutschen Leserkreis zugänglich gemacht werden soll, ist ursprünglich von Amerikanern für amerikanische Leser geschrieben worden. Das wird auch in der Übersetzung noch deutlich durch die vielen Beispiele, die den »american way of life« widerspiegeln. Wir haben diese Beispiele unverändert gelassen, da sie zum persönlichen Stil der Autoren gehören und für den deutschen Leser klar erkennen lassen, auf welchem Hintergrund das Buch entstanden ist. Das ganze Buch atmet die liberale und pragmatische Lebensphilosophie, zu der sich die Autoren in Kapitel 2 ausdrücklich bekennen.

Diese Werthaltung des Buches ist in den Seminaren, in denen ich mit deutschen Studenten das Buch durchgearbeitet habe, Gegenstand heftiger Diskussionen gewesen. Dabei ist immer wieder verkannt worden, daß es sich hier um eine persönliche Werthaltung der Autoren handelt und nicht notwendigerweise um die der verhaltenswissenschaftlichen Psychologie oder ihrer Anwendung, der Verhaltensmodifikation.

Den Autoren ist gerade dafür besondere Anerkennung zu zollen, daß sie gleich am Anfang ausdrücklich klarstellen, welche Wertvorstellungen ihrerseits in ihre Darstellung der Verhaltensmodifikation eingegangen ist. Dem Leser wird dadurch die Unterscheidung erleichtert zwischen dem, was persönliche Meinung der Autoren, und dem, was objektive Information ist.

Ob der Leser mit der Werthaltung der Autoren übereinstimmt oder nicht, ist keine Entscheidung über Richtigkeit oder Unrichtigkeit der in dem Buch dargestellten Prinzipien, wohl aber eine persönliche Stellungnahme zu ihrer Anwendung. Auch in diesem Punkt sollte der Leser, ebenso wie es ihm sonst im Verlaufe des Buches dringend nahegelegt wird, die theoretischen Erkenntnisse, zu denen er gelangt ist, auf sich selbst anwenden, um eine persönliche Lernerfahrung zu machen. Wir möchten dem Leser dringend ans Herz legen, sich selbst zu befragen, welche Wertvorstellungen in die Wahl der Ziele für sein eigenes Selbstveränderungsprojekt, das er beim Lesen des Buches durchführen will, eingegangen sind. Dies wäre eine besonders nützliche Übung für denjenigen, der später als Fachmann die Lerngesetze zur Veränderung anderer einsetzen möchte. Es sollte ihm hier schon in Fleisch und Blut übergehen, daß die Abklärung dieser Frage am Anfang jedes Interventionsplanes zu stehen hat.

Das Buch erscheint mir für verschiedene Gruppen von Benutzern geeignet:

Es ist meiner Meinung nach die beste und konkreteste Einführung in die Grundlagen der Verhaltensmodifikation und damit sehr gut geeignet für alle, die sich in dieses Gebiet einarbeiten wollen. Das Buch richtet sich ebenso an den Leser, der sich einfach aus Interesse über dieses Gebiet informieren will, wie an den, der sich Hilfe für ein bestimmtes Problem der Selbstkontrolle erhofft.

Demjenigen, der die am Ende eines jeden Kapitels vorgeschlagenen Schritte wirklich gewissenhaft ausführt, wird das Buch bei der Erreichung vieler Vorsätze, die er bisher nicht in die Tat umsetzen konnte, helfen können. Die Selbstanwendung der dargestellten Prinzipien hat aber natürlich auch ihre Grenzen. Sie kann keinesfalls als Patentrezept für die Beseitigung psychischer Störungen aller Art angesehen werden. In der amerikanischen Originalausgabe ist daher auch ein Kapitel darüber enthalten, an welche therapeutischen Institutionen sich der Leser wenden kann, wenn er das Gefühl hat, mit seinen Problemen nicht alleine fertig zu werden. Da sich die amerikanischen Verhältnisse erheblich von den deutschen unterscheiden, sind diese Angaben auf den deutschen Bereich nicht übertragbar. Dieses Kapitel, das ursprünglich 13., ist daher in der deutschen Ausgabe ausgelassen worden.

Dem Leser, der sich durch seine Probleme schwer beeinträchtigt fühlt und mit der Selbstanwendung der Lerngesetze nicht den erhofften Erfolg erzielt, wird empfohlen, sich in seiner Umgebung nach den Möglichkeiten für eine psychotherapeutische oder verhaltenstherapeutische Behandlung zu erkundigen. Es besteht kein Grund, die Hoffnung auf eine Änderung der eigenen Schwierigkeiten aufzugeben, wenn ihre Bewältigung durch den Versuch der Selbstveränderung nicht gelungen ist. Viele Probleme lassen sich besser, manche wohl auch nur mit der Hilfe eines anderen Menschen oder Fachmannes lösen.

Für den Fachmann sehe ich zwei hauptsächliche Anwendungsmöglichkeiten des Buches:

Es eignet sich erstens hervorragend für ein Einführungsseminar in die Grundlagen der Verhaltenstherapie. Es stellt keinerlei Voraussetzungen und bringt dem Studenten die Lerngesetze von vornherein in der konkreten Form nahe, in der er sie später für seine Arbeit als Therapeut beherrschen muß.

Weiterhin scheint es mir eine geeignete Grundlage für Selbsterfahrungsgruppen im Bereich der Verhaltenstherapie-Ausbildung zu sein. Die Teilnehmer erfahren sozusagen am eigenen Leib die praktischen Schwierigkeiten, die bei der Anwendung von Selbstbeobachtungstechniken usw. auftreten, und die vielfältigen Widerstände, die gegen eine solche Form der Beeinflussung auftreten können.

Damit sich die Studenten in solchen Gruppen auch mit ihren persönlichen Schwierigkeiten kennenlernen, auch mit solchen Schwierigkeiten, die sie evtl. daran hindern würden, später ein guter Therapeut zu sein, wäre es von Vorteil, wenn solche Gruppen über mehrere Semester hinweg bestünden. Die Gruppenmitglieder könnten sich dann gegenseitig helfen, die Probleme des einzelnen, die im Zusammenleben der Gruppe sichtbar werden, durch Anwendung verhaltenstherapeutischer Techniken zu verändern.

Ein solches längeres Fortbestehen der Gruppen könnte im Rahmen der Studentenausbildung m. E. sehr sinnvoll mit der praktischen Ausbildung zum Therapeuten verbunden werden. Auf die Durcharbeitung des Buches könnte als nächster Lerninhalt die Einübung in die wichtigsten verhaltenstherapeutischen Techniken folgen, darauf die eigene Durchführung von Therapien unter der Anleitung und Supervision eines erfahreneren Therapeuten und gegenseitiger Supervision und Unterstützung durch die anderen Gruppenmitglieder. Auf diese Weise wäre eine verantwortungsvollere und gleichzeitig qualitativ bessere praktische Ausbildung zum Therapeuten möglich als im Rahmen herkömmlicher Fallseminare, in denen sich die Teilnehmer oft nur flüchtig kennen und in denen es daher in der Regel hauptsächlich um technische Aspekte und um die Veränderung der Patienten geht, nicht aber um die der Therapeuten.

Eine zweite Anwendungsmöglichkeit des Buches für den Fachmann sehe ich in der Arbeit mit Patienten. Das Buch ist für einen großen Teil von Patienten verständlich genug geschrieben. Der Therapeut kann dem Patienten entweder das ganze Buch oder einzelne Kapitel daraus zum Lesen geben, damit er einen besseren Einblick in die Therapie bekommt, sich nicht so manipuliert fühlen muß und eigenständiger mitarbeiten kann.

Inwieweit das Buch auch eine geeignete Grundlage für Therapie-Gruppen sein kann, indem es die notwendigen Informationen für die Anwendung verhaltenstherapeutischer Prinzipien und Techniken auf die Probleme der einzelnen Gruppenmitglieder und auf die Vorgänge in der Gruppe vermittelt, müßte noch empirisch untersucht werden.

Insgesamt erscheinen mir die Anwendungsmöglichkeiten des Buches breit und vielversprechend. Meine mit dieser Übersetzung verbundenen Hoffnungen gehen dahin, daß es den aufgezeigten Möglichkeiten entsprechend genutzt wird.

Hamburg, im Juli 1974   *Klaus Grawe*

Kapitel 1

Überblick

1. Zweck dieses Buches ist, den Leser zu lehren, wie er sein eigenes Verhalten selbst kontrollieren oder selbst verändern kann. Die Prinzipien, die dafür vorgeschlagen werden, sind abgeleitet aus der Wissenschaft vom Verhalten, der Psychologie.

2. Es werden kurz die Themen aufgeführt, die in den einzelnen Kapiteln des Buches behandelt werden.

3. In einem Beispiel für ein Selbstveränderungsprojekt wird gezeigt, wie ein junger Mann seine Beziehungen zu seinen Eltern verändert.

4. Der erste Schritt zur Wahl eines eigenen Selbstveränderungsprojektes wird näher erläutert.

Dieses Buch ist geschrieben für einen Leser, der seine persönlichen Beziehungen zu seiner Umwelt verbessern möchte. Wenn Sie so jemand sind, dann könnte Ihnen dieses Buch dabei behilflich sein, eine größere Harmonie zwischen sich selbst und Ihrer Umwelt zu erreichen.

Dieses Buch beruht auf Prinzipien, die in den letzten hundert Jahren in den psychologischen Laboratorien in aller Welt entdeckt worden sind. Diese Grundannahmen der Psychologie haben während der letzten zehn Jahre mehr Ausbreitung als je zuvor gefunden. Man hat menschliche Probleme aller Art – von Geisteskrankheiten bis zur Kriminalität, von ehelichen Schwierigkeiten bis zur öffentlichen Erziehung – mit großem Nutzen nach ihren psychologischen Gesetzmäßigkeiten analysiert. Einige Lösungen haben zu neuen Techniken geführt. Eine dieser Techniken ist die *Verhaltensmodifikation*. Bei dieser Technik werden psychologische Prinzipien systematisch auf menschliche Probleme angewandt mit dem Ziel, Verhalten zu verändern.

Dieses Buch ist eine Anleitung zur Selbstanwendung der Verhaltensmodifikation. Die Verfahren, die wir vorschlagen, sind abgeleitet aus den Selbstveränderungsprojekten von Hunderten unserer Studenten.

Sie werden beim Lesen einige Grundregeln der Psychologie kennenlernen – manchmal werden wir Sie sogar bitten, sich diese Regeln sehr genau klarzumachen –, aber das eigentliche Ziel ist es, Ihnen dabei zu helfen, etwas gegen Ihre eigene Unzufriedenheit zu tun.

Natürlich sind die Büchereien voll mit Anleitungen, wie Sie glücklicher werden können, wie Sie bessere Freunde finden, wie Sie sexuell zufriedener werden oder wie Sie Ihre Kinder besser erziehen können. Sie können nachlesen, wie Sie das Rauchen aufgeben, abnehmen, mit Glücksspielen aufhören und Rendezvous sammeln können. Nicht alle dieser Ratgeber sind wertlos; in manchen stecken durchaus haltbare Ideen. *Aber diese Ideen sind nur insoweit haltbar, als sie übereinstimmen mit den allgemeinen Gesetzmäßigkeiten menschlichen Verhaltens.* Dieses Buch ist insofern anders, als die Vorgehensweisen und Techniken, die wir empfehlen, alle abgeleitet sind aus der wissenschaftlichen Psychologie und daher sicher mit den allgemeinen Grundregeln menschlichen Verhaltens übereinstimmen.

Man lernt im allgemeinen leichter, wenn man vorher eine ungefähre Vorstellung von dem hat, was man lernen soll. Aus diesem Grunde wird jedem Kapitel in diesem Buch ein Überblick vorangestellt. Lesen Sie jeweils den Überblick durch und stellen Sie sich selbst Fragen über die darin enthaltenen Gedanken, bevor Sie anfangen, das Kapitel zu lesen. Sie werden das Gelesene auch besser behalten, wenn Sie den Überblick nach Beendigung des Kapitels noch einmal durchgehen (Fox, 1966).

Überblick über das Buch

Dieses Prinzip, daß ein Überblick über die Hauptgedanken des nächsten Abschnittes den Lernprozeß erleichtert, soll auf den gesamten Stoff des Buches angewandt werden. Daher folgt jetzt ein Überblick über das ganze Buch. Er wird Sie mit der Reihenfolge bekannt machen, in der die Ideen dargestellt werden, und mit einigen der Verbindungen, die sie untereinander haben. In Kapitel 2 stellen wir unseren Begriff von Anpassung vor, wobei wir Anpassung als die Qualität der Beziehungen zwischen dem Verhalten einer Person und ihrer Umgebung betrachten. Diese Beziehungen sind das Ergebnis von Lernerfahrungen; daher betrachten wir in Kapitel 3 die Lerngesetze: wenn Sie Ihre Anpassung an Ihre Umgebung verbessern wollen, müssen Sie in der Lage sein, Ihre eigenen Lernerfahrungen zu steuern.

Kapitel 4 ist ein Überblick über die Prinzipien und Verfahren, die bei der Selbstveränderung eine Rolle spielen. Kurz zusammengefaßt: Selbstkontrolle bedeutet, daß Sie Ihr eigenes Verhalten beobachten, die Bereiche bestimmen, in denen Ihnen Veränderungen oder Verbesserungen notwendig erscheinen, daß Sie Ihr Leben so einrichten, daß Sie geeignete Lernerfahrungen machen können, und schließlich, daß Sie einen Plan ausführen, um die entsprechenden Lernerfahrungen tatsächlich zu machen. Solche Pläne müssen sorgfältig ausgearbeitet und dann beibehalten und berichtigt werden, bis das gesetzte Ziel erreicht ist. Kapitel 5 bis 12 behandeln diese Verfahren im einzelnen.

Das letzte Kapitel behandelt ein Thema, von dem mancher

der Meinung sein könnte, es gehöre an den Anfang: es geht um die Willenskraft, die erforderlich ist, um das eigene Verhalten zu kontrollieren. Wir haben dieses Thema an den Schluß gesetzt, weil wir es für sehr wichtig halten, daß Sie beim Lesen die persönliche Erfahrung der Selbstkontrolle machen, und weil wir Sie so schnell wie möglich in die notwendigen Techniken einführen wollen. Nachdem Sie tatsächlich einen Versuch der Selbstkontrolle unternommen haben, werden Sie in der Lage sein, die im letzten Kapitel dargestellten Gedanken auf Ihre eigenen Erfahrungen anzuwenden. Wenn das Buch über den reinen Lesestoff hinaus für Sie wirklich eine Anleitung zur Selbstveränderung oder Selbstkontrolle sein soll, *dann ist es sehr wichtig, daß Sie die praktischen Schritte, die wir vorschlagen, beim Lesen des Buches tatsächlich ausführen.*

SELBSTVERÄNDERUNG: EINE FALLGESCHICHTE

In unserem Kurs an der Universität, in dem wir die in diesem Buch dargestellten Verfahren entwickelt haben, führt jeder unserer Studenten ein Selbstveränderungsprojekt seiner eigenen Wahl als Pflichtteil des Kurses durch. Wir werden später besprechen, wie Sie selbst ein eigenes Problem auswählen können, das Sie beim Lesen des Buches bearbeiten.

Das Buch enthält zahlreiche Fallgeschichten. Wir haben uns Mühe gegeben, die Privatsphäre der Personen, deren Fallmaterial wir benutzten, zu schützen. Manchmal stellen wir Fälle dar, so wie sie wirklich geschehen sind, mit genügend Veränderungen, um die Personen unkenntlich zu machen, während wir an anderen Stellen aus mehreren einzelnen Fällen zusammengesetzte Fallgeschichten darstellen, um einen bestimmten Punkt klar herauszuarbeiten, die betroffenen Personen aber geheimzuhalten. Das ganze Fallmaterial stammt aus den Selbstveränderungsprojekten unserer Studenten. Es folgt nun eine wahre Fallgeschichte eines vollständigen Selbstveränderungsprojektes.

FALL 1 war ein 20jähriger Student, Ted, der bei seinen Eltern lebte und ganztägig die Universität besuchte. Ted berichtete, daß sich sein Verhältnis zu seinen Eltern während der letzten Monate so verschlechtert hatte, daß immer häufiger Auseinandersetzungen über vollkommen harmlose Vorfälle stattfanden. Dabei gab es nur wenige echte Gründe zu Unstimmigkeiten, und oft sah Ted sein eigenes Verhalten als Hauptursache des Konfliktes. Er überhörte Fragen seiner Eltern, gab ihnen dumme Antworten oder machte ironische Bemerkungen. Das Ergebnis war meistens, daß seine Eltern ärgerlich wurden und es ihm auf ihre Art zurückzahlten. Dann ärgerte er sich und hatte gleichzeitig Schuldgefühle. Dieses Problem hatte sich während der letzten drei Jahre entwickelt und wurde anscheinend immer schlimmer. Ted hatte einen Punkt erreicht, wo er kaum noch fähig war, zu Hause ein einfaches, freundliches Gespräch zu führen.

Als Ted sich in unseren Kurs einschrieb, wählte er als Gegenstand seines eigenen Selbstveränderungsprojektes die schlechte Beziehung zu seinen Eltern. Er beschloß, daß er versuchen wollte, häufiger etwas Freundliches zu seinen Eltern zu sagen. Als erstes mußte er feststellen, wie oft er freundliche Bemerkungen seinen Eltern gegenüber machte. So machte er drei Wochen lang jedesmal, wenn er etwas Freundliches gesagt hatte, einen Strich auf einem Blatt Papier. Die Gesamtzahl freundlicher Bemerkungen zu seinen Eltern über diesen Zeitraum von drei Wochen hinweg war vier. Gerade etwas mehr als einmal in der Woche im Durchschnitt sagte er so etwas wie »Mutter, das war wirklich ein gutes Essen!« oder »Vater, das ist wirklich sehr nett von Dir, daß Du mir Hilfe anbietest.« Er beschloß, daß er sich von nun ab bemühen wollte, alle drei Tage etwas Freundliches zu sagen. Das würde schon eine Verbesserung sein, ein erster kleiner Schritt.

Ted suchte nach einem Weg, wie er die Häufigkeit seiner freundlichen Äußerungen steigern könnte. Da Poolbillard sein liebstes Hobby war und er es mindestens alle drei Tage spielte, setzte er sich selbst die Regel, er dürfe nicht »Pool« spielen, ehe er nicht etwas Freundliches zu seinen Eltern gesagt hätte.

Nach drei Wochen hatte er sein Ziel, eine Freundlichkeit alle drei Tage, erreicht und beschloß nun, die Häufigkeit freundlicher Äußerungen zu seinen Eltern auf einmal alle zwei Tage zu steigern. Wenn er auch dieses Ziel erreicht hätte, wollte er versuchen, die Häufigkeit seiner freundlichen Bemerkungen auf einmal täglich zu steigern. Er gab sich selbst Punkte für jede

Freundlichkeit und spielte nicht eher »Pool«, bis er eine bestimmte Punktzahl erreicht hatte. Mit der Zeit steigerte er allmählich die erforderliche Punktzahl.

Acht Wochen, nachdem er mit seinem Plan begonnen hatte, war Ted soweit, daß er mindestens einmal am Tag etwas Freundliches sagte. Seine Eltern waren darüber sehr erfreut. Die Auseinandersetzungen hatten sichtlich abgenommen, und das machte zusammen mit seiner vermehrten Freundlichkeit die häusliche Situation sehr viel angenehmer. Was Ted getan hatte, war, daß er die Prinzipien der Psychologie benutzt hatte, um eine Veränderung seines eigenen Verhaltens zu bewirken, indem er an einem Problem seines eigenen Lebens gearbeitet hatte.

Teds Plan zur Selbstkontrolle ist ausgezeichnet. Was macht ihn so gut? Welche Prinzipien sind darin angewandt worden? Was sind die wesentlichen Bestandteile des Planes? Diese Fragen sind die zentralen Themen dieses Buches.

IHR EIGENES SELBSTVERÄNDERUNGSPROJEKT:
1. SCHRITT

Wir empfehlen dringend, daß der Leser begleitend zum Buch ein eigenes Selbstveränderungsprojekt durchführt. Sie sollten sich daher Gedanken darüber machen, womit Sie in Ihrem eigenen Leben unzufrieden sind und was Sie evtl. verändern möchten. Der erste Schritt zur Wahl eines eigenen Problems, das Sie später bearbeiten, ist der, daß Sie eine Liste dieser Ärgernisse aufstellen.

Kapitel 2

Anpassung: Verhalten und die Umgebung

1. Der Begriff der Anpassung wird definiert:
   a) Das Wort Anpassung kann ein persönliches Werturteil über Verhalten bedeuten.
   b) Anpassung kann sich beziehen auf Verhalten in bestimmten Situationen: Verhalten verändert sich von einer Situation zur anderen, so daß man in einer Situation gut angepaßt sein kann, in einer anderen aber nicht.

2. Es werden zwei Quellen von persönlichen Problemen aufgeführt.
   a) Sie tun etwas, das Sie eigentlich nicht tun möchten.
   b) Sie tun etwas nicht, das Sie eigentlich tun möchten.

3. Ihr Verhalten in einer Situation ist erlernt. Ihre Umgebung lehrt Sie neue Verhaltensweisen und löst Verhaltensweisen aus, die Sie bereits vorher gelernt haben.
   a) Sie können demnach Ihr Verhalten selbst verändern, indem Sie sich freiwillig vornehmen, sich selbst neue Verhaltensweisen in bestimmten Situationen beizubringen.
   b) Diese Betrachtungsweise der Anpassung nennt man das verhaltenstheoretische Modell.

4. Es gibt eine Alternative dazu, das medizinische Modell.
   a) In diesem Modell wird angenommen, daß äußere Symptome durch innere Probleme verursacht werden.
      1. Verhalten wird als Symptom betrachtet.

2. Die inneren Ursachen werden in Konflikten oder emotionalen Störungen gesehen.

b) Es hat im Verlauf der Geschichte auch andere Modelle gegeben.

c) Aus jedem Modell leiten sich unterschiedliche Folgerungen ab, wie man mit Anpassungsproblemen umgehen solle.

5. Folgerung: Anpassung ist ein Werturteil über die Beziehung zwischen dem Verhalten eines Menschen und seiner Umgebung. Diese Beziehungen sind erlernt. Bei der Selbstveränderung versuchen Sie, die Beziehungen zu analysieren, die Umgebung zu verändern und neues Lernen zu bewirken.

Ordnen, kombinieren, in Einklang bringen, die Begriffe bilden; die Einzelteile untereinander und mit etwas anderem in Übereinstimmung bringen; und das den Gesetzen gemäß tun, die diese Harmonie beherrschen: das ist die Definition von Anpassung.

Normalerweise denken wir, wenn wir Selbstanpassung sagen, an eine Harmonie zwischen den verschiedenen Teilen in uns selbst, d. h. zwischen unseren Gedanken, Gefühlen und Handlungen. Ein Mensch, der durch innere Widersprüche zerrissen ist, unentschieden, verwirrt und mit sich selbst uneins, gilt nicht als glücklich und ausgeglichen. In der Umgangssprache nennt man ihn vielleicht geisteskrank, gestört oder schlecht angepaßt. Bezeichnenderweise ist im Englischen Unausgeglichenheit ein Synonym für Geisteskrankheit.

Ein anderer Aspekt, den wir oft im Sinn haben, wenn wir von Anpassung sprechen, ist die Anpassung eines Menschen an seine Umgebung. Ein Individuum lebt nicht in Einklang mit seiner Umwelt. Er mag mit Ausdrücken wie abwesend, ausgeflippt, weggetreten, aus dem Rahmen fallend oder übergeschnappt belegt werden. Diese Ausdrücke drücken deutlich unser Bewußtsein dessen aus, daß das schlecht angepaßte Individuum nicht in Übereinstimmung zu seiner Umwelt steht.

Wie kann sich nun ein Mensch harmonisch an seine Umwelt

anpassen? Viel zu oft wird Anpassung mit Konformität gleichgesetzt. Daher glauben viele Menschen, daß ein gut angepaßtes Individuum nicht im Konflikt mit seiner Umwelt sein dürfe. Besonders, daß er nicht gegen sein soziales Umfeld opponieren dürfe, sondern genauso wie alle anderen um ihn herum sein müsse. Unter diesem Blickwinkel erscheinen der Rebell, der Künstler, der Streikende, der Einsiedler und der Individualist alle als schlecht angepaßt. Aber diese Betrachtungsweise kann einer genaueren Prüfung nicht standhalten. Eine vollkommen konforme Gesellschaft wäre nicht in der Lage, sich veränderten Verhältnissen anzupassen und neuen Anforderungen gerecht zu werden. Deswegen können Konservative und Radikale darin übereinstimmen, daß die beste Form der Anpassung eines Individuums an seine Umgebung eine dynamische Interaktion ist. Die Art seiner Anpassung muß flexibel und veränderlich sein, wenn ein Individuum einen einmal eingeschlagenen Kurs beibehalten will. Wie das Ruder eines Schiffes muß sich das Verhalten den wechselnden Strömungen und Gezeiten der Umwelt anpassen. Diese Anpassungen können ebenso einer harmonischen und gut geplanten Reise dienen, wie auch dazu, einen stürmischen Kurs einzuschlagen, den Weg des Abenteuers zu gehen. In beiden Fällen steht der Steuermann in einem andauernden und dynamischen Wechselspiel mit seiner Umgebung.

ANPASSUNG UND WERTURTEILE

Ein Werturteil ist eine persönliche Entscheidung darüber, ob etwas gut oder schlecht ist. Wenn wir sagen, jemand ist »schlecht angepaßt«, dann geben wir ein Werturteil ab. Es sagt aus, *daß wir der Meinung sind, jemand solle sich nicht in einer bestimmten Weise verhalten, oder aber, daß wir der Meinung sind, er solle sich in einer ganz bestimmten anderen Weise verhalten.* Wir können diese Urteile sogar über uns selbst abgeben.

Das besagt: verschiedene Menschen bewerten ein und dasselbe Verhalten unterschiedlich. Ein Verhalten, das wir für gut befinden, mögen andere schlecht oder zumindest neutral beurteilen. Verhalten, das wir schlecht bewerten, mag anderen gut erscheinen.

Viele Menschen und Gruppen bestehen darauf, daß ihre Wertvorstellungen *wahr* sind. Wenn man sich jedoch in der Welt umsieht, dann kann man leicht sehen, daß ein und dasselbe Verhalten in der einen Gesellschaft als gut, in einer anderen Gesellschaft aber als schlecht bewertet wird. Innerhalb jeder dieser Gruppen ist das, was als »gutes Verhalten« gilt, als das Verhalten einer gut angepaßten Person definiert. So können ganz entgegengesetzte Verhaltensweisen in verschiedenen Gesellschaften als »angepaßt« gelten. Das trifft sogar auch innerhalb einer Gesellschaft zu. So gibt es z. B. in Amerika Leute, die meinen, wenn man hart für seinen Erfolg arbeitet und sich bemüht, vorwärts zu kommen, sei man gut angepaßt. Andere halten eben dieses Verhalten für schlecht angepaßt.

Es ist nicht immer offensichtlich, daß unsere Wertvorstellungen relativ sind, weil wir gewöhnlich beigebracht bekommen, daß die Wertvorstellungen *unserer* Gruppe *wahr* sind. Diese Annahme eines Wertsystems scheint überall vorzukommen, gleich zu welcher Gruppe wir gehören. Auch teilen die meisten Menschen um uns herum unsere Wertvorstellungen, und ihre soziale Unterstützung läßt unsere gemeinsamen Wertvorstellungen allgemeingültig erscheinen. Aber gerade daraus, daß es so viele verschiedene Wertvorstellungen gibt, die leidenschaftlich von verschiedenen Menschen vertreten werden, *haben viele nachdenkliche Menschen geschlossen, daß die Wertvorstellungen über die meisten spezifischen Verhaltensweisen in der Tat abhängig sind von der Gesellschaft und von der Zeit, in der man lebt.*

Die philosophische Disziplin der Ethik versucht, Gesetzmäßigkeiten in Wertmaßstäben zu finden. Viele Denker behaupten, daß gewisse Werte nicht relativ sind, sondern für alle Menschen zu allen Zeiten gelten. Werte wie Leben, Freiheit und das Recht auf Glück – wie sie von den frühen amerikanischen Revolutionären festgesetzt wurden – gehören zu den Werten, die in vielen Gesellschaften immer wieder auftauchen. Dennoch, indem man sagt, leben, sich frei fühlen und das Streben nach dem eigenen, selbstgewählten Glück seien Werte, die alle Menschen teilen, hat man noch nicht die genauen Handlungen genannt, die erlaubt sind. Die Bedingungen, unter denen man sein eigenes Glück – oder sogar das eigene Leben – zum Wohle anderer Mitglieder der Gesellschaft aufgeben muß, unterscheiden sich sehr, je nach der Zeit oder der Gesellschaft, in der man lebt. Auch wenn es allgemeingültige Werte geben mag, so sind daher die Werturteile über spezifische Verhaltensweisen in hohem Maße relativ.

DIE WERTVORSTELLUNGEN, DIE DIESEM BUCH ZUGRUNDE LIEGEN

Die Werte, die die Autoren vertreten, haben Einfluß auf die einzelnen Gedanken, die im folgenden dargelegt werden. Ein Wert, den wir ganz besonders vertreten, ist die Selbstbestimmung des Verhaltens: es ist besser, sein eigenes Leben selbst in die Hand zu nehmen, als ein passives Opfer der Ereignisse zu sein. Das ist unsere allgemeine Wertdefinition von Anpassung. Wir glauben, daß Menschen die Freiheit haben sollten, bis zum höchstmöglichen Ausmaß ihr eigenes Glück zu verwirklichen, solange sie anderen nicht schaden. Wir glauben, daß die Gesellschaft ihre Toleranzgrenzen soweit wie möglich stecken sollte, um diese Freiheiten für jeden einzelnen möglichst groß zu machen.

Das Lehren und Lernen von selbstbestimmtem Verhalten scheint uns gut in das Wertsystem zu passen, das ein Maximum an individueller Freiheit erlaubt. Wir werden aber sehr wenig Werturteile über bestimmte Handlungen oder Verhaltensweisen fällen, für die jemand sich entscheidet. Auch das gehört zu unserem Eintreten für Freiheit und Toleranz. Es besteht immer die theoretische Möglichkeit, daß jemand sich – durch Selbstbestimmung – beibringen wird, andere unterdrücken zu können. Das ist ein Risiko, das wir eingehen, aber ein kleines. Menschen, die ihr eigenes Leben als selbstbestimmt erfahren, scheinen unserer Meinung nach auch anderen eher Selbstbestimmung zuzugestehen.

WERTE UND ZIELE DES EINZELNEN MENSCHEN

Eine Liste von Zielen, auf die ein Student im Verlauf eines Tages Wert legt, könnte ausschnittweise so aussehen: Als erstes möchte er eine Meile laufen, um in Form zu bleiben. Dann möchte er nett zu seiner Mutter sein, um ihren Tag ein wenig freundlicher zu machen. Wenn er in die Universität geht, möchte er zwei Stunden studieren. Beim Mittagessen möchte er als eine angenehme und interessante Person erscheinen, so daß seine neue Freundin seine Einladung zu einer Verabredung annimmt. Während des Nachmittags denkt er über seine zukünftige Laufbahn als Ingenieur nach und wünscht sich, daß er ein guter Ingenieur werde. Am Abend desselben Tages, bei einem Rendezvous, denkt er über seine Zukunft als Ehemann und Vater nach und wünscht sich, es auch hier gut zu machen.

Jeder von uns hat jeden Tag eine lange Liste von ähnlichen Zielen. Wenn es uns gelingt, sie zu erreichen oder uns ihnen zumindest anzunähern, dann werden wir uns wahrscheinlich selbst als gut angepaßt betrachten.

Natürlich erreichen wir niemals alle Ziele, die wir uns setzen. Wir haben gewisse Grenzen in uns selbst, und andere Grenzen werden uns von unserer Umwelt auferlegt. Aber wenn wir unsere Ziele nicht erreichen, weil uns unser eigenes Verhalten im Wege ist oder weil wir nicht wissen, wie wir sie erreichen sollen, dann taucht die Frage des »Schlecht-angepaßt-Seins« auf. In solch einer Situation befinden wir uns nicht im Einklang mit unserer Umgebung oder mit unseren eigenen Wertvorstellungen.

ANPASSUNG IST EINE FRAGE DES VERHALTENS IN BESTIMMTEN SITUATIONEN

Wenn Menschen sich fragen: »bin ich gut angepaßt?«, dann setzen sie häufig voraus, daß es nur eine einzige Antwort auf diese Frage gibt. Hinter einer solchen Frage steht die Annahme, daß Anpassung ein einheitliches Merkmal sei, das man entweder hat oder nicht hat, gerade so, wie man entweder krank ist oder nicht. Wenn Sie z. B. krank sind, und die Krankheit zeigt sich in einer erhöhten Temperatur, dann sind Sie fiebrig und infolgedessen krank, in allen Situationen, bis Ihr Fieber wieder verschwunden ist. In dieser Situation wäre es sinnvoll zu fragen: »bin ich krank oder gesund?«. Es gibt eine einzige Antwort auf eine solche Frage. Sie sind entweder krank oder Sie sind es nicht. Das gilt aber nicht für ein solches Merkmal wie das der Anpassung.

Anpassung ist eine Frage von Gefühlen und Verhalten, die beide in bestimmten Situationen auftreten. *So kann ein Mensch in einer bestimmten Situation gut angepaßt sein, insofern, als er tun kann, was er tun möchte, in einer anderen aber schlecht angepaßt, insofern als er das, was er gerne möchte, nicht tun kann.* So mag z. B. ein junger Mann mit Frauen sehr gut umgehen können und sich dabei wohl fühlen, aber ein miserabler Stümper in seinem Beruf sein. Oder eine Frau mag als Studentin ihr Leben sehr gut bewältigen, aber sehr unglücklich sein über ihr Versagen als Mutter.

Man kann etwas Abstraktes häufig am besten anhand eines konkreten Beispiels verstehen. Die folgende Fallgeschichte soll als Beispiel für die allgemeinen Aussagen dienen, die wir im Vorhergehenden gemacht haben. Es illustriert sehr gut die allgemeine Feststellung: *Anpassung ist eine Frage von Verhalten und Gefühlen in bestimmten Situationen.*

FALL 2 handelt von John S., einem 19jährigen Studenten. Als John in unser Büro kam, sah er müde aus, seine Augen waren gerötet, und er war den Tränen nahe. Er sagte, er habe eine schlaflose Nacht verbracht, immer darüber nachgrübelnd, daß er zu nichts tauge, ein Dummkopf, wahrscheinlich sogar neurotisch, auf jeden Fall aber sehr unglücklich sei. Er befand sich in einer Krise. Wir fragten ihn, ob er irgendeine Ahnung habe, was diese schrecklichen Gefühle ausgelöst habe.

»Ja«, berichtete er, »ich weiß, es war das, was letzte Nacht vorgefallen ist. Ich war allein auf eine Party gegangen und amüsierte mich sehr gut im Gespräch mit einem anderen Jungen. Da kam Ed mit einem sehr hübschen Mädchen herein. Ich hatte sie schon einmal in der Uni gesehen. Sie ist wirklich sehr niedlich. Als sie sich zu uns gesellten, versuchte ich, mit ihr zu sprechen. Mann, war das eine Katastrophe! Ich mochte das Mädchen wirklich gern. Aber nach 20 Minuten fing sie an, mich fertig zu machen.

Das Schreckliche ist, daß sie diese Sachen über mich sagte, und ich glaube, sie hatte recht. Sie warf mir vor, daß ich so abseits stände, daß ich mir offenbar immer besser als andere vorkäme und daß sie es nicht aushalten könne, mit jemandem zu sprechen, der so egozentrisch sei wie ich.

Immer wenn ich mit einem netten Mädchen sprechen möchte, passiert dieselbe Katastrophe. Es scheint, daß ich einfach nicht in der Lage bin, Beziehungen zu anderen Menschen herzustellen. Der Grund, daß es mich diesmal so aufgeregt hat, ist der, daß es so verdammt typisch ist. Ich komme einfach mit anderen Leuten nicht zurecht. Das Lächerliche daran ist, daß ich mich den anderen gar nicht überlegen fühle. Ganz das Gegenteil, ich komme mir albern und dumm vor.«

John war wütend und verletzt. Nachdem er eine Weile geredet hatte, baten wir ihn, am nächsten Nachmittag noch einmal wiederzukommen.

Am nächsten Tag war John wie verwandelt. Er kam mit einem leichten Lächeln ins Büro. Er sah ausgeruht aus, und seine Augen waren trocken. »John, Du siehst ja ganz verändert aus. Was ist denn passiert?« fragten wir ihn.

»Nicht viel«, antwortete er. »Als ich gestern abend hier wegging, fühlte ich mich schon wieder ein bißchen besser, und so ging ich zum Basketballspiel. In der Schule habe ich immer Basketball gespielt. Es ging sehr gut. Ich habe mit ein paar anderen Jungen ein Spiel gemacht. Das macht mir immer sehr viel Spaß.«

»Was ist sonst noch passiert?« fragten wir ihn.

»Nichts. Heute morgen habe ich mich ungefähr zwei Stunden mit Alice unterhalten. Ehrlich gesagt, ist sie mir zu dick, aber sonst ist sie ganz in Ordnung. Wir haben so eine Art Bruder-Schwester-Beziehung. Ich rede gern mit ihr.«

»Na ja«, fuhr er fort, »haben Sie herausgefunden, was mit mir nicht stimmt? Ich vermute, ich bin einfach schlecht angepaßt. Ich meine, im Moment fühle ich mich ganz gut, aber früher oder später, wahrscheinlich früher, fängt das Elend wieder an. Ich glaube, ich bin neurotisch, auf jeden Fall drehe ich bald durch.«

Die Antwort an dieser Stelle ist entscheidend für Johns Auffassung von seinem Problem.

»John, Du machst im Moment weder einen durchgedrehten noch einen neurotischen Eindruck. Du scheinst nicht einmal schlecht angepaßt zu sein, wie kommt das?«

»Ich weiß nicht, Herr Professor, vielleicht haben Sie eine beruhigende Wirkung auf mich.«

»Als Du mit den Jungen Basketball gespielt hast, hattest Du

da den Eindruck, Du seist neurotisch, verrückt oder schlecht angepaßt?«

»Nein.«

»Als Du mit Alice geredet hast, kamst Du Dir da so vor?«

»Nein.«

»Dann scheint es so, als seien wir auf dem besten Wege, Dein Problem zu verstehen.«

»Ja wirklich? Können Sie mir helfen?«

»Vielleicht kannst Du Dir selbst helfen. Wahrscheinlich ist das Dein Problem: Du machst etwas falsch, wenn Du mit attraktiven Mädchen sprichst. Vielleicht bist Du im Gespräch sehr zurückhaltend, weil Du Dich nicht wohlfühlst, da attraktive Mädchen Dich ein bißchen nervös machen. So überspielst Du dann Deine Nervosität, indem Du Dich abseits stellst, Dich zurückziehst, und die andern denken, Du fühlst Dich ihnen überlegen.«

»Ja, okay. Aber das heißt doch, daß ich neurotisch bin, oder?«

»Nicht, wenn Du damit meinst, daß Du in jeder Situation schlecht angepaßt bist. In den meisten Situationen fühlst Du Dich ja tatsächlich sehr wohl, und Du bist mit Deinem Verhalten zufrieden. Wenn Du hier mit uns sprichst oder Basketball spielst oder mit einem Mädchen sprichst, das wie Deine Schwester ist, dann bist Du völlig in Ordnung. Dein Anpassungsproblem betrifft anscheinend nur Dein Verhalten in einer ganz bestimmten Situation: mit hübschen Mädchen sprechen«. (Wir werden in Kapitel 3 auf Johns Strategie zur Selbstverbesserung seines Verhaltens zurückkommen.)

Es gibt nicht nur eine einzige Antwort auf die Frage »bin ich gut angepaßt?« Anpassung bezieht sich immer auf eine bestimmte Situation. Damit ist noch einmal anders ausgedrückt, daß wir uns nicht in einer einheitlichen Umgebung bewegen. Für John können wir viele Umgebungen ausmachen:

Mit seinem Professor sprechen, mit seiner Freundin Alice sprechen, Basketball spielen, mit einem Freund während einer Party sprechen, mit einem attraktiven Mädchen während einer Party sprechen.

Jede dieser Teilumgebungen können wir eine Situation nennen.

Jeder von uns ist in den vielen verschiedenen Situationen, in

denen wir uns regelmäßig befinden, unterschiedlich gut an-
gepaßt; in einigen werden wir uns als gut angepaßt betrachten,
während wir vielleicht in anderen das Gefühl haben, jämmer-
lich zu versagen.

Die Selbstveränderung des Verhaltens

Wenn wir unsere Probleme definieren als bestimmte Verhaltensweisen in Situationen, dann kann es für uns nützlich
sein, wenn wir wissen, in welcher Weise Verhalten und Umgebung miteinander in Beziehung stehen. Es gibt in den
Wechselbeziehungen zwischen Verhalten und Umgebung regelmäßig beobachtbare Muster, die immer wieder auftauchen.
Diese Muster können beschrieben werden durch bestimmte Gesetze oder Grundregeln, die das menschliche Verhalten bestimmen. Wir können diese Gesetze oder Grundregeln des Verhaltens benutzen, um unsere Anpassung zu korrigieren, zu verändern oder zu verbessern.

Die Techniken der Selbstveränderung können entweder eingesetzt werden, um unerwünschtes Verhalten abzuschwächen
oder erwünschtes Verhalten aufzubauen. Ihr eigenes Verhalten
zu verändern – es unter Kontrolle zu bringen oder seine
Richtung zu bestimmen – bedeutet, daß Sie neue Verhaltensweisen für bestimmte Situationen lernen.

Manchmal wird das Problem darin bestehen, daß Sie sich
gegenwärtig so verhalten, wie Sie es eigentlich nicht möchten.
Sie können nervös werden, jedes Mal wenn Sie eine Prüfung
machen müssen, und diese Nervosität oder Ängstlichkeit beeinträchtigt Sie in Ihrem Leistungsvermögen in der Prüfungssituation. Wenn Sie ruhig wären, könnten Sie sich an mehr Informationen erinnern, klarer nachdenken und allgemein bessere
Leistungen vollbringen. In diesem Fall würden Sie sich wünschen, die Verhaltensweise »in Prüfungssituationen nervös werden« zu beseitigen.

Manchmal wird das Problem darin bestehen, daß Sie sich
nicht so verhalten, wie Sie sich eigentlich verhalten möchten.
Sie lernen vielleicht nicht genug, und Sie wissen selbst, daß Sie
deswegen in der Schule nicht so gut sind, wie Sie sein könnten.

In diesem Fall würden Sie sich wünschen, die Verhaltensweise Lernen zu steigern.

VERHALTEN IST EINE FUNKTION DER UMGEBUNG

Was wir in einer bestimmten Situation tun – wie wir uns verhalten, hängt von der Art der Situation ab. Das heißt, Verhalten ist eine Funktion der Umgebung. Das Konzept der *funktionalen Beziehung,* das hier auf Verhalten angewendet wird, ist entliehen aus der Mathematik. Es bedeutet, daß in einer zweiseitigen Beziehung, wenn der eine Teil sich ändert, der andere Teil sich ebenfalls ändert: Veränderungen in unserer Umgebung werden Veränderungen in unserem Verhalten bewirken.

Stellen Sie sich zum Beispiel vor, Sie wären zu Hause. Es gibt gewisse Dinge, die Sie dort tun würden, die Sie aber in einer anderen räumlichen Umgebung, zum Beispiel in der Schule, nicht tun würden. Sie würden zu Hause vielleicht ein Schläfchen machen, Sie würden das aber nicht in einem Klassenzimmer tun. Oder stellen Sie sich vor, Sie sind bei einem Picknick. Sie würden dort Dinge tun, die Sie bei einem offiziellen Essen nicht tun würden. Oder stellen Sie sich vor, Ihre Freundin oder Ihr Freund hat Sie gerade geküßt. Dieses Verhalten wird darauf Einfluß nehmen, was Sie als Nächstes tun. Wenn Sie gerade einen Schlag auf die Nase erhalten hätten, würden Sie sich anders verhalten.

Weil Verhalten eine Funktion der Umgebung ist, werden Veränderungen in Ihrer räumlichen Umgebung oder in Ihren sozialen Bedingungen oder in dem Verhalten anderer Veränderungen in Ihrem Verhalten bewirken. Natürlich ist dies keine einfache einseitige Beziehung. Unser Verhalten kann ebenso Einfluß nehmen auf unsere Umwelt, wie es von ihr beeinflußt wird. Die Veränderungen, die sich in der Umwelt ergeben, wirken sich aber wieder auf unser späteres Verhalten aus.

Erinnern Sie sich noch einmal an John S., den jungen Mann, der durch die Reaktion des attraktiven Mädchens so erregt wurde. Ganz am Anfang, als er das Gespräch mit ihr begann, sprach er zu einer hübschen, interessierten Fremden. Sein Problem bestand darin, daß es ihm sehr schwer fiel, zu solchen Menschen zu sprechen. Seine Schwierigkeiten gaben ihm den Anschein des Sich-zurückziehens und der Hochnäsigkeit, was die Leute verärgerte. Sein hochnäsig wirkendes Verhalten brachte tatsächlich in seiner Umgebung eine Veränderung hervor: anfangs sprach John mit einer hübschen, interessierten Person, aber nach einigen Minuten unglücklichen Verhaltens hatte er sie verwandelt in eine hübsche, irritierte Person. In dieser sehr unterschiedlichen Umgebung, die von seinen früheren Handlungen herrührte, veränderte sich Johns weiteres Verhalten ebenfalls. Als das Mädchen interessiert war, versuchte John ein Gespräch zu führen; als sie immer ärgerlicher wurde, wurde er verletzt und verwirrt. Sein Verhalten veränderte die Situation, und diese wiederum bewirkte sein neues Verhalten.

Jeder von uns ist dauernd in Interaktionen wie diese verwickelt: Interaktionen, in denen eine Umgebungssituation ein Verhalten bei uns hervorruft, das sich wiederum auf unsere Situation auswirkt. Dieser Prozeß spielt sich dauernd in unserem Leben ab und gilt nicht nur für die Reaktionen bestimmter anderer Leute, sondern für jede Art von sozialer oder physischer Umgebung. Deshalb hat Anpassung immer eine Veränderung der Beziehungen zwischen unserer Umgebung und unserem Verhalten zum Inhalt. Die Veränderungen können sich schnell abspielen, von Minute zu Minute, oder sich über sehr lange Zeiträume erstrecken.

VERHALTEN IST ERLERNT

In irgendeiner bestimmten Situation – eine Kombination aus physikalischer Umgebung, sozialen Bedingungen und dem Verhalten anderer – werden sich nicht alle Menschen gleich verhalten. Wie kann man dann sagen, Verhalten sei eine Funktion der Umgebung? *Das besondere Verhalten, das eine Person in einer bestimmten Situation zeigt, ist beeinflußt von den Lernerfahrungen, die diese Person in ähnlichen Situationen gemacht hat.* Unterschiedliche Lernerfahrungen bewirken unterschiedliches Verhalten. John S. erzählte uns in einem späteren Stadium seines Selbstveränderungsprogramms, daß es ihm geholfen habe, das Verhalten eines Freundes zu beobachten, der überhaupt nicht nervös oder schüchtern war, wenn er sich mit einem neuen Mädchen verabreden wollte. John war sehr überrascht von dem großen Unterschied zwischen ihrer beider Verhalten in derselben Situation. Ihre Lerngeschichten waren sehr unterschiedlich gewesen, und jeder verhielt und fühlte sich so, wie er es in einer bestimmten Umgebung gelernt hatte.

Das Verhalten, das man in einer bestimmten Situation zeigt, mußte vorher gelernt werden. Die Wirkung der Umgebung besteht darin, daß sie diejenigen Verhaltensweisen hervorruft, die wir in der Vergangenheit gelernt haben.

Die Tatsache, daß Verhaltensweisen gelernt werden müssen, bedeutet nicht, daß Sie, wenn Sie einmal erwachsen sind, nur noch Verhaltensweisen zeigen, die Sie während Ihrer Kindheit gelernt haben. Neue oder veränderte Situationen können neues Verhalten bewirken. So befindet sich zum Beispiel eine Frau, die gerade Mutter geworden ist, in einer relativ neuen Situation – sie hat ein ganz wirklich vorhandenes Baby, mit dem sie fertig werden muß, und sie wird neue Verhaltensweisen lernen, wenn sie mit ihrer neuen Situation fertig zu werden versucht. Einiges von ihrem Verhalten wird sie jedoch schon in der Vergangenheit gelernt haben. Sie ist ja nicht vollkommen naiv Mutter geworden. Sie hatte wahrscheinlich schon bestimmte Ideen und Einstellungen entwickelt und ihre eigene Art, mit Babies umzugehen. Sie kann zum Beispiel schon einmal das Baby anderer Leute versorgt und sich dadurch eine gewisse Praxis erworben haben, sie mag andere Leute beobachtet haben, wie diese ihre Babies versorgten, oder sie mag Bücher über Kinderpflege gelesen haben.

Die Wirkung der Umgebung besteht demnach darin, schon gelernte Verhaltensweisen hervorzurufen und neue Verhaltensweisen zu lehren.

Was das bedeutet, ist klar. Wenn Anpassung erlerntes Verhalten in bestimmten Situationen widerspiegelt, dann bedeutet Beschäftigung mit Ihren Anpassungsproblemen Beschäftigung mit dem Verhalten, das Sie in einer bestimmten Situation auszuführen gelernt haben beziehungsweise nicht gelernt haben.

Daher besteht der Prozeß der Selbstveränderung darin, daß Sie sich Bedingungen schaffen, die neues Lernen in bestimmten Situationen bewirken. Ihr eigenes Verhalten zu verändern – es unter Kontrolle zu bringen oder seine Richtung zu bestimmen – bedeutet, daß Sie versuchen, neue Verhaltensweisen für bestimmte Situationen zu lernen, in denen Ihr gegenwärtiges Verhalten nicht zufriedenstellend ist.

DAS MEDIZINISCHE MODELL MENSCHLICHEN VERHALTENS:
EINE ALTERNATIVE SICHTWEISE

Die historisch gesehen am meisten verbreitete Sichtweise von Anpassung unterscheidet sich stark vom verhaltenstheoretischen Modell. Diese Sichtweise, das Medizinische Modell genannt, ist abgeleitet aus der Psychoanalyse, der Psychiatrie und der Medizin. In diesem System werden Anpassungsprobleme analog zu Problemen der körperlichen Gesundheit und ähnlich wie *Krankheiten* betrachtet.

DER ANSATZ DES MEDIZINISCHEN MODELLS

Wie arbeitet dieses Modell in der Medizin? Seine grundlegenden Kennzeichen sind die Annahmen *innerer Ursachen* und *äußerer Symptome*. Wenn Sie zum Beispiel 39° Fieber haben, dann tun Sie gut daran, zum Arzt zu gehen. Der Arzt hat über Ihr Fieber eine ganz bestimmte Vorstellung. Er betrachtet es als Symptom oder Signal dafür, daß in Ihrem Körper irgend etwas nicht in Ordnung ist. Er würde nicht nur versuchen, Ihr Fieber zu beseitigen, denn damit würde er nur das Symptom behandeln und die innere Krankheit unbehandelt lassen. Der Arzt wird vielmehr so vorgehen, daß er versucht, das innere Problem zu entdecken und es dann durch Medikamente, Ruhe oder irgendeine andere Behandlung zu beseitigen. Wenn es ihm gelingt, mit dem inneren Problem fertig zu werden, dann wird auch das äußere Symptom, das Fieber, verschwinden. Das ist das medizinische Modell:
Innere Probleme verursachen äußere Symptome, und die richtige Behandlung besteht darin, das innere Problem zu beseitigen. Natürlich behandeln die Ärzte manchmal Symptome, um Erleichterung zu verschaffen; wenn immer möglich versuchen sie aber, das Grundübel zu beseitigen.

Wie formt dieses Modell die Denkweise von Leuten, die sich mit den Problemen der Anpassung beschäftigen? Zuerst einmal, was entspricht dem Fieber? Bei »Anpassung« geht es um Verhalten. So übernimmt irgendein problematisches Verhalten die Rolle des »Symptoms«. Sie könnten zum Beispiel unfähig sein, sich beim Lernen zu konzentrieren, und diese Schwierigkeit könnte schwerwiegend genug sein, um Ihre Arbeit in der Schule zu beeinträchtigen. Sie könnten mit irgend jemandem – einem Freund oder einem Berater – über Ihre Probleme sprechen. Wenn diese Person Ihr Problem vom Standpunkt des medizinischen Modells aus betrachtete, so würde sie vielleicht den Mangel an Konzentration als ein Symptom für ein inneres Problem sehen. Sie würde versuchen, dieses »innere Problem« herauszufinden und es dann zu »behandeln«. Dies ist vielleicht die am meisten verbreitete Sichtweise in der herkömmlichen Psychologie und Psychiatrie.

Das medizinische Modell in Aktion

Das traditionelle medizinische Vorgehen versucht, eine bestimmte Bedingung *innerhalb* der Person für das äußere Verhaltensproblem zu entdecken und zu behandeln. Verschiedene Theorien haben behauptet, daß es verschiedene Arten von inneren Problemen gibt, aber einige haben die Auffassung betont, daß *innere Konflikte* die Ursache von symptomatischem Verhalten sind. Vielen Theorien ist gemeinsam der Gedanke, daß es nur dann möglich ist, ein Verhaltensproblem zu beseitigen, wenn man den inneren seelischen oder emotionalen Prozeß verändert, der es verursacht.

Dieser Standpunkt ist so weit verbreitet, daß auch unsere Sprache psychische Probleme als mit körperlichen Krankheiten vergleichbar widerspiegelt. Wir sprechen von »seelischer Gesundheit« und »Geisteskrankheit«, und Gesundheit und Krankheit sind natürlich Wörter, die aus der Medizin entliehen sind. Wir sprechen von »Behandlung« oder »Psychotherapie«, und Therapie ist ein medizinischer Begriff. Menschen mit schwerwiegenden Anpassungsproblemen – die »nicht normal« sind – werden in »Krankenhäuser« geschickt. Diese Sichtweise ist so allgemein verbreitet, daß sie manchmal als die einzig mögliche angesehen wird.

Konflikt als innere Ursache

Wenn das äußere Verhalten – wie übermäßiges Trinken oder dauerndes Stören im Unterricht oder dauernde Gefühle von Niedergeschlagenheit – das Symptom ist, was ist dann die

37

innere Ursache? Sigmund Freud und viele nachfolgende Theoretiker betrachteten Verhaltensprobleme als Symptome für *innere Konflikte* oder *Frustrationen.*

Ein »innerer Konflikt« bedeutet, daß eine Person zwei oder mehrere Dinge möchte, die sich gegenseitig ausschließen. Zum Beispiel möchte ein Junge vielleicht masturbieren, während er gleichzeitig überzeugt ist, daß Masturbation etwas Schlechtes ist. So möchte er etwas und möchte es doch gleichzeitig nicht. So ein Konflikt verursacht Frustration: man kann nicht beides haben. Und die Frustration selbst bewirkt noch zusätzliche Verstimmung und Enttäuschung.

Bei einer solchen Sichtweise ist all unser äußeres Verhalten ein Anzeichen für unseren inneren seelischen Zustand. Wenn unser Inneres sich in einem Konfliktzustand befindet, dann wird unser äußeres Verhalten die innere Spannung widerspiegeln. Wenn wir innerlich frustriert sind, wird unser äußeres Leben schlecht angepaßt sein.

Verschiedene Theoretiker haben verschiedene Arten von inneren Konflikten oder Frustrationen als Grund für gestörtes Verhalten unterschieden. Freud, der berühmteste Theoretiker der menschlichen Konflikte, nahm an, daß Konflikte bezüglich *sexueller* und *aggressiver* Impulse die eigentliche Ursache fast jeder inneren Frustration darstellen. Spätere Theoretiker haben verschiedene andere Arten von inneren Konflikten betont. Einige haben das Schwergewicht auf *Selbstachtung* gegenüber *Selbstabwertung,* andere auf *Machtstreben* gegenüber *Abhängigkeitsbedürfnissen,* wieder andere auf *Sicherheit* gegenüber *Angst* gelegt. Einige neuere Autoren vertreten die Auffassung, daß es keine gemeinsame Ursache von Konflikten gibt, sondern daß jeder innere Konflikt oder jedes ungelöste Problem zu äußeren Verhaltensproblemen führen kann.

ANDERE MODELLE

Durch die ganze Geschichte der Menschheit hindurch hat es immer irgendwelche Theorien zur Erklärung von Anpassungsproblemen gegeben. In jeder Zivilisation gibt es eine solche Erklärung, und diese Erklärung steht immer in Übereinstimmung mit den allgemeinen Glaubensvorstellungen dieser Gesellschaft.

Das »Besessenheitsmodell« ist eine solche verbreitete Vorstellung gewesen. Es ist auch heute noch in analphabetischen Gesellschaften keineswegs ganz unüblich. Während des Mittelalters hatte es in der westeuropäischen Zivilisation fast Allgemeingültigkeit. Man nahm an, daß schwere Formen schlecht angepaßten, bizarren, »verrückten« Verhaltens deshalb auftraten, weil die Person besessen sei von einem Geist, einem Teufel oder einer bösen Macht. Diese Annahme stimmte vollkommen überein mit der allgemeinen Auffassung von einer Welt, die reich an guten und bösen Geistern war. Man glaubte, daß sowohl gut wie auch schlecht angepaßtes Verhalten von diesen übernatürlichen Wesen beeinflußt sei. Und natürlich folgte aus der Erklärung eine vorgeschriebene Form der Behandlung. Wenn jemand von einem Teufel besessen war, dann war der richtige Weg, eine bessere Anpassung zu bewirken, die Austreibung des Teufels.

In verschiedenen Gesellschaften wurden unterschiedliche Rituale zur Teufelsaustreibung entwickelt: Manchmal macht der Medizinmann den Teufel nach und versucht, mit Tricks und Zauberei den bösen Geist herauszulocken; manchmal wird der Teufel durch widerliche Gerüche oder mißtönende Musik vertrieben. Im mittelalterlichen Christentum zelebrierte der Priester die Riten der Geisterbeschwörung und rief so die Macht des Himmels gegen den besitzergreifenden bösen Geist im Körper des fehlangepaßten Leidenden an. So konnte für ein aufsässiges Kind einer Klosterschule zum Beispiel die richtige Maßnahme das Aufsagen von Gebeten sein. Oder man beschloß auch, »den Teufel aus dem Kind herauszuprügeln« – eine Redewendung übrigens, die von solchen Praktiken abgeleitet ist. In jedem Fall sollte zugleich mit dem bösen Geist das Problemverhalten verschwinden.

Ein anderes Modell, das in der Geistesgeschichte weit verbreitet war, könnte das »Sünder-Modell« genannt werden. Die Theologie, die den Menschen als Sünder erklärt, ist sehr komplex, aber da wir sie nur als Beispiel benutzen, stellen wir eine vereinfachte Fassung vor:

Menschen, die ein schlecht angepaßtes Verhalten zeigen, tun dies, weil sie von Gott bestraft werden für eine Sünde, die sie begangen haben. Ganz weit gefaßt führt das »Sünder-Modell« dazu, daß Kinder für die Sünden ihrer Väter bestraft werden würden. Früher wurde so argumentiert, daß man unglücklichen

Menschen nicht helfen solle, weil ihr Unglück eindeutig ein Zeichen der Strafe Gottes sei und daß es ein Verstoß gegen die Religion sei, wenn man in ihre Bestrafung eingriffe. Wenn sich daher ein Mensch wirklich verrückt verhielt, wurde er wahrscheinlich eingeschlossen und vergessen.

Wie beim Teufelsmodell ergibt sich, wenn erst einmal grundlegende Annahmen gemacht sind, auch beim Sündermodell die Behandlung der problembehafteten Person als relativ logische Folge. In ähnlicher Weise bestimmen die Annahmen, die dem medizinischen Modell und dem verhaltenstheoretischen Modell zugrunde liegen, die Verhaltensweisen derjenigen, die den jeweiligen Standpunkt vertreten.

IMPLIKATIONEN DES MEDIZINISCHEN MODELLS

Immer, wenn ein Theoretiker ein bestimmtes Modell oder eine theoretische Vorstellung annimmt, gehen damit bestimmte Implikationen einher. Was sind die Implikationen des medizinischen Modells? Wir haben schon einige genannt:

Verhaltensprobleme sind mit Krankheiten vergleichbar. Die Behandlung sollte Ärzten überlassen oder unter ihrer Aufsicht durchgeführt werden. Menschen mit solchen Problemen gehören ins Krankenhaus und/oder in ärztliche Behandlung. Die Gesellschaft sollte für sie sorgen, wie sie es für andere Kranke tut. Der »Kranke« wird der Verantwortung für seine Krankheit enthoben, und deswegen wird nicht von ihm verlangt, daß er seine alltäglichen Aufgaben verrichtet.

Einige dieser Implikationen erscheinen sehr wünschenswert. Bevor das medizinische Modell zum Beispiel allgemein angenommen worden war, wurden »verrückte« Menschen in scheußlicher Weise behandelt, in stinkige, repressive und schmutzige Anstalten gesperrt. Das medizinische Modell macht es leichter, den Menschen, die falsch oder sogar verrückt gehandelt haben, zu verzeihen: Krankheiten können schließlich oft geheilt werden, und der Mensch, der wieder gesund ist, braucht nicht gefürchtet, verbannt oder bestraft zu werden. Außerdem hat die Gesellschaft wegen dieser sich allmählich ändernden Einstellungen angefangen, die Forschung nach den Ursachen von Verhaltensproblemen zu fördern.

Der wichtigste Vorteil des medizinischen Modells ist vielleicht, daß Ärzte medizinische Gründe für einige Verhaltensprobleme aufgedeckt haben – zum Beispiel für extreme geistige Entwicklungsrückstände oder Krankheiten des Nervensystems. Weiterhin haben Ärzte systematische Behandlungsmethoden entdeckt, wie zum Beispiel Medikamente zur Verminderung von Angst oder Depressionen, die das Leiden, das so oft mit Anpassungsproblemen einhergeht, wirksam erleichtern helfen.

DIE PROBLEMATISCHEN SEITEN DES MEDIZINISCHEN MODELLS

In neuerer Zeit ist das medizinische Modell einer Überprüfung unterzogen worden, da die »Mental-Health-Bewegung«, die von Ärzten, Psychologen, Sozialarbeitern, Beratern, Erziehern und Geistlichen vorangetrieben wurde, wissenschaftlich genug war, um die Überprüfung ihrer eigenen Wirksamkeit anzugehen. Viele Sozialwissenschaftler sind der Meinung, diese Überprüfungen hätten gezeigt, daß behandelte Menschen sich nicht mehr gebessert haben als Nichtbehandelte. Andere sind der Meinung, daß tatsächlich Verbesserungen eingetreten sind, daß die Überprüfung allerdings mit Schwierigkeiten verbunden sei. Andere schließlich haben die Meinung vertreten, die Forschung zeige, daß Behandlung nur für einen kleinen Prozentsatz wirksam sei. Diese Unterschiede in den Ansichten zeigen, daß es keine Übereinstimmung über die Wirksamkeit der Behandlungsmethoden gibt, die aus dem medizinischen Modell abgeleitet wurden.

Vielleicht ein noch größeres Problem ist die Tatsache, daß die meisten Behandlungen ein beträchtliches Maß an Erfahrung erfordern. Da es so viele Menschen mit Anpassungsschwierigkeiten gibt, wäre eine ganze Armee von Fachkräften erforderlich, um allen eine Behandlung zu ermöglichen – eine so große Armee, daß es einer Gesellschaft nicht möglich ist, die nötigen Arbeitskräfte zur Verfügung zu stellen.

Einer der größten Mängel des medizinischen Modells besteht darin, daß es demjenigen, der sein Verhalten selbst verändern will, keine Anleitung gibt: Das medizinische Modell fordert notwendigerweise eine professionelle Behandlung. Man hat versucht, Menschen mit Informationen über Geisteskrankheiten zu versorgen in der Hoffnung, daß sie dann erst überhaupt keine Krankheiten entwickeln würden. Da jedoch die meisten Menschen Probleme haben, die sie gern selbst korrigieren würden, wäre es sehr viel besser, ein Modell zur Verfügung zu stellen, das dem einzelnen Menschen eine Anleitung zum selbständigen Ändern seiner Verhaltensweisen und seiner Beziehungen zu seiner Umgebung gibt. Aus diesen Gründen kam im letzten Jahrzehnt eine Unzufriedenheit mit den Heilberufen auf. Diese Unzufriedenheit hat zur Erforschung neuer Modelle und neuer Behandlungsansätze geführt, die wiederum eine echte Revolution in den grundlegenden Annahmen und Techniken bezüglich Anpassung in Gang brachten.

Mit einem anderen Modell zu arbeiten heißt nicht, daß das medizinische Modell falsch ist. Das medizinische Modell ist in sich stimmig und sagt bestimmte Ereignisse mit ausreichender Genauigkeit voraus. Es hat bei all seinen Nachteilen auch eine Reihe von Vorteilen. Aber die Brauchbarkeit des medizinischen Modells, Menschen bei ihren Anpassungsproblemen zu helfen, muß im Vergleich zur Effektivität und Brauchbarkeit anderer Modelle beurteilt werden.

FOLGERUNG

Im verhaltenstheoretischen Modell wird Anpassung als Werturteil angesehen, das Menschen fällen, wenn sie die Beziehung zwischen jemandes Verhalten und seiner Umgebung beobachten; denn die Beziehungen zwischen dem Verhalten eines Menschen und seiner Umgebung sind gelernte Beziehungen. Daraus folgt, daß neue wünschenswerte Beziehungen gelernt werden können, um weniger wünschenswerte zu ersetzen. Es folgt daraus weiterhin, daß Menschen ihren eigenen Lernprozeß selbst steuern können. So kann jedermann bis zu einem gewissen Grad seine eigene Anpassung beeinflussen, indem er vorsätzlich seine Umgebung so verändert, daß er neue Verhaltensweisen lernt. Selbstkontrolle besteht darin, die Beziehungen zwischen dem eigenen Verhalten und der Umgebung zu kontrollieren. Wenn Sie das mit Erfolg tun wollen, dann müssen Sie einige der Grundregeln kennen, die die Beziehungen zwischen Verhalten und Umgebung bestimmen. Das ist das Thema des nächsten Kapitels.

Sie sollten weiterhin über verschiedene Aspekte Ihres eigenen Verhaltens nachdenken und dabei versuchen, ein spezielles Problem als Ziel für Ihr Selbstveränderungsprojekt auszuwählen.

Die entscheidende Frage dabei ist: *Können Sie Ihr Problem als Verhalten in bestimmten Situationen ausdrücken? Wählen Sie aus der Liste persönlicher Probleme, die Sie im Anschluß an Kapitel 1 aufgestellt haben, eins oder mehrere aus. Schreiben Sie dann für jedes eine kurze Analyse auf, in der Sie das Problemverhalten auf die bestimmte Situation beziehen, in der es auftritt* (beziehungsweise *in der es nicht auftritt*).

Kapitel 3

Die Beziehungen zwischen Verhalten und Umgebung

1. Lernen ist definiert als jede Änderung des Verhaltens infolge einer vorausgegangenen Erfahrung mit der Umwelt; sogar angeborene Verhaltensmuster werden verändert durch die Interaktion mit der Umwelt.

2. Die Gesetzmäßigkeiten des Verhaltens werden erläutert:
   a) Verhalten spielt sich in einer Abfolge von Ereignissen ab: Vorausgehende Ereignisse – Verhalten – nachfolgende Ereignisse.
   b) Respondente Verhaltensweisen werden fast automatisch von Auslösereizen kontrolliert.
   c) Operante Verhaltensweisen sind solche, die auf die Umgebung einwirken. Sie werden meistens von ihren Konsequenzen kontrolliert.

3. Die Grundregeln des operanten Verhaltens:

   I. Operantes Verhalten ist eine Funktion seiner Konsequenz.

   II. Einige Konsequenzen festigen das Verhalten.
       a) Jede Konsequenz, die ein Verhalten verstärkt (d. h. die Wahrscheinlichkeit seines Auftretens erhöht), wird Verstärker genannt.
       b) Ein positiver Verstärker wirkt, indem er der Situation hinzugefügt wird.
       c) Ein negativer Verstärker wirkt, indem er der Situation abgezogen wird.

III. Das Vorenthalten von Verstärkern schwächt das Verhalten ab (d. h. vermindert die Wahrscheinlichkeit seines Auftretens). Dieser Vorgang wird Löschung genannt.

IV. Intermittierende Verstärkung macht Verhalten gegen Löschung widerstandsfähiger.

V. Verhalten, das bestraft wird, tritt seltener auf.

VI. Bestrafung allein lehrt nicht neue Verhaltensweisen.

VII. Bestrafung führt zu Flucht- oder Vermeidungsverhalten.
   a) Vermeidungsverhalten kann unter die Kontrolle von Auslösereizen kommen.
   b) Vermeidungsverhalten ist sehr widerstandsfähig gegen Löschung.

VIII. Die meisten operanten Verhaltensweisen können unter den Einfluß von vorausgehenden Reizen oder Signalen geraten. Ein solcher Hinweisreiz kann dann die Fähigkeit erlangen, ein bestimmtes Verhalten hervorzurufen.

Kapitel 2 hat angedeutet, daß Anpassung – wie auch immer sie definiert wird – etwas Dynamisches sein muß, das sich ständig verändert. Außerdem ist das Verhalten selbst immer auf eine bestimmte Situation bezogen: es gibt nicht »eine« Umgebung, sondern eine Abfolge von ineinander übergehenden Situationen – Miniaturumgebungen –, die unser Verhalten beeinflussen und denen wir uns anpassen müssen. Die Wissenschaft der Psychologie hat versucht, die Grundregeln zu entdecken, die der unendlichen Vielfalt, in der Menschen denken, fühlen und handeln, zugrunde liegen. In letzter Zeit haben sich diese Bemühungen auf die Gesetzmäßigkeiten konzentriert, die Verhalten auf seine situativen Bedingungen beziehen.

Einige dieser wohlbegründeten Gesetzmäßigkeiten bilden die Grundlage dieses Buches. Beim Lesen dieses Kapitels sollten Sie diese Gesetzmäßigkeiten vollständig beherrschen lernen. In den nachfolgenden Kapiteln wollen wir dann versuchen zu lernen, wie sie angewendet werden können, um persönliche Anpassung zu erreichen.

Diese Gesetzmäßigkeiten werden oft Lerngesetze genannt. In der Verhaltensforschung bedeutet »Lernen« viel mehr als das 1 × 1 zu behalten, fremde Sprachen zu beherrschen oder das Alphabet hersagen zu können. *Lernen bezieht sich auf alle Änderungen in unseren Handlungen und Fähigkeiten, die als Ergebnis von Interaktionen mit der Umgebung entstanden sind.* Demnach ist die große Mehrzahl unserer Handlungen, Gedanken und Gefühle erlernt. Sogar unsere ererbten Neigungen werden durch Interaktionen mit der Umwelt beeinflußt, so daß »Lernen« – wie Psychologen es auffassen – ein sehr umfassender Begriff ist. Tatsächlich ist es schwer, irgendein Verhalten an uns zu entdecken, das nicht von unseren Erfahrungen beeinflußt ist – durch Interaktion mit unserer Umgebung.

ERERBTE VERHALTENSMUSTER

Beeinflußt unsere biologische Ausstattung unsere Verhaltensmerkmale? Bis zu einem gewissen Maß muß die Antwort auf jeden Fall Ja heißen. Trotz aller möglichen Erfahrungen wird ein Gorilla niemals fliegen und ein Küken niemals schwimmen wie ein Fisch. Alle Menschen, so verschieden sie sein mögen, gleichen sich untereinander mehr als einem Känguruh. Hier interessieren uns die biologischen Unterschiede zwischen Individuen unserer eigenen Art. Sind Spanier heißblütig? Wenn ja, sind sie es wegen ihrer biologischen Unterschiede, die sie von ihren europäischen Verwandten ererbt haben? Werden andere menschliche Eigenschaften – wie Mütterlichkeit, Humor, Freundlichkeit – durch genetische Unterschiede zwischen den Menschen erklärt?

Die Forschung auf dem Gebiet der Verhaltensgenetik zeigt im allgemeinen, daß einige Verhaltenszüge tatsächlich vererbt werden. So allgemeine Eigenschaften wie Intelligenz, Aktivitätsniveau und Erregbarkeit scheinen stark durch Vererbung beeinflußt zu werden. Die Anzeichen dafür, daß die Erbmasse stark zur Intelligenz beiträgt, sind überwältigend. Es ist aber ebenso überwältigend, welch weiten Bereich an intellektuellem Potential jedes Individuum ererbt. Seine Umwelt und seine

Lerngeschichte bestimmen seine tatsächliche intellektuelle Leistung.

Sicherlich wirken sich auch noch andere ererbte Eigenschaften auf unser Verhalten aus. Kleine oder dicke Menschen verhalten sich anders als große oder dünne, schöne anders als häßliche. Die physischen Eigenschaften können genetisch bestimmt sein, aber ihre Wirkung auf unsere Verhaltensweisen sind indirekt, weil sie durch Lernen vermittelt werden. Die Verhaltensweisen, die aus diesen physischen Eigenschaften entstehen, werden aber den Gegebenheiten der Umwelt entsprechen.

Die Hautfarbe bietet ein hervorragendes Beispiel. Jahrzehntelang galt dunkle Haut (durch Vererbung festgelegt) als ausgesprochen unerwünscht. Sogar Afro-Amerikanern galt hellere Hautfarbe als attraktiver denn dunklere. Die dunkleren Individuen entwickelten unvermeidlich Verhaltensweisen, die sich aus der »Bestrafung« seitens der anderen – durch Verachtung und Geringschätzung – ergaben. In den sechziger Jahren fanden diese Individuen mit ihrer »black-is-beautiful«-Bewegung mehr »Belohnung« – Bewunderung – als die anderen um sie herum. Wenn sich die Umwelt ändert, können somit ererbte Eigenschaften, die anfangs negative Reaktionen hervorgerufen haben, Verhaltensweisen hervorrufen, die schönen Menschen eigen sind: Stolz, Selbstvertrauen und Gelassenheit. Das Lernen, das als Ergebnis einer veränderten Umwelt erfolgte, könnte nun wahrscheinlich auf andere Situationen übertragen werden, und als Folge davon könnten wieder andere neue Verhaltensweisen gelernt werden.

Im allgemeinen stehen also ererbte biologische Eigenschaften mit der Umwelt in Wechselbeziehung und bringen so spezifisch erlerntes Verhalten hervor. Die Wirkung des Lernens ist außerordentlich weitreichend: Lernen ist einer der fundamentalsten Vorgänge, die sich auf das menschliche Leben auswirken.

DIE GRUNDREGELN DES VERHALTENS

Die Wirkung der Umgebung auf das Verhalten ist sowohl tiefgreifend als auch gesetzmäßig und regelmäßig. Bestimmte Grundregeln des Verhaltens erklären diese Beziehungen von

Verhalten und Umgebung. Eine Untersuchung dieser Gesetzmäßigkeiten hilft uns zu verstehen, wie Verhaltensweisen mit bestimmten Situationen verbunden werden. Diese Grundregeln können uns anleiten, neue Verhaltensweisen aufzubauen oder schon bestehende zu verändern: das heißt, sie helfen uns, eine befriedigende Anpassung an unsere Lebenssituation zu erreichen.

VORAUSGEHENDE UND NACHFOLGENDE EREIGNISSE

Situationen oder Miniatur-Umwelten können willkürlich in zwei Kategorien eingeteilt werden:

In solche, die *vor* dem Verhalten, und in solche, die *nach* ihm liegen. Für unsere Zwecke können wir sie vorausgehende und nachfolgende Ereignisse nennen. Vorausgehende und nachfolgende Ereignisse können manchmal identisch sein, aber sie haben eine unterschiedliche Wirkung auf späteres Verhalten, je nachdem, ob sie davor oder danach liegen.

Psychologen bezeichnen vorausgehende und nachfolgende Ereignisse als *»Reize«*, weil sie Verhalten auslösen oder in Gang setzen. Dies ist für uns alle ein gebräuchlicher Ausdruck. Wir sagen zum Beispiel, daß uns eine Beleidigung reizt, Musik zum Tanzen reizt, oder daß ein besonderes Licht unser Sehvermögen reizt, »rot« zu registrieren. In weniger offensichtlicher Weise beeinflußt das nachfolgende Geschehen unser Verhalten genauso. Ein Verhalten, das Anerkennung zur Folge hat, wird wahrscheinlich wiederholt werden: Das Folgegeschehen hat sich auf das spätere Verhalten ausgewirkt. Wir alle kennen es, daß die Pointe eines Witzes wiederholt wird (und manchmal mehrfach!), wenn als Folge die Zuhörer gelacht haben. Somit wirken beide Arten von Reizen, vorausgehende und nachfolgende Reize, auf das Verhalten, das sie umgeben. Dieses ganze Buch ist eine Analyse der Wirkungen vorausgehender und nachfolgender Reize auf unser Verhalten: Gerade durch diese Beziehungen werden Verhalten und Umwelt aufeinander abgestimmt.

Einige Verhaltensweisen werden »automatisch« von Auslösereizen kontrolliert. Wenn die Kniesehne leicht angeschlagen wird, folgt das Verhalten des Beinausstreckens automatisch. Der Auslösereiz des Schlagens hat Kontrolle über diesen Reflex. Ein Stäubchen auf dem Augapfel ist ein kontrollierender Auslöser für Augenblinzeln. Von den ersten Stunden des Lebens an bewirkt Milch im Mund automatisch verstärkte Speichelabsonderung. Verhaltensweisen, für die es angeborene kontrollierende Auslöser gibt, werden manchmal Reflexe genannt. Der Mensch hat weniger solcher automatischen Verhaltensweisen als Organismen mit einfacheren Nervensystemen, aber selbst bei uns sind sie zahllos.

Hier ist ein kleines Experiment, das unsere Reflexreaktionen illustrieren soll. Vereinbaren Sie mit jemandem, Sie mit einem plötzlichen lauten Geräusch zu erschrecken. Bitten Sie zum Beispiel einen Freund, innerhalb einer Viertelstunde ein Buch mehrmals auf den Tisch zu knallen, immer dann, wenn Sie am wenigsten darauf gefaßt sind. Beobachten Sie Ihre Reaktionen: Sie werden angespannt sein, herumschnellen und blinzeln. Dies ist reflexartig. Der Reiz genügt, um das zu verursachen. Nur wiederholtes Vertrautwerden mit dem Reiz wird das Verhalten schwächer werden lassen. Aber beachten Sie auch, daß es in Ihrer Reaktion eine emotionale Komponente gibt. Sie fühlen sich dabei gespannt und emotional erregt, es folgt ein ungemütliches Gefühl, das ein wenig einer ängstlichen Reaktion ähnelt und das seinen Höhepunkt ein oder zwei Sekunden nach Eintritt des Reizes erreicht und dann allmählich absinkt.

Dieses Experiment ist nützlich, weil es die Kontrolle des Auslösereizes über emotionale Reaktionen zeigt. Tatsächlich schließt die Kategorie des Verhaltens, das wir jetzt diskutieren – nämlich die automatischen Verhaltensweisen, die von Auslösern kontrolliert werden – viele emotionale Reaktionen ein. Die Verhaltensweisen dieser Kategorie haben verschiedene Eigenheiten; sie werden zum Beispiel weitgehend vom autonomen Nervensystem kontrolliert, sie innervieren glatte Muskeln, und sie sind sehr ähnlich zwischen Individuen der gleichen Art. Diese Verhaltensweisen werden respondente oder reaktive

Verhaltensweisen genannt, weil sie angeborenermaßen als Reaktion auf den Auslöserreiz eintreten.

Für unsere Zwecke ist die wichtigste Eigenschaft, die alle respondenten Verhaltensweisen gemeinsam haben, die, daß sie angeborenermaßen von Auslösereizen ausgelöst werden können. Die Gesetze, denen das Lernen dieser Verhaltensweisen folgt, beschreiben Beziehungen zwischen den Auslösereizen.

Während ein unerwartetes lautes Geräusch bereits von den ersten Tagen unseres Lebens an ein ausreichender Reiz zu einer Angstreaktion ist, ist unsere Angst vor vielen anderen Dingen, die nicht angeborenermaßen auslösende Reize sind, mit Sicherheit gelernt: die Angst vor Tests oder Prüfungen, in einen überfüllten Raum zu gehen, Angst vor Schlangen, Spinnen – oder in Verlegenheit gebracht zu werden. Wie gewinnen diese Reize Kontrolle über unsere Reaktionen? Diesen Prozeß nennt der Psychologe respondente Konditionierung. Er bedeutet eine Paarung des ursprünglichen Reizes mit dem neuen Reiz, so daß sie zeitlich zusammenfallen: Das Individuum reagiert automatisch auf den ursprünglichen Reiz, während der neue (oder konditionierte) Reiz gleichzeitig vorhanden ist. Nach mehreren solcher Paarungen wird das Individium auf den neuen konditionierten Reiz allein fast genauso reagieren wie auf den ursprünglichen Reiz. Auf diese Weise können automatische Reaktionen auf viele neue konditionierte Reize übertragen werden, entsprechend dem zeitlichen Zusammenhang zwischen den Auslösereizen.

Wir werden in Kapitel 10 ausführlich auf diesen Punkt zurückkommen. Dort wollen wir auch die Gesetze behandeln, nach denen das Lernen emotionaler Reaktionen erfolgt, die offensichtlich übereinstimmen mit den Gesetzen, die ein durch vorausgehende Reize automatisch ausgelöstes Verhalten kontrollieren. Jetzt wollen wir aber zunächst eine zweite Kategorie von Verhaltensweisen untersuchen – Verhaltensweisen, die in ihrer Art ganz anders sind und ganz anders gelernt werden.

OPERANTE VERHALTENSWEISEN

Die Klassifikation von Verhaltensweisen richtet sich danach, ob das Verhalten einen ursprünglichen kontrollierenden Auslösereiz hat oder nicht. Beim respondenten Verhalten ist dies der Fall: es heißt ja respondent, weil es als Antwort auf einen Reiz auftritt. Die Verhaltensweisen, die keinen ursprünglichen kontrollierenden Auslösereiz haben, werden operantes Verhalten genannt. Sie heißen operant, weil es ihre Aufgabe ist, auf unsere Umgebung einzuwirken – mit ihr oder in ihr etwas zu tun.

Im Lexikon ist das englische Wort »to operate« definiert als »eine Handlung durchführen, funktionieren, eine Wirkung erzielen«. *Durch operantes Verhalten funktionieren und handeln wir in unserer Umgebung oder wirken auf sie ein.*

Operantes Verhalten beansprucht gewöhnlich die quergestreiften Muskeln und das zentrale Nervensystem. Es ist bei allen Individuen – auch bei Individuen der gleichen Art – ganz verschieden. Operant sind solche Verhaltensweisen, von denen wir im allgemeinen annehmen, daß sie der bewußten Kontrolle unterstehen. Sie sind nicht automatisch. Operante Verhaltensweisen werden als »frei« empfunden, als unter unserer willentlichen Kontrolle stehend. Wir denken gewöhnlich »ich kann nichts dafür«, wenn wir ängstlich, ärgerlich, sexuell erregt oder erschrocken sind. Aber wir haben das Gefühl, frei wählen zu können, ob wir gehen, sprechen, vielleicht nachdenken. Dies trifft auf die meisten komplizierten Verhaltensweisen zu, die den Inhalt unseres täglichen Lebens ausmachen.

Die Unterscheidung zwischen respondenten und operanten Verhaltensweisen ist nicht so klar und präzise, wie es nach dieser Diskussion den Anschein haben mag. Tatsächlich haben die Psychologen heute begonnen, die Beziehungen zwischen respondenten und operanten Verhaltensweisen zu untersuchen, und dabei gefunden, daß sie aufs engste miteinander verbunden sind (Miller, 1969; Di Cara, 1970; Staats, 1968). Trotzdem bleibt die Unterscheidung sehr sinnvoll, weil sie zwei ganz verschiedene Beziehungen zu Situationen deutlich macht. *Operante Verhaltensweisen werden in erster Linie gelernt und aufrechterhalten durch nachfolgende Reize und nicht vorausgehende Reize.* Es folgt eine Reihe von Gesetzmäßigkeiten, die beschreiben, wie operante Verhaltensweisen erworben werden. Zunächst aber soll eine kurze Zusammenfassung der Punkte, die bisher aufgeführt wurden, Ihnen helfen, sich die

Bedeutung der benutzten Begriffe und ihre Beziehungen untereinander zu merken.

Behalten Sie im Gedächtnis, daß die Gesetzmäßigkeiten, die im Rest dieses Kapitels dargestellt werden, sich auf *operante Verhaltensweisen* beziehen. Auf respondente Verhaltensweisen wird ausführlicher in Kapitel 10, »Emotionale Probleme«, eingegangen.

ZUSAMMENFASSUNG

Lernen bedeutet jede Änderung in unserem Verhalten, die aufgrund einer Interaktion mit der Umgebung entsteht. Sogar angeborene Verhaltensmuster werden beeinflußt durch Interaktionen mit der Umgebung.

Verhalten ist eingebettet in eine Abfolge: Ihm gehen Ereignisse voraus, und ihm folgen Ereignisse nach. *Respondente Verhaltensweisen* werden fast immer »automatisch« durch vorausgehende Reize ausgelöst. Emotionale Reaktionen können in diese Kategorie fallen und werden später näher betrachtet werden. *Operante Verhaltensweisen* werden beeinflußt von ihren Konsequenzen. Nun folgt eine Reihe von Regeln für operante Verhaltensweisen.

REGEL 1: OPERANTES VERHALTEN IST EINE FUNKTION SEINER KONSEQUENZEN

Operante Verhaltensweisen werden entweder gestärkt oder geschwächt, je nachdem was sie für Folgen haben. Dies mag zunächst wie ein »Gemeinplatz« erscheinen – natürlich bleiben wir bei solchen Handlungen, die Erfolg haben, und hören auf mit solchen, die uns keine Befriedigung verschaffen –, das Prinzip, das darin enthalten ist, ist aber in Wirklichkeit ziemlich kompliziert. Nehmen wir ein einfaches Beispiel. Ein Junge und ein Mädchen stehen unter einem Baum; er versucht sie zu küssen. Was bestimmt nun, ob dieses Verhalten wieder auftreten wird oder nicht? Die Konsequenz. Wir können alle darin übereinstimmen, daß die Wahrscheinlichkeit, daß er sie wieder küssen wird, unterschiedlich sein wird, je nachdem, ob sie ihm ihre Lippen anbietet oder ihm einen Karateschlag versetzt.

Dieses Beispiel ist sehr einleuchtend. Wir wenden dieses grundlegende Prinzip aber selten auf weniger dramatische und nicht so offensichtliche Fälle an, obwohl das Prinzip dort genauso gilt.

Ob wir lernen zu küssen, zu tippen, zu sprechen, zu schreiben, zu studieren, zu rauchen oder ein Streichquartett zu komponieren, unser Verhalten wird gestärkt oder geschwächt – mehr oder weniger wahrscheinlich gemacht, entsprechend den Ereignissen, die ihm nachfolgen. Ein Kind, das sprechen lernt, wird eher gesprächig werden, wenn es gelobt wird, als wenn es gescholten wird. Ein Komponist wird mit größerer oder geringerer Wahrscheinlichkeit ein zweites Quartett zu komponieren versuchen, je nach den Konsequenzen, die auf das erste folgten.

Wird eine Konsequenz ein Verhalten wahrscheinlicher oder weniger wahrscheinlich machen? Das hängt von der Art der Konsequenz ab. Die nächste Regel beschreibt, wie Konsequenzen das Auftreten eines Verhaltens wahrscheinlicher machen.

REGEL 2: EINIGE KONSEQUENZEN STÄRKEN VERHALTEN

Um diese Regel zu verstehen, müssen wir uns folgende drei Definitionen klarmachen.

Definition 1: Der Begriff »Verhaltensstärke«, wie wir ihn hier benutzen, bezieht sich auf die *Wahrscheinlichkeit,* mit der ein bestimmtes Verhalten auftritt. Verhalten ist »stärker«, wenn es wahrscheinlicher ist. Der beste praktische Index für die Schätzung der Wahrscheinlichkeit von Verhalten ist seine Häufigkeit. In der Verhaltensanalyse erschließen wir die »Stärke« einer Verhaltensweise aus der Häufigkeit ihres Auftretens – wir zählen, wie oft ein Verhalten während einer bestimmten Zeitspanne auftritt.

Nun können wir uns der Erläuterung von Regel 2 zuwenden – einige Konsequenzen stärken Verhalten. Natürlich ist nicht jede Konsequenz eine Verstärkung. Viele Elemente von Situationen, die auf bestimmte Verhaltensweisen folgen, haben keine funktionale Beziehung zu diesen. Wenn wir zu unserem Pärchen unter dem Baum zurückkehren, könnten wir z. B. feststellen, daß ein Flugzeug in dem Augenblick über die beiden hinwegfliegt, in dem der Junge versucht, das Mädchen zu küssen. Wir wollen sogar annehmen, daß das Flugzeug mehrere Male während des Küssens über die beiden hinwegfliegt. Sicher wird das Flugzeug die Neigung des Jungen, sein Mädchen zu küssen, nicht verstärken. Ob das Mädchen ihn jedoch wieder-küßt oder nicht, wird sich stark darauf auswirken. Ihr Wiederküssen wird ohne Zweifel sein Kußverhalten wahr-scheinlicher, häufiger machen. Daß er dieses Mädchen küßt, wird wahrscheinlicher werden und, in geringerem Ausmaß, auch das Küssen anderer Mädchen. Wie Verhaltenswahrschein-lichkeiten *generalisieren*, d. h. sich übertragen auf ähnliche Situationen, wird in Kapitel 9 ausgeführt werden.

Dieses Beispiel illustriert die *positive Verstärkung*, einen wichtigen Begriff, den wir nun definieren können.

Definition 2: Ein positiver Verstärker ist eine Konsequenz, die Verhalten dadurch stärkt, daß sie der Situation hinzugefügt wird.

Positive Verstärker können viele verschiedene Dinge sein – Küsse, Essen, Geld, Lob oder die Gelegenheit, ein Motorrad zu fahren. Die Liste ist unerschöpflich und individuell sehr ver-schieden.

Ein positiver Verstärker f ü g t einer Situation etwas h i n z u. Der junge Mann küßte das Mädchen, und er bewirkte dadurch eine neue hinzugefügte Konsequenz: ihr Zurückküssen. Bevor er versucht hatte, sie zu küssen, küßte sie ihn nicht, so daß wir sagen können, ihr Kuß wurde der Situation hinzugefügt. Ein positiver Verstärker ist alles, was dadurch, daß es einer Situation hinzugefügt wird, das Wiederauftreten des vor-ausgegangenen Verhaltens wahrscheinlicher macht. Der Kompo-nist wird mit höherer Wahrscheinlichkeit versuchen, ein zweites Streichquartett zu schreiben, wenn sein früheres Komponieren positiv verstärkt wurde. Diese Verstärkung kann in einer oder mehreren verschiedenen Konsequenzen bestehen: Beifall der Zuhörer, Freude beim Hören seines eigenen Werkes, die Genug-tuung im Bewußtsein, den eigenen Ansprüchen genügt zu haben.

Definition 3: Ein negativer Verstärker ist eine Konsequenz, die Verhalten dadurch stärkt, daß sie von der Situation ab-gezogen wird.

Wir wollen gleich wieder zu dem Pärchen unter dem Baum zurückkehren. Der Junge und das Mädchen hatten einen kleinen Zank. Bevor er sie küßte, hatte sie die Stirn gerunzelt und schien verstört. Aber nach seinem freundlichen Kuß fühlte sie sich besser, und ihr Gesicht entspannte sich. Wir könnten sagen, daß das Stirnrunzeln und die Verstörung in diesem Falle negative Verstärker darstellten, weil sie das Verhalten stärkten, das zu ihrem Verschwinden führte – d. h. das Küssen. *Ein negativer Verstärker ist jede Konsequenz, deren Entfernung die Häufigkeit von Verhalten ansteigen läßt.*

Natürlich hätte das Mädchen noch zusätzlich positive Verstärker wie Lächeln oder eine Äußerung des Wohlgefühls hinzufügen können. Aber das ist keine notwendige Bedingung. Der negative Verstärker allein erhöht – durch seine Entfernung – die Wahrscheinlichkeit des Küssens. Obwohl es Ausnahmen gibt, sind positive Verstärker für Sie selbst gewöhnlich alle Dinge, die Sie als angenehm empfinden, und negative Verstärker alle Dinge, die Sie als unangenehm empfinden. Jeder Mensch könnte eine lange Liste von negativen und positiven Verstärkern aufschreiben, und alle Listen würden sich voneinander unterscheiden. Das Sprichwort »Wat dem einen sin Uhl, is dem andern sin Nachtigall« weist darauf hin, daß jeder Mensch dieselben Dinge oder Ereignisse verschieden bewertet. Natürlich müssen Verstärker nicht unbedingt äußere Dinge oder Ereignisse sein. Es gibt eindeutig auch so etwas wie »Selbstverstärkung«, indem wir uns selbst loben und ermutigen (siehe Kapitel 14). Es gibt gute und schlechte Gefühle, die als Folge unseres Verhaltens eintreten, und diese haben verstärkende Eigenschaften. Die Verstärkung von Verhalten muß auch nicht unbedingt auf unsere eigenen Handlungen hin erfolgen, damit Lernen stattfindet. Vieles aus unserem komplizierten Verhaltensrepertoire lernen wir einfach dadurch, daß wir andere Leute beobachten und sehen, welche Folgen *ihr* Verhalten hat. Lernen kann durch die Beobachtung des Verhaltens anderer erfolgen, ob es verstärkt wird oder nicht. Ob wir aber das, was wir gelernt haben, *durchführen* – also das Verhalten selbst –, hängt davon ab, ob entweder das Modell oder wir selbst, wenn wir das Verhalten nachmachen, verstärkt werden.

Obwohl die Unterscheidung zwischen Lernen und tatsächlicher Durchführung theoretisch durchaus möglich ist, stößt sie in der Praxis auf große Schwierigkeiten, da wir Lernen nur beurteilen können, wenn tatsächlich irgendein Verhalten durchgeführt wird. Wir können nicht sagen, daß jemand etwas gelernt hat, wenn er keinerlei Verhaltensänderung zeigt. Es mag z. B. jemand heimlich Spanisch lernen, doch wenn wir nie eine Änderung in seinem Verhalten beobachten, dann können wir auch nicht sagen, was er gelernt hat. Dies ist der Grund, weshalb die Verhaltenswissenschaften die Betonung auf Verhalten legen und daß die Gesetzmäßigkeiten des Verhaltens in Wirklichkeit Gesetzmäßigkeiten der Durchführung von Verhalten sind.

REGEL 3: DAS ZURÜCKHALTEN VON VERSTÄRKERN SCHWÄCHT VERHALTEN AB

Die ersten beiden Regeln haben die Entwicklung von neuen Verhaltensweisen betont. Wir wollen uns nun mit Verhalten beschäftigen, das bereits erlernt, also bereits verstärkt wurde. Unter diesen Bedingungen wird das Zurückhalten von Verstärkern Verhalten weniger wahrscheinlich machen. Wir können uns alle Beispiele vorstellen, in denen keine Verstärkung mehr erfolgt. Wenn dies der Fall ist, dann wird das vorher durchgeführte Verhalten nicht aufrechterhalten. Dieser Prozeß wird *Löschung* genannt.

Nehmen wir an, unser Pärchen hat sich angewöhnt, an Sonnabenden zu »ihrem Baum« zu gehen und sich dort ausgiebig zu küssen. Das Kußverhalten des Jungen ist genügend oft verstärkt worden, daß sein Auftreten hochwahrscheinlich ist. Aber das Leben kann sich ändern: die Umgebung kann die Verstärkung vorenthalten. Nehmen wir für dieses Beispiel einmal den Standpunkt des Mädchens ein. Nehmen wir an, es ist der Meinung, daß sie sich zuviel küssen und zuwenig unterhalten. Sie möchte, daß er sie weniger häufig küßt. Ihr stehen viele Strategien zur Verfügung, eine davon wäre z. B. nicht zurückzuküssen – die Verstärkung entziehen. Sein Kußverhalten wird gelöscht werden, d. h. es wird allmählich abnehmen. Wenn sie wirklich möchte, daß er mit ihr unter dem Baum bleibt, aber sich mehr mit ihr unterhalten soll, dann muß sie ihn verstärken, wenn er sich mit ihr unterhält, und gleichzeitig sein Küssen löschen. Wenn es ihr egal ist, ob er bleibt oder nicht, dann kann sie einfach gar nichts tun. In beiden Fällen wird das Kußverhalten sich verringern.

Löschung findet immer und überall statt. Sie ist der Prozeß, durch den wir unser Verhalten einer sich verändernden Umgebung anpassen. Verhaltensweisen, die nicht länger erfolgreich sind, nehmen allmählich ab, und neue werden gelernt, entsprechend der Verstärkung, die sie in neuen Situationen erfahren. Löschung ist ein aktiver Prozeß der Anpassung. Verhalten bedeutet immer einen Aufwand an Energie, und im allgemeinen vermeiden wir es, Energie zu verschwenden.

REGEL 4: INTERMITTIERENDE VERSTÄRKUNG ERHÖHT DIE WIDERSTANDSFÄHIGKEIT GEGEN LÖSCHUNG

Wenn auf ein bestimmtes Verhalten jedesmal eine Verstärkung erfolgt, dann sagen wir, das Verhalten steht unter kontinuierlicher Verstärkung. Wir könnten diesen Fall als einen 100%-Verstärkungsplan bezeichnen. Die meisten in der natürlichen Umgebung auftauchenden Verhaltensweisen werden aber nicht jedesmal verstärkt, wenn sie auftreten. Manchmal werden sie verstärkt, manchmal nicht. Dieser Fall wird *intermittierende Verstärkung* genannt.

Wie Sie vielleicht erwarten, bewirkt kontinuierliche Verstärkung ein schnelleres Lernen von neuen Verhaltensweisen. Aber *intermittierende Verstärkung* hat eine äußerst interessante Auswirkung: *sie macht Verhaltensweisen widerstandsfähiger gegen Löschung*. Ein Verhalten, das zufallsmäßig verstärkt worden ist, aber im Durchschnitt jedes zweite Mal (ein 50%-Verstärkungsplan), wird länger auftreten, wenn keine Verstärkung mehr erfolgt, als nach kontinuierlicher Verstärkung. Lassen Sie uns für einen Augenblick unter den Baum zurückkehren. Nehmen wir an, das Mädchen hätte im Durchschnitt jedes zweite Mal zurückgeküßt. Dann hätte der Junge am ersten Löschungstag, als sie kein Interesse mehr zeigte, wahrscheinlich weiter versucht, sie zu küssen, obwohl er keine Bestätigung mehr bekam. (Man nennt dies Löschungsdurchgänge.) Bei einem intermittierenden Verstärkungsplan sind mehr Löschungsdurchgänge erforderlich, bevor eine endgültige Löschung des Verhaltens eintritt. Wenn die Nichtverstärkung andauert, wird aber schließlich doch eine Löschung erfolgen.

Aber *die Anzahl der erforderlichen Löschungsdurchgänge wird beeinflußt von dem vorausgegangenen Verstärkungsplan.* Wenn sie ihn vorher jedesmal geküßt hätte und dann vollkommen damit aufgehört hätte, dann würde das Kußverhalten schneller gelöscht, als wenn sie nach einem unregelmäßigen Verstärkungsplan zurückgeküßt hätte.

Intermittierende Verstärkungspläne, besonders wenn sie keine Voraussagen zulassen, sind ganz besonders geeignet, löschungsresistentes Verhalten zu erzeugen. Die Auswirkungen von Verstärkungsplänen auf die Löschung kommt dem sehr nahe, was man in der Alltagssprache *Erwartungen* nennt. Wenn wir von vornherein *erwarten,* daß sie manchmal zurückküssen wird, manchmal aber nicht, dann werden wir nicht so leicht merken, daß wir unter Löschungsbedingungen stehen. Wir würden annehmen, daß wir immer noch unter dem vorausgegangenen intermittierenden Verstärkungsplan stehen und so das Verhalten weiter durchführen, bis wir merken, daß neue Bedingungen in Kraft getreten sind. Wenn wir nur einmal bei zwanzig Versuchen zurückgeküßt worden sind (ein eins-zu-zwanzig-Verhältnis), dann werden wir »erwarten«, daß wir bis zum einundzwanzigsten Mal zu warten haben. Wenn wir nie genau wüßten, wann eine Verstärkung zu erwarten ist, wie es bei einem Zufallsplan mit einer niedrigen Verstärkungsquote der Fall ist, dann würden wir aller Wahrscheinlichkeit nach nicht wissen, was wir zu erwarten haben, und lange Zeit weitermachen, bevor wir merken, was los ist. Löschungseffekte stimmen überein mit den »Erwartungen« unseres Alltagsverständnisses, aber wir brauchen das Konzept der Erwartung nicht, um sie zu erklären. Auch bei der niedriger entwickelten Maus im Labor sind ungefähr dieselben Löschungsvorgänge zu beobachten.

Intermittierende Verstärkung und fehlangepaßtes Verhalten. Die Auswirkungen intermittierender Verstärkung sind insofern bedeutsam, als sie die Fortdauer mancher fehlangepaßter Verhaltensweisen zu erklären helfen. In der Tat stehen viele unserer dauerhaften komplexen Verhaltensweisen unter intermittierenden Verstärkungsplänen. Wir werden vielleicht unregelmäßig verstärkt, aber im Durchschnitt jedes hundertste Mal, wenn wir eine bestimmte Verhaltensweise ausführen. Stellen Sie sich vor, wie außerordentlich widerstandsfähig gegen Löschung ein solches Verhalten sein würde. Ein zufälliger

Beobachter würde unser Verhalten vielleicht als »rigide« oder »albern« bezeichnen, weil es so lange weiterbesteht, auch nachdem es keine Verstärkung mehr erfährt. Darüber hinaus könnte es gut vorkommen, daß ein Beobachter die seltene Verstärkung, wenn sie einmal eintritt, gar nicht bemerkt, so daß ihm unser Verhalten als völlig paradox erscheinen müßte. Viele fehlangepaßte Verhaltensweisen, die wir bei anderen Menschen beobachten, werden durch ähnliche Verstärkungspläne aufrechterhalten.

ZUSAMMENFASSUNG

Bisher haben wir vier Regeln behandelt. *Operantes Verhalten* ist eine Funktion seiner Auswirkungen oder seiner Konsequenzen. *Positive Verstärkung* erhöht die Wahrscheinlichkeit, daß ein Verhalten wieder auftreten wird, dadurch, daß der Situation etwas hinzugefügt wird. *Negative Verstärkung* hat denselben Effekt, dadurch, daß von der Situation etwas abgezogen wird. Wenn keine Verstärkung mehr erfolgt, beginnt der Prozeß der *Löschung*, und die Häufigkeit des Verhaltens nimmt ab. Durch intermittierende Verstärkung können Verhaltensweisen widerstandsfähig gegen Löschung gemacht werden.

REGEL 5: *VERHALTEN, DAS BESTRAFT WIRD, TRITT WENIGER HÄUFIG AUF*

Ein negativer Verstärker ist, wie Sie sich erinnern, ein Reiz, dessen Entzug das vorhergehende Verhalten stärkt. *Aber was passiert, wenn derselbe unangenehme Reiz hinzugefügt wird, und zwar als Folge eines Verhaltens? Dies ist eine Art der Bestrafung.* In den allermeisten Fällen ist ein negativer Verstärker etwas Schmerzhaftes, sehr Unangenehmes oder Unerwünschtes, etwas, wogegen wir eine A v e r s i o n haben. Negative Verstärker werden darum häufig *aversive Reize* genannt. Sie können alles mögliche sein, ein elektrischer Schlag, Verlegenheit, oder den Rasen mähen müssen. Das hängt vom einzelnen Menschen ab. Die Wegnahme einer solchen Sache, wie dies bei der negativen Verstärkung geschieht, würde belohnend wirken. Wenn man sie einer Situation hinzufügt, dann wirkt das bestrafend.

Bestrafung hat mehrere Auswirkungen. *Die eine ist, daß die Wahrscheinlichkeit oder Häufigkeit des Verhaltens verringert wird, auf das sie folgt.* Wir alle wissen, daß wir bestimmte Verhaltensweisen unterdrücken können, dadurch, daß wir sie bestrafen, und das ist auch wiederum ein Weg, in dem Verhalten der Umgebung angepaßt wird. Eltern schlagen ihre Kinder, um sie davon abzubringen, etwas zu tun. Aber diese Art der Strafe, die Verabreichung eines aversiven Reizes, hat auch noch andere Auswirkungen, die wir beachten müssen. Bestrafung bewirkt mehr, als daß sie nur Verhalten unterdrückt.

Was passiert bei Ihnen selbst, wenn Sie bestraft werden? Denken Sie einmal an das letzte Mal zurück, an dem Sie für irgend etwas schwer bestraft worden sind. Vielleicht hatten Sie körperliche Schmerzen, oder sind in Verlegenheit geraten, oder sind einfach seelisch »verletzt« worden. Sie werden sich daran erinnern, daß Sie mit dem Verhalten, das dazu führte, aufgehört haben, aber Sie haben auch einige unangenehme »Begleiterscheinungen« erfahren. Sie haben sich vielleicht unglücklich gefühlt, vielleicht ängstlich, vielleicht auch ein vages Gefühl allgemeinen Unbehagens verspürt. Sie mögen auch verärgert gewesen sein und sind möglicherweise aggressiv gegenüber dem Strafenden geworden. Zusätzlich haben Sie wahrscheinlich eine geringfügige Verwirrung Ihrer Gedanken und Gefühle empfunden, wahrscheinlich nichts Ernsthaftes, vielleicht nur einen kleinen Moment der Verwirrung und geringerer Leistungsfähigkeit. *Dies sind die typischen Auswirkungen von Bestrafung:* gefühlsmäßige Erregung, unangenehme Gefühle, manchmal gegenaggressive Verhaltensweisen und die Störung vorher reibungslos ablaufender Verhaltensabfolgen.

Unser Mädchen unter dem Baum kann das Kußverhalten des Jungen beenden, indem sie ihn schlägt. Sie wird damit aber auch diese Begleiterscheinungen hervorrufen. Dennoch würde das Küssen sofort aufhören. Der größte Vorteil bei der Anwendung von Bestrafung, wenn man jemandem systematisch etwas beibringen will, besteht darin, daß das unerwünschte Verhalten sehr schnell gehemmt wird. Aus diesem Grunde bestrafen auch die freundlichsten Eltern ihre Kinder, wenn ein

Verhalten schnell beendet werden muß, insbesondere dann, wenn es gefährlich für das Kind ist. Eine andere Form der Bestrafung, *der Entzug eines positiven Verstärkers,* ist langsamer in seiner Wirkung und ruft weniger emotionale Verwirrung hervor. Stellen Sie sich vor, Sie sind bei einem ganz normal gelernten Verhalten wie z. B. dem Wellenreiten. Während der ganzen Saison waren die Wellen hoch und gut geeignet. Die Umgebung hat eine ganze Abfolge von Ereignissen verstärkt, nämlich früh morgens aufstehen, das Brett an den Strand tragen, herauspaddeln, und das alles dadurch, daß am Ende schließlich gute Wellenritte standen. Stellen Sie sich nun vor, die Brandung würde plötzlich flach werden, und es würde Tage oder Wochen lang keine Wellen geben. Die Verhaltensweise »Brett an den Strand tragen« würde unter diesen Bedingungen sicherlich in ihrer Häufigkeit nachlassen. Gewöhnlich sehen wir unsere Umgebung nicht so, daß sie unsere Verhaltensweisen in dieser Weise »bestraft«, aber ein solches Ereignis hat eine bestrafende Wirkung. *Das Verhalten wird bestraft durch den Entzug einer vorher vorhandenen positiven Verstärkung.* Das plötzlich zurückweisende Mädchen kann das Küssen des Jungen bestrafen durch den Entzug der vorhergehenden Verstärkung, nämlich ihrer zärtlichen Reaktionen.

Versuchen Sie sich zu erinnern, wann Sie das letzte Mal einen solchen Entzug von Verstärkung erlebt haben. Sie waren wahrscheinlich nicht so erregt, ärgerlich oder durcheinander, als wenn sie geschlagen worden wären, oder als ob Sie in einer anderen Weise durch einen aversiven Reiz bestraft worden wären. Ihr Gefühl war wahrscheinlich mehr das einer gewissen Enttäuschung, zwar nicht angenehm, aber doch nicht mit solcher gefühlsmäßigen Erregung verbunden. Erinnern Sie sich auch daran, daß Ihr Verhalten nicht so plötzlich aufhörte, als wenn Sie einem schmerzhaften Reiz ausgesetzt worden wären? Dies sind Eigenschaften der Bestrafung durch den Entzug von positiver Verstärkung: weniger gefühlsmäßige Erregung, weniger unangenehm und eine weniger rasche Abnahme des Verhaltens.

Eltern benutzen diese Techniken häufig. Ein Teenager mag z. B. »Hausarrest« bekommen oder irgendwelche Privilegien verlieren, wie z. B. das Auto zu benutzen, wenn er sich entgegen den Wünschen seiner Eltern verhält. Oder aber ein kleines Kind bekommt nicht die Erlaubnis, draußen zu spielen. Als Erwachsene benutzen wir alle diese Reaktionen in unserem täglichen Leben: wenn ein Freund plötzlich streitsüchtig wird, dann entziehen wir ihm unsere vorher freundlichen Antworten.

Der mitdenkende Leser wird bemerkt haben, daß diese zweite Art der Bestrafung den *Löschungsprozeduren* ähnlich ist: beide enthalten den Entzug von positiver Verstärkung. Es ist wichtig, das im Gedächtnis zu behalten, damit Sie bei der Veränderung Ihres eigenen fehlangepaßten Verhaltens wissen, daß Löschung, ebenso wie der Entzug von positiver Verstärkung, gewisse unangenehme Begleiteffekte hat.

REGEL 6: BESTRAFUNG ALLEINE LEHRT KEINE NEUEN VERHALTENSWEISEN

Die nächste Regel, daß Bestrafung keine neuen Verhaltensweisen lehrt, wird von vielen Menschen übersehen, die versuchen, anderen etwas beizubringen. In der Kindererziehung oder im Umgang mit Freunden oder im Unterricht sind wir häufig damit zufrieden, unerwünschtes Verhalten zu beenden. Wenn wir aber nur das tun, dann bleibt die Entwicklung neuer, wünschenswerter Verhaltensweisen dem Zufall überlassen. Wenn Sie für sich selbst bessere Selbstanpassung erreichen wollen, dann gibt es einige Dinge, mit denen Sie aufhören möchten, z. B. Rauchen, schüchtern sein, zu wenig lernen oder Drogen einnehmen, aber Sie werden auch neue, wünschenswerte, *alternative* Verhaltensweisen für diese Situationen entwickeln wollen. Aufhören mit den alten Verhaltensweisen ist nur die eine Hälfte des Problems, und Bestrafung kann nur bei dieser Hälfte nützlich sein. Bei der Selbstveränderung versucht man, neue Verhaltensweisen zu lernen, nicht einfach alte zu unterdrücken.

REGEL 7: BESTRAFUNG FÜHRT ZU FLUCHT- ODER VERMEIDUNGSVERHALTEN

Durch Bestrafung lernen Sie, der Bestrafung auszuweichen. *Wie* Sie ihr ausweichen oder was Sie tun, wenn Sie ihr erfolgreich ausgewichen sind, wird durch die Bestrafung selbst nicht bestimmt. Vielmehr werden diese Ausweichverhaltensweisen gelernt, entsprechend der Verstärkung, die auf sie folgt. Wenn Sie lernen, über einen Zaun zu springen, um einer Tracht Prügel auszuweichen, dann werden Sie in der Art und Weise springen (mit dem Kopf zuerst oder im Scherensprung z. B.), die am meisten verstärkt wird, d. h., Sie werden so springen, wie Sie am schnellsten und erfolgreichsten über den Zaun kommen.

Natürlich werden dabei auch gefühlsmäßige Reaktionen gelernt, wie es bei den vorhergehenden Regeln ausgeführt wurde, da gefühlsmäßige Erregung ein Nebeneffekt der Bestrafung ist. Das gilt insbesondere für das *Fluchtlernen*. In der Fachsprache bezeichnet der Ausdruck Fluchtlernen solche Verhaltensweisen, die Bestrafung beenden. V e r m e i d u n g s l e r n e n dagegen bezeichnet solche Verhaltensweisen, die dazu führen, daß eine Bestrafung gar nicht erst eintritt. In anderen Worten: beim Fluchtlernen wird die Bestrafung tatsächlich verabreicht, beim Vermeidungslernen wird die Strafe vermieden. Dieser Unterschied ist sehr bedeutsam, da die zugehörigen Gefühlsreaktionen sehr unterschiedlich sind. Beim Fluchtverhalten bleiben die unangenehmen Gefühle bestehen, weil immer wieder eine Bestrafung erfolgt. Unser küssender junger Mann würde jedesmal sehr aufgebracht sein, wenn er geschlagen würde und fliehen müßte. Stellen Sie sich auf der anderen Seite vor, er würde lernen, die Strafe zu *vermeiden,* z. B. indem er sich von dem Mädchen fernhält. Er wäre dann den unangenehmen Gefühlen gar nicht ausgesetzt.

Ein vorausgegangenes Vermeidungslernen kann viele Verhaltensweisen erklären helfen, die offensichtlich nicht durch positive Verstärkung aufrechterhalten werden. Menschen können lernen, sich gegenseitig aus dem Weg zu gehen, nicht weil sie dafür positiv verstärkt werden, sondern weil sie damit Situationen vermeiden, in denen sie in der Vergangenheit bestraft wurden.

Wenn Sie beginnen, Ihr eigenes Verhalten zu analysieren, dann werden Sie vielleicht entdecken, daß Sie Dinge tun, für die Sie anscheinend keine Belohnung erhalten. Solche Verhaltensweisen mögen einem dann nochmal »unmotiviert« erscheinen, aber es handelt sich dabei oft um Vermeidungsverhalten. Sie mögen z. B. alleine ausgehen, anstatt dorthin zu gehen, wo Sie Ihre Freunde treffen könnten, obwohl das Alleinsein für Sie keine Verstärkung ist. Sie mögen sich dann fragen: »auf was reagiere ich da?«. Die Antwort kann in Ihrer Lerngeschichte liegen. Sie können in Ihrer Vergangenheit dafür bestraft worden sein, zum gemeinsamen Treffpunkt zu gehen. Sie haben ein Vermeidungsverhalten gelernt. Eine wichtige Eigenschaft von Vermeidungsverhaltensweisen ist die, daß sie häufig betont gleichgültig durchgeführt werden. Man fühlt sich nicht besonders unwohl, wenn man Vermeidungsverhalten durchführt. Solche Verhaltensweisen sind scheinbar nicht durch Angst motiviert. Wenn Sie nicht jemand darauf aufmerksam macht, dann mögen Sie sich dessen völlig unbewußt sein, daß einige Ihrer Verhaltensweisen durch das Vermeiden von unangenehmen Gefühlen aufrechterhalten werden.

Vermeidungsverhalten gelangt schließlich unter die Kontrolle vorausgehender Reize, obwohl es nicht ebenso automatisch ausgelöst wird wie bei der respondenten Konditionierung. *Vermeidungsverhaltensweisen werden als Antwort auf vorausgehende, nicht auf nachfolgende Ereignisse durchgeführt.* Um eine Bestrafung vermeiden zu können, müssen Sie wissen, daß die Bestrafung bevorsteht. Sie lernen, Situationen zu vermeiden, wenn Sie ein *Signal* bekommen, daß die Bestrafung unmittelbar bevorsteht.

Ein junger Mann, der dafür bestraft wurde, daß er sein Mädchen zu unpassenden Zeitpunkten küßte, wird lernen, welche Signale ihm anzeigen, daß ein bestimmter Zeitpunkt nicht passend ist. Er mag z. B. bestraft werden, wenn er sein Mädchen in der Gegenwart ihrer Eltern küßt. Er würde dann, um die Bestrafung zu vermeiden, lernen, sein Kußverhalten zu unterdrücken, wenn er das Signal »Eltern« sieht. Wir können daher sagen, daß sein Kußverhalten unter der Kontrolle vorausgehender Reize steht. Es ist die Gegenwart der Eltern (Signal), die sein Verhalten kontrolliert, nicht die Bestrafung, die er von seinem Mädchen erhalten könnte.

Weil es das Signal und nicht die Bestrafung ist, die zum Vermeidungsverhalten führt, bestehen Vermeidungsverhaltensweisen auch dann weiter, wenn in Wirklichkeit keine Bestrafung mehr erfolgen würde. Nehmen wir an, das Mädchen meint nach ihrer Verlobung mit dem jungen Mann, daß sie ihm nun gestatten kann, sie in Gegenwart ihrer Eltern zu küssen. Wenn sie es unterläßt, ihrem Verlobten zu sagen, daß sich die Situation von ihr aus geändert hat, dann wird er vielleicht weiterhin das Küssen bei solchen Gelegenheiten sein lassen, auch wenn keine Bestrafung mehr droht.

Vermeidungsverhalten ist sehr schwer zu löschen, weil der vorausgehende Reiz das Vermeidungsverhalten hervorruft und die Person, die die Vermeidungsreaktion gelernt hat, keine Gelegenheit hat zu erfahren, daß die frühere Bestrafung fortgefallen ist.

Ein häufiges Ereignis in unserer Gesellschaft mag als Beispiel dienen. Kinder oder Teenager werden häufig für sexuelles Verhalten bestraft, und diese Bestrafung führt mit einiger Wahrscheinlichkeit zu verschiedenen Formen von Vermeidungsverhalten. Einige werden einfach lernen, zu vermeiden, daß sie erwischt werden, aber andere können lernen, Sex überhaupt zu vermeiden. Wenn die Kinder dann älter werden und heiraten, verändert sich die Situation: es ist sehr unwahrscheinlich, daß die Eltern sexuelles Verhalten bei ihren verheirateten Kindern bestrafen. Was vorher bestrafenswertes Verhalten war, ist nun erlaubt. Trotzdem wird jemand, der gelernt hat, sexuellen Verkehr zu vermeiden, um die frühere Bestrafung zu vermeiden, u. U. fortfahren, zu vermeiden, auch wenn die Situation sich verändert hat und keine Bestrafung mehr droht. Auf diese Weise werden viele »neurotische« oder fehlangepaßte Verhaltensweisen gelernt. Weil Sie früher einmal in der Gegenwart eines bestimmten Reizes bestraft worden sind, z. B. in Ihrer Kindheit, bleiben Sie bei Ihren alten Vermeidungsgewohnheiten, die einem anderen töricht erscheinen. Solche Vermeidungsverhaltungsweisen können in der Tat töricht sein: Sie vermeiden Situationen, die sehr angenehm für Sie sein könnten, weil die Signale, die Ihr Verhalten kontrollieren, weiterbestehen. Eine der Techniken der Selbstveränderung besteht darin, daß Sie allmählich anfangen, früher vermiedene Verhaltensweisen und Situationen, die Ihnen wünschenswert erscheinen, durchzuführen und aufzusuchen. Auf diese Weise können Sie erfahren, ob die frühere Bestrafung noch eintritt oder nicht.

ZUSAMMENFASSUNG

Eine Art der Bestrafung ist *die Hinzufügung eines negativen Verstärkers als Folge eines Verhaltens.* Eine zweite Form ist *der Entzug eines positiven Verstärkers,* der sonst gegeben war. Beide Formen der Bestrafung verringern die Wahrscheinlichkeit, daß das Verhalten, das zu der Bestrafung geführt hat, wieder auftritt, aber die Hinzufügung eines negativen Verstärkers ist unangenehmer.

Eine hauptsächliche Eigenschaft der Bestrafung als Mittel der Verhaltensveränderung ist die, daß sie allein keine neuen Verhaltensweisen lehrt. Sie lehrt nur, der Bestrafung zu entfliehen oder sie zu vermeiden. Das ist ein Problem, das häufig nicht genügend beachtet wird.

Bestrafung kann zu Vermeidungsverhalten führen, das die Möglichkeit der Bestrafung beseitigt. Vermeidungsverhalten gelangt schließlich unter die Kontrolle eines vorausgehenden Reizes, so daß die Person bei Eintreten des Hinweisreizes oder Signales das Vermeidungsverhalten durchführt und damit die drohende Bestrafung vermeidet. Dieses Verhalten ist sehr widerstandsfähig gegen Löschung. Es kann das Bestehen von Verhaltensweisen erklären, die nicht angepaßt erscheinen und offensichtlich nicht verstärkt werden.

REGEL 8: DAS MEISTE OPERANTE VERHALTEN GELANGT SCHLIESSLICH UNTER DIE KONTROLLE VORAUSGEHENDER REIZE ODER SIGNALE

Signale oder vorausgehende Bedingungen gewinnen schließlich Kontrolle nicht nur über Vermeidungsverhalten, sondern über die *meisten* gelernten Verhaltensweisen.

Wie ist das zu erklären? Beim Vermeidungslernen lernt ein Mensch, bestimmte Bestrafungen zu vermeiden, z. B. von einem Mädchen zurückgewiesen werden, und zwar dadurch, daß er auf die Signale achtet, die anzeigen, daß er tunlichst vermeiden sollte. Auf diese Weise gelangt das Verhalten unter die Kontrolle des vorausgehenden Reizes.

Dasselbe geschieht mit Verhaltensweisen, die auf andere Weise gelernt werden, sogar mit solchen, die durch positive Verstärkung gelernt werden. In der Alltagssprache sprechen wir von einem *Hinweis* für das Verhalten. Im wirklichen Leben werden die meisten unserer Handlungen durch Hinweisreize kontrolliert. Wenn z. B. die Klingel läutet oder der

Lehrer sagt »das wär's für heute«, stehen die Schüler auf und gehen zur Tür. Jeder Schüler weiß ganz genau, wie man den Klassenraum verläßt, aber gewöhnlich tut dies keiner, bevor nicht der Hinweisreiz gegeben ist. Unser küssendes Paar kann als weiteres Beispiel dienen. Der Junge wird schließlich nur noch dann einen Kußversuch unternehmen, wenn das Mädchen »bereit« ist. Sie wird ihm irgendwelche Hinweise geben: die Art, wie sie ihn anschaut, eine Pause im Gespräch, eine Bewegung mit dem Kopf. Wenn sie den Hinweis nicht gibt, wenn sie z. B. wegschaut oder nach unten schaut oder sich eifrig unterhält oder studiert, dann ist die Wahrscheinlichkeit, daß er sie zu küssen versucht, sehr viel geringer. Nachdem also das ursprüngliche Lernen erst einmal stattgefunden hat, wird der Hinweisreiz das Verhalten hervorrufen. Seine Kußversuche werden unter die Kontrolle vorausgehender Reize geraten sein.

Die interessante Frage sowohl für die Psychologie als Wissenschaft als auch für unser Bemühen, unsere Verhaltensweisen zu verändern, lautet: *wie lernen wir die Hinweisreize?* In jeder Stunde unseres Lebens werden von uns unserer Umwelt Tausende von Hinweisreizen dargeboten. Die Welt ist reich an Reizen – Gespräche, Geräusche, optische Eindrücke, Ereignisse, Gerüche –, und unsere Verhaltensweisen sind eingebettet in diese Vielfalt. Hinweisreize, die eine ganz bestimmte Handlung hervorrufen, werden *diskriminative Reize* genannt. Dieser Fachausdruck ist nützlich, weil er uns zu verstehen hilft, wie ein Hinweis wirkt; d. h., *ein Hinweisreiz dient zum Erkennen der Bedingungen, unter denen eine Handlung verstärkt oder nicht verstärkt werden wird.* Es ist ein Reiz, der uns zwischen angemessenen und unangemessenen Bedingungen für eine Handlung unterscheiden hilft. *»Angemessen« heißt in diesem Zusammenhang, daß das Verhalten verstärkt werden wird. »Unangemessen« bedeutet, daß das Verhalten nicht verstärkt oder daß es bestraft werden wird.*

Wenn der Dozent an der Universität sagt »das wär's«, dann werden Sie bald heraushaben, daß es nun angemessen ist, den Raum zu verlassen. Ohne diese Bemerkung, werden Sie lernen, ist dies Verhalten nicht so angemessen. In dem vorhergehenden Beispiel des küssenden Paares hat der Junge gelernt, sein Mädchen zu küssen, wenn sie ihm zeigt, daß sie »bereit« ist. Wenn sie dies Zeichen nicht gibt, sollte er vielleicht davon absehen.

Das Lernen von komplizierten Hinweisreizen folgt ziemlich einfachen Regeln. Wenn das Mädchen durch ihre Wimpern zu ihm aufblickt, dann wird ein Kuß verstärkt werden, hat er gelernt. Sie lernen, daß der Dozent verstärken wird, wenn Sie den Hörsaal beim richtigen Hinweisreiz verlassen, aber daß er es nicht tun wird, wenn Sie zu irgendeinem anderen Zeitpunkt gehen.

Ein Reiz wird zu einem Hinweisreiz für ein Verhalten, wenn dieses Verhalten vorher in der Gegenwart des Reizes verstärkt und in der Abwesenheit des Reizes nicht verstärkt wurde. Dieser Satz klingt kompliziert, aber die Idee dahinter ist wirklich sehr einfach: wenn ein Reiz und ein Verhalten auftreten und das Verhalten *nur dann* verstärkt wird, wenn sie gemeinsam auftreten, dann wird der Reiz zum Hinweisreiz für dieses Verhalten. Im Laboratorium kann dieser Vorgang untersucht werden, indem man eine hungrige Maus für das Drücken eines Hebels nur dann verstärkt, wenn ein Licht brennt, und das Drücken nicht durch Nahrung verstärkt, wenn das Licht aus ist. Die Maus wird lernen, den Hebel nur zu drücken, wenn das Licht an ist. In unserem Alltagsleben spielt sich dieser Vorgang dauernd ab. Wenn z. B. ein Paar regelmäßig miteinander ausgeht, dann wissen beide, wann es Zeit ist, bei einer Party zu gehen. Ein Mädchen hat gelernt, daß sie für Sich-zum-Aufbruch-fertig-Machen verstärkt wird, wenn ihr Partner gewisse Hinweisreize gibt, vielleicht daß er stiller wird oder sich ungeduldiger benimmt. Sind solche Hinweisreize nicht vorhanden, so wird er sie weniger wahrscheinlich für ihren Aufbruch verstärken. Wenn ihre Beziehung gut ist, dann wird natürlich auch er ihre Hinweisreize gelernt haben und sie mit einer höheren Wahrscheinlichkeit nach Hause bringen, wenn sie sie gibt.

Sie können sehen, daß menschliche Beziehungen aufbauen auf solcher außerordentlich fein abgestimmten Sensibilität und daß vieles in unserem komplexen Verhalten nach diesen einfachen Regeln gelernt wird. Unser Leben besteht in einem Netzwerk von Hinweisreizen und Reaktionen, und unter diesem Gesichtspunkt kann unsere Anpassung an die Umgebung gesehen werden als dauerndes Wechselspiel zwischen Verhaltensweisen und Situationen.

Dieses Kapitel vermittelt das Hintergrundwissen, das Sie brauchen, wenn Sie mit Ihren Versuchen zur Selbstveränderung Erfolg haben wollen. Es ist außerordentlich wichtig, daß Sie die Regeln verstehen, die Ihr Verhalten bestimmen. Können Sie folgende Fragen beantworten?

1. Was ist ein positiver Verstärker?
2. Was ist ein negativer Verstärker?
3. Was ist Löschung?
4. Welche Auswirkung hat intermittierende Verstärkung auf die Löschung?
5. Welche Auswirkung hat Bestrafung auf die Häufigkeit von Verhalten?
6. Wird Bestrafung allein neue Verhaltensweisen lehren?
7. Was ist Vermeidungsverhalten?
8. Wie kommt Vermeidungsverhalten unter die Kontrolle vorausgehender Reize?
9. Warum ist Vermeidungsverhalten so widerstandsfähig gegen Löschung?
10. Wie kommen die meisten operanten Verhaltensweisen schließlich unter die Kontrolle vorausgehender Reize?
11. Welche Rolle spielt der »Hinweisreiz«?

Wenn Sie all diese Fragen beantworten können, dann haben Sie die Regeln, die Ihr Verhalten erklären, gut verstanden. Folgende Aufgabe, die den dritten Schritt bei der Wahl Ihres eigenen Selbstveränderungsprojekts darstellt, wird Ihnen helfen, eine gewisse Fertigkeit in der Anwendung dieser Regeln auf Ihre eigene Situation zu entwickeln.

Wählen Sie einen der Punkte aus den Problemen-in-einer-Situation aus, die Sie für Kapitel zwei geschrieben haben. Machen Sie eine schriftliche Analyse dieses Problems, indem Sie so viele Verhaltensregeln benutzen, wie Sie können. Natürlich wird vieles von dem, was Sie schreiben, Spekulation sein, aber das macht im Augenblick nichts. Die Absicht dieser Aufgabe besteht darin, daß Sie Leichtigkeit im Umgang mit den Begriffen erwerben. In späteren Kapiteln werden wir dann Methoden vorstellen, wie Sie Ihre Hypothesen prüfen können. Der Fall von John in Kapitel zwei kann als Beispiel für diese

Analyse dienen. Sein Problemverhalten-in-einer-Situation war, daß er sich »unnahbar« verhielt, wenn er eine attraktive Frau traf. Wenn John sein Problem anhand der Regeln in Kapitel drei analysieren sollte, dann könnten seine Überlegungen etwa folgendermaßen aussehen:

»Ich ziehe mich aus der aktiven Unterhaltung zurück, um der *Bestrafung* durch meine eigene Angst zu e n t f l i e h e n. Der Rückzug wird aufrechterhalten durch n e g a t i v e V e r s t ä r k u n g. Die ›Unnahbarkeit‹ muß die Interpretation der anderen für mein Schweigen sein. Dieser Vorgang hat sich so häufig abgespielt, daß das Treffen eines Mädchens, das ich mag, ein *diskriminativer Reiz*, ein Hinweisreiz dafür geworden ist, mich aus der Unterhaltung zurückzuziehen. Deswegen erhalte ich nie *positive Verstärkung* dafür, daß ich mich mit ihr unterhalte, und wenn ich jemals gewußt habe, wie man sich mit attraktiven Mädchen unterhält, dann ist das vor langer Zeit g e l ö s c h t worden.«

EMPFOHLENE LITERATUR

Reynolds, G. S. A primer of operant conditioning. Glenview, Ill.: Scott, Foresman, 1968. Dieses Buch enthält gründliche Erklärungen der grundlegenden Konzepte und des Vokabulars.

Ferster, C. B., and Perrott, M. C. Behavior Principles. New York: Appleton-Century-Crofts, 1968. Ziel dieses Werkes ist es, Fertigkeit bei der Analyse menschlichen Verhaltens in der natürlichen Umgebung beizubringen, und zwar durch das Studium grundlegender Verhaltensvorgänge und durch die Verfeinerung von Beobachtungstechniken.

Skinner, B. F. Science and human behavior. New York: Macmillan, 1953 (deutsch: Wissenschaft und menschliches Verhalten, Kindler Verlag, München 1973). Dieses Buch enthält die wissenschaftlichen und sozialen Grundanschauungen des Behaviorismus.

Kapitel 4

Verhaltensänderung im Selbstversuch

1. Die grundlegende Idee bei der Selbstveränderung liegt darin, Situationen herzustellen, in denen das gewünschte Verhalten positiv verstärkt und unerwünschtes Verhalten nicht verstärkt wird.

2. Die Verstärkung erfolgt kontingent (in Abhängigkeit), d. h., man erhält sie nur, wenn man ein bestimmtes Verhalten (das Zielverhalten) gezeigt hat.

3. Die einzelnen Schritte bei der Selbstveränderung sind folgende:
   a) Das Zielverhalten muß spezifiziert werden in Begriffen von Verhalten in einer spezifischen Situation.
   b) Es müssen Beobachtungen darüber angestellt werden, wie oft das Zielverhalten auftritt, welche Ereignisse ihm vorausgehen und welche Konsequenzen auf es folgen.
   c) Es wird ein Plan aufgestellt, nach dem ein bestimmtes erwünschtes Verhalten kontingent verstärkt wird und nach dem Situationen hergestellt werden, die die Möglichkeiten für die Durchführung des Verhaltens erhöhen.
   d) Dieses Veränderungsprogramm wird beibehalten, angepaßt und abgeschlossen.

4. Ihr eigenes Selbstveränderungsprojekt: 4. Schritt. Es werden Gesichtspunkte diskutiert, die bei der Wahl des Zielproblemes zu berücksichtigen sind.

Die Lerngesetze beschreiben, wie Verhaltensweisen sich verändern, wie neue Verhaltensweisen erworben werden, alte verloren und gegenwärtig bestehende verändert werden. Diese Regeln sind formuliert als Beziehungen zwischen der Umgebung und dem Individuum. Sie gehören zu den Gesetzen, die unsere Anpassung an unsere Umgebungen bestimmen.

Diese Regeln wurden entdeckt von Wissenschaftlern, die versucht haben, zu *verstehen,* warum sich Menschen so verhalten, wie sie es tun. Mehr als hundert Jahre hat wissenschaftliche Neugier Forscher dazu angehalten, sorgfältige Experimente mit verschiedenen Verhaltensweisen durchzuführen. Heute können wir das dadurch gewonnene Wissen über diese Gesetzmäßigkeiten anwenden, um die Beziehung zwischen unserem Verhalten und unserer Umgebung herzustellen und zu ordnen. *Selbstveränderung,* der Prozeß, bei dem diese Regeln auf unser Verhalten angewendet werden, ist der Versuch, eine bessere, persönliche Anpassung zu erreichen. Die meisten Anpassungsprobleme können als Verhaltensschwierigkeiten angesehen werden. Hier einige typische Äußerungen von Studenten, die eine Selbstveränderung versucht haben:

»Ich möchte abnehmen – aufhören, so viel zu essen, denn wenn ich in den Spiegel sehe, wird mir schlecht.«
»Ich glaube, mein Problem ist das Alleinsein. Ich versuche, nicht zuviel darüber nachzudenken, aber ich wünschte, ich wäre neuen Menschen gegenüber nicht so verklemmt, so daß ich nicht einmal mit ihnen reden kann. Seit zwei Monaten habe ich keinen neuen Freund gefunden. Die Wahrheit ist, daß ich jedesmal davonlaufe, wenn ein Junge mir nahekommt. Kein Wunder, daß sich niemand mit mir verabredet.«
»Wenn ich nicht bald anfange, besser zu lernen, gehe ich von der Schule und direkt zur Armee.«
»Wenn ich nicht von den Drogen abkomme, gehe ich drauf.« »Zigaretten sind eine widerliche, ekelhafte Angewohnheit, und ich rauche 30 jeden Tag.«
»Ich weiß nicht, was mit mir los ist. Ich mache überhaupt nichts. Ich liege herum und schlafe. Ich glaube, ich will gar nichts tun. Ich weiß es einfach nicht.«

Alle diese Klagen – Anpassungsprobleme – sind Verhaltensprobleme: zuviel rauchen, zuviel schlafen, Kontaktangst, unregelmäßiges Arbeiten, unkontrolliertes Essen. Und weil es Verhaltensweisen sind, können sie auch mit Hilfe der Lerngesetze verstanden werden. Manche werden durch positive Verstärkung aufrechterhalten, andere mögen durch Vermeidung gelernt worden sein. Einige Probleme sind vielleicht entstanden, weil niemals ein ausreichendes Lernen stattgefunden hat.

DIE CHARAKTERISTISCHEN MERKMALE
DER SELBSTVERÄNDERUNG

Selbstveränderung hat folgende Eigenschaften:
1. Sie konzentriert sich auf Verhaltensweisen.
2. Sie wendet die Lerngesetze an.
3. Das Hauptgewicht liegt auf positiver Verstärkung.
4. Das Projekt wird nach Möglichkeit so geplant, daß das Neulernen in natürlichen Lebenssituationen stattfindet.
5. Derjenige, der Selbstveränderung versucht, entwirft sein eigenes Programm und führt es selbst durch.

Eine der erfolgreichsten Techniken der Selbstveränderung benutzt das Gesetz der *positiven Verstärkung.* Diese Technik besteht darin, *solche Situationen herzustellen, daß wünschenswertes Verhalten positiv verstärkt und unerwünschtes Verhalten nicht verstärkt wird.* Auf diese Weise wird die Häufigkeit wünschenswerter Verhaltensweisen gesteigert und die unerwünschter Verhaltensweisen verringert.

Wer Selbstveränderung betreiben will, arbeitet einen Plan aus, um den Ablauf der Ereignisse in seinem Leben zu verändern. Dieser Plan wird *Interventionsplan* genannt. Erinnern Sie sich daran, daß bestimmte Situationen als Hinweisreize oder Signale für Verhalten wirken. *Ein Interventionsplan erfordert, daß wünschenswerte Verhaltensweisen in der Gegenwart von Hinweisreizen aus unserer natürlichen Lebenssituation verstärkt werden.* So werden Hinweisreize und Verhaltensweisen eng miteinander verbunden, so daß ihre Beziehung miteinander gefestigt wird.

Wie setzen wir positive Verstärker bei der Selbstveränderung ein? *Das Grundprinzip besteht darin, daß der positive Verstärker kontingent* (abhängig von) *auf das erwünschte Verhalten gegeben wird.* Das Prinzip der *Kontingenz* ist außerordentlich bedeutsam. Kontingent ist ein Verstärker dann, wenn er nach, und nur nach einer bestimmten Verhaltensweise gegeben wird. *Die Verhaltensweise führt zu dem Verstärker.* Man kann nur dann erwarten, daß ein Verstärker zu einer Verbesserung führt, wenn er abhängig von einer verbesserten Reaktion gemacht wird.

Wenn Sie einen positiven Verstärker erhalten, ganz gleich, ob Sie ein erwünschtes Verhalten durchgeführt haben oder nicht, dann wird dieser Verstärker Ihr Verhalten nicht beeinflussen. Wenn Sie den Verstärker nur bekommen können, wenn Sie vorher ein bestimmtes Verhalten durchführen, dann wird dieses Verhalten bekräftigt werden, d. h. es wird mit einer höheren Wahrscheinlichkeit wieder auftreten. *Es ist also die kontingente Beziehung, die wichtig ist, nicht der positive Verstärker selbst.*

SCHRITTE BEI DER SELBSTVERÄNDERUNG

Das Verhalten, das Sie zur Veränderung auswählen, wird oft das *Zielverhalten* genannt. Das Zielverhalten kann ein unerwünschtes Verhalten sein, das Sie beseitigen möchten, oder ein erwünschtes Verhalten, dessen Häufigkeit Sie steigern möchten.

Es gibt eine bestimmte Reihenfolge bei der Selbstveränderung. Die meisten Selbstveränderungsprojekte können in vier Phasen eingeteilt werden, und zwar folgende:

1. Das Problem wird definiert in Verhaltensbegriffen, auf bestimmte Situationen bezogen.
2. Es werden Beobachtungen angestellt, wie häufig das Zielverhalten auftritt, welche Ereignisse ihm vorausgehen und welche Konsequenzen ihm nachfolgen.

3. Es wird ein Interventionsplan erstellt, durch den ein erwünschtes Verhalten kontingent verstärkt wird und durch den Gelegenheiten geschaffen werden, daß Sie die erwünschten Verhaltensweisen durchführen können.
4. Das Interventionsprogramm wird beibehalten, angepaßt und schließlich abgeschlossen. In den Kapiteln 5 bis 12 wird jeder Schritt ausführlich besprochen.

Die grundlegenden Verfahrensschritte bei der Selbstveränderung

Weil aktives Mitmachen Lernen erleichtert, baten wir jeden Studenten, der an unserer Universität an einem Kurs in ›Psychologie der Anpassung‹ teilnahm, wenigstens einen Selbstveränderungsplan durchzuführen. Der Fall, den wir unten beschreiben, ist ein typisches Beispiel für ein Projekt, wie es von diesen Studenten durchgeführt wurde.

Bei FALL 3 handelt es sich um einen zwanzigjährigen Studenten, Steve C. Wir geben im folgenden seinen Bericht wieder und werden ihn an verschiedenen Stellen kommentieren.

Die Bestimmung des Zielverhaltens

Steve schrieb: »Ich bin der Älteste von sieben Geschwistern und der einzige bis jetzt, der die Universität besucht. Mein Problem besteht darin, daß ich immer meine jüngeren Geschwister anschnauze. Wir vertragen uns bei weitem nicht so gut, wie ich es mir wünsche. Besonders jetzt, da ich bald die Familie verlassen werde, möchte ich das lieber im guten tun. Ein besonderer Streitpunkt ist, daß die anderen immer gerne möchten, daß ich ihnen bei den Schulaufgaben helfe. Bei sechs Geschwistern meint man natürlich, hundertmal am Tag mit solchen Bitten behelligt zu werden, und das macht mich fast verrückt. Was noch viel schlimmer ist: ich habe mir inzwischen angewöhnt, sie einfach rauszuwerfen, und meine übliche Antwort ist: »Laß mich in Ruhe!« oder »Ich hab' jetzt zuviel zu tun« oder »Mach es doch selbst, Du Faulpelz!« Natürlich beginnt dann ein Streit. Manchmal mischen sich dann meine Eltern ein und nennen mich egoistisch. Aber was soll ich tun? Wenn ich jedem helfe, bin ich den ganzen Tag beschäftigt. Außerdem sind sie häufig einfach nur faul und könnten das meiste wirklich alleine tun. Trotzdem fühle ich mich in meiner Rolle nicht wohl, weil sie manchmal wirklich meine Hilfe brauchen und weil ich einfach nicht so grob zu meinen Brüdern und Schwestern sein sollte.«

Die meisten Fälle beginnen mit einer gewissen Unzufriedenheit mit sich selbst. Manche Verhaltensweisen möchten Sie lieber nicht ausführen, wie z. B. immer die Geschwister anschreien, manche Verhaltensweisen möchten Sie gerne ausführen, aber tun es nicht, wie z. B. ihnen helfen, wenn sie es wirklich brauchen. Steve hatte eine klare Vorstellung von seinem Problem und konnte darauf aufbauen. *Der erste Schritt bei der Selbstveränderung besteht immer darin, abstrakte und vage Feststellungen über unsere Probleme zu übersetzen in Begriffe des Verhaltens.*

ZÄHLEN, WIE HÄUFIG DAS VERHALTEN AUFTRITT

Als Ziel für sein erstes Selbstveränderungsprojekt entschloß sich Steve, daß er mehr Hilfe geben wollte, wenn er den Eindruck hatte, daß sie wirklich gebraucht wurde. Er hoffte, daß dadurch Streitigkeiten abnehmen würden. Daher bestand sein nächster Schritt darin, herauszufinden, wie häufig er wirklich seinen Brüdern und Schwestern Hilfe gab, wenn sie gebraucht wurde.

»Zwei Wochen lang zählte ich, wie häufig ich irgendeine Verhaltensweise durchführte, die in die allgemeine Kategorie ›meinen Brüdern und Schwestern helfen‹ fallen konnte. Meine Summe für die erste Woche war zwei, für die zweite Woche eins. Durchschnitt: $1^1/_2$.«

Sie beginnen also damit, daß Sie Beobachtungen anstellen.

Dies ist ein entscheidender Schritt, aber einer der schwersten, weil die Versuchung groß ist, sofort etwas zu verändern, wenn Sie sich erst mal entschlossen haben, etwas zu tun. Dennoch ist es von entscheidender Wichtigkeit, das Zielverhalten zunächst einmal so zu beobachten, wie es heute ist, ohne die Auswirkungen eines Interventionsplanes. Sie müssen drei Dinge über das

Verhalten wissen: 1. seine Häufigkeit, 2. die Ereignisse, die ihm vorausgehen, und 3. seine Konsequenzen.

Das erste, was jemand wissen muß, wenn er ein Selbstveränderungsprojekt durchführen will, ist die Häufigkeit des Verhaltens. Um das herauszufinden, macht man Beobachtungen, wie häufig das Zielverhalten auftritt. Diese Information wird *Grundrate* genannt. Sie ist immer erforderlich, ganz gleich, ob Sie ein erwünschtes Verhalten steigern oder ein unerwünschtes Verhalten abschwächen möchten. *Genaue Informationen darüber, wie häufig das Zielverhalten auftritt, sind wichtig, weil Sie nur so feststellen können, ob Ihre Versuche, das Verhalten zu beeinflussen, tatsächlich eine Wirkung haben.*

Der Interventionsplan

Steve fuhr fort: »Mein erstes Ziel ist zu helfen, wenn ich darum gebeten werde, und zwar wenigstens einmal am Tag. Ich habe drei Verstärker ausgewählt. Nur wenn ich wenigstens einmal am Tag geholfen habe, werde ich mir abends erlauben, fernzusehen, meine Freundin anzurufen oder auszugehen. An vielen Abenden möchte ich eigentlich eines dieser Dinge tun, aber aus dem einen oder anderen Grunde tue ich es dann doch nicht. Alle drei sind ganz schön kräftige Verstärker für mich. Die Abmachung lautet also: wenn ich helfe, werde ich eines der drei Dinge tun. Wenn ich nicht wenigstens einmal am Tag jemandem helfe, dann werde ich keines von diesen drei Dingen tun. Die einzige Ausnahme besteht darin, wenn mich keiner um etwas bittet (und das ist ziemlich unwahrscheinlich!). Dann bin ich frei und kann machen was ich will. Aber wenn ich gebeten werde, dann muß ich einmal helfen.«

Wichtig an diesem Plan ist, daß der Verstärker *kontingent* ist. Er hat die Absicht, sich nur dann seine bevorzugten Abendunternehmungen zu erlauben, *nachdem* er das Zielverhalten durchgeführt hat. Dadurch wird das Zielverhalten verstärkt und die Wahrscheinlichkeit, daß es wieder auftritt, erhöht. Die Verstärkung abhängig von der Durchführung zu machen, ist der Kernpunkt des Interventionsplanes.

Steve's Plan war gut, wenn auch wahrscheinlich nicht perfekt. Er war einigermaßen erfolgreich. Sein Verhalten »anderen helfen« stieg deutlich über die Grundrate hinaus an, und obwohl er nicht täglich das Ziel erreichte, konnte er seinen wöchentlichen Durchschnitt doch beträchtlich steigern. Das hatte eine sehr angenehme Nebenwirkung, denn die Häufigkeit von Streitereien über andere Dinge fiel ebenfalls etwas ab. Am Ende des Projektes berichtete er, daß er mehr mit sich zufrieden sei, sich als ein besserer großer Bruder fühle, und daß er zu Hause besser zurechtkomme.

Die Anwendung von Regeln

Was macht den Unterschied aus zwischen einem »Interventionsplan« und irgendwelchen Neujahrsvorsätzen? Was bedeutet Selbstveränderung mehr als nur »Entschlüsse, sich zu bessern«?

Grundsätzlich können wir sagen, daß Steve einen Plan entworfen hat, der systematisch Gesetzmäßigkeiten des menschlichen Verhaltens wie Lerngesetze und genaue Beobachtungstechniken anwandte. Wir wissen zwar, daß feste Entschlüsse zu einer sehr realen Veränderung unseres Verhaltens führen können, wir wissen aber auch, daß sie häufig nicht ausreichen. Wenn wir uns willentlich verändern könnten, und zwar allein durch unsere Willenskraft, dann würde es nur zufriedene Menschen in der Welt geben. Da aber nur sehr wenige von uns vollkommen zufrieden sind mit ihrem Verhalten, können wir leicht sehen, daß häufig etwas mehr als nur gute Absichten notwendig sind.

Dieses »etwas mehr« ist die richtige Anwendung der Verhaltensregeln. Die richtige Anwendung erfordert einige Kenntnis der Regeln, einige praktische Erfahrung und die Fähigkeit, Techniken einzusetzen, die zu einem möglichst großen Erfolg führen. Selbstveränderung ist selbst ein Verhalten, das gelernt werden muß.

Als einen weiteren Test für Ihr Verständnis dieser Regeln und Vorgehensweisen beurteilen Sie den folgenden Bericht. Es ist der erste Ansatz zur Selbstveränderung von einem anderen Studenten. Ist es ein guter Plan? Wie beurteilen Sie ihn: Entspricht er den Verhaltensregeln? Leuchtet er Ihnen ein?

FALL 4, der 20jährige Student Bryan W. schreibt: »Ich kaue Nägel, aber möchte es nicht. Es stört mich, und manchmal tut es auch weh, und es erscheint mir kindisch. Als Kind kann man sich sowas mal erlauben, aber nicht mehr jetzt. Es erscheint mir außerdem nicht gerade männlich.«

Zielverhalten: mit dem Nägelkauen völlig aufhören.

Grundrate: Ich zählte die Grundhäufigkeit des Nägelkauens drei Wochen lang. Die Häufigkeit schwankte zwischen einmal und achtmal am Tag mit einem Durchschnitt bei vier- oder fünfmal, aber während der letzten Woche kam es nur noch zweimal täglich vor. Ich habe den Eindruck, das Zählen macht mich mehr aufs Nägelkauen aufmerksam, und manchmal höre ich dann auf, wenn ich früher weitergekaut hätte. Folgende Situationen scheinen mehr Nägelkauen hervorzurufen: 1. Fernsehen, 2. Langeweile, und zwar fast überall, wo ich mich aufhalte, und 3. in Vorlesungen. Ich sehe keine Möglichkeit, wie ich diese Situationen verändern kann, da ich das Fernsehen nicht aufgeben will, weiter zu Vorlesungen gehen muß, und wie kann man vollkommen vermeiden, daß man jemals gelangweilt ist?

Interventionsplan: Ich habe folgenden Vertrag unterzeichnet und ihn am Spiegel angebracht, wo ich ihn jeden Morgen sehe. »Ich verspreche, am ganzen Tag überhaupt nicht Nägel zu kauen. Wenn ich das durchhalte, dann darf ich 1. Essen gehen und 2. meine Freundin treffen. Wenn ich es die ganze Woche durchhalte, darf ich Samstag abend ausgehen, was ich gewöhnlich tue. Sonst muß ich zu Hause bleiben. Unterschrift: Bryan W.«

Nach unserer Auffassung enthält dieser Bericht gute und mehrere schlechte Punkte. Die guten Punkte sind darin zu sehen, daß er genau zählte, wie oft er Nägel kaute und daß er genau die Situationen kannte, in denen er mit großer Wahrscheinlichkeit Nägel kaute. Die hauptsächlichen Schwächen liegen darin, daß er von sich selbst forderte, völlig aufzuhören, und zwar in viel zu kurzer Zeit, und daß er die Absicht hatte, sich selbst zu bestrafen, wenn er nicht durchhielt. Solche schweren Forderungen sind schlecht, einfach weil sie die Erfolgsaussichten verringern. Am Ende dieses Buches werden Sie besser in der Lage sein, die Güte irgendwelcher Pläne zu beurteilen. Aber auch jetzt ist es schon eine gute Lerntechnik, über die vielen Fälle, die wir als Beispiel bringen, kritisch nachzudenken. Das wird Ihnen helfen, einen besseren Interventionsplan für sich selbst zu entwerfen, wenn Sie das Problem für Ihr eigenes Selbstveränderungsprojekt ausgewählt haben.

Zwei Fragen können an dieser Stelle auftauchen. 1. Wie können Sie wissen, ob ein Selbstveränderungsprojekt unter fachlicher Anleitung durchgeführt werden sollte oder nicht? 2. Wie können Sie herausfinden, ob Sie genügend »Willenskraft« haben werden, um ein Selbstveränderungsprojekt durchzuführen? Dies sind zwei wichtige Fragen, auf die es keine einfachen Antworten gibt. Willenskraft z. B. ist keine Sache, die man entweder hat oder nicht hat. Viele Techniken, die wir in den nächsten Kapiteln beschreiben werden, werden in der Tat »Willenskraft« steigern. In Kapitel 13 wird ausführlicher auf »Willenskraft« eingegangen. Dieses Kapitel können Leser, die besonderes Interesse an diesem Thema haben, zu jeder Zeit zwischendurch lesen.

Anmerkung:

Die amerikanische Originalausgabe des Buches enthält auch ein Kapitel darüber, wo und bei wem der Leser fachliche Hilfe, d. h. Therapie bekommen kann, wenn er mit seinem Selbstveränderungsprojekt scheitern sollte und so stark unter dem Problem leidet, das er angegangen hat, daß er sich hilfebedürftig fühlt. Dieses Kapitel ist aber ganz auf amerikanische Verhältnisse zugeschnitten und enthält für den deutschen Leser daher keine brauchbaren Informationen. Dem deutschen Leser, auf den diese Bedingungen zutreffen, wird empfohlen, sich in seinem Umkreis nach den Möglichkeiten für eine psychotherapeutische oder verhaltenstherapeutische Behandlung zu erkundigen und sich an diese Stellen zu wenden.

DIE WAHL EINES PROJEKTES

Was für ein Selbstveränderungsprojekt sollten Sie selbst wählen? Bei den zwei Fällen, die wir dargestellt haben, handelte es sich um geringfügige Anpassungsprobleme bei im großen und ganzen »normalen« Studenten. Aber sogar diese weniger gewichtigen Ärgernisse können durch gute Absichten allein häufig nicht beseitigt werden. Die Gesetze der Verhaltenskontrolle können auf geringfügige Probleme ebenso angewandt werden wie auf sehr schwere.

Die Probleme, die unsere Studenten für ihre Selbstveränderungsprojekte gewählt haben, waren sehr unterschiedlich. Um einen Eindruck von der Verschiedenartigkeit zu vermitteln, geben wir einen Ausschnitt aus der Liste der Probleme, die bisher angegangen worden sind:

Mit Rauchen aufhören
Abnehmen
Mehr lernen
Weniger Streit mit Zimmerkollegen oder Partner
Mit »nervösen Angewohnheiten« wie Nägelkauen aufhören
Weniger Angst haben
Lernen, sich für Partner des anderen Geschlechts attraktiver zu machen
Lampenfieber verlieren
Weniger Nervosität im Kontakt mit anderen
Keine depressiven Gefühle mehr haben
Unbegründete Ängste (vor Vögeln, Wasser, Mädchen, Professoren usw.) loswerden
Verschiedene wünschenswerte Verhaltensweisen steigern, wie Saubermachen, Lesen usw.
Nett zu seinen Eltern sein
Lächeln.

Es ist ein sehr weiter Bereich von Problemen und Interessen in der Liste enthalten. Grundsätzlich kann jedes Anpassungsproblem, das als Verhalten-in-einer-Situation ausgedrückt werden kann, durch Selbstveränderungstechniken angegangen werden.

Welches Verhalten Sie am Anfang für Ihr Selbstveränderungsprojekt auswählen, wird von Ihren Werturteilen darüber abhängen, was Sie wünschenswert und nicht wünschenswert finden, und der leichten oder schwierigen Durchführbarkeit des Projektes.

Wir können an dieser Stelle noch einmal über einige der Definitionen von Anpassung nachdenken, die wir im ersten Kapitel behandelt haben. Wie ernst ein Problem genommen wird oder sogar ob ein Verhalten überhaupt als ein Problem bezeichnet wird, hängt von den Wertvorstellungen des Individuums und der Umgebung, insbesondere der sozialen Umgebung ab, in der das Verhalten auftritt. Aus diesem Grunde haben wir bisher jede Äußerung darüber vermieden und werden es weiter tun, welche Verhaltensweisen der Leser haben s o l l t e. Eben deshalb wollen wir auch keine bestimmten Probleme für das Anfangsprojekt des Lesers empfehlen.

Die Tatsache, daß wir keine Empfehlungen machen, heißt nicht, daß wir keine Wertvorstellungen haben. Wir haben von einigen Projekten abgeraten, die uns widerstrebten oder die unvernünftig und schlecht überlegt schienen. Nicht alle diese Beurteilungen würden mit Ihren eigenen übereinstimmen. Bei der Selbstveränderung ist es immer der einzelne selbst, der die Werturteile treffen muß. Indem Sie Ihr eigenes Projekt wählen, werden Sie ein solches Werturteil treffen.

Wenn auch die Wahl von den Wertvorstellungen des jeweiligen Individuums abhängt, so sollten doch einige allgemeine Richtlinien beim Durchdenken der verschiedenen Möglichkeiten beachtet werden. Es wird z. B. vernünftiger sein, wenn Sie einen Plan wählen, der klappen wird, als einen, der fehlschlägt. Vernünftigerweise sollten Sie für Ihren ersten Versuch kein zu komplexes Projekt wählen. Es wäre auch besser, ein Veränderungsprogramm zu entwerfen, das möglichst viele Schritte zur Selbstveränderung enthält, als eines, das nur ein oder zwei Regeln anwendet.

Es ist schwierig, solche Beurteilungen im voraus zu treffen. Einige Projekte, in denen scheinbar sehr einfache Probleme angegangen werden, stellen sich nachher in der Praxis als äußerst kompliziert heraus, während anscheinend komplexe Probleme manchmal einfach zu behandeln sind.

Deshalb geben wir Ihnen den Rat, sehr flexibel zu bleiben. Verändern Sie Ihren Plan, wenn der erste sich nicht als ergiebig erweist. Verändern Sie ihn wieder, wenn Sie nicht die Lernerfahrungen machen, die Sie sich wünschen.

Die Forschung hat gezeigt, daß die Aussichten für den Erfolg eines Selbstveränderungsprojektes größer sind, wenn Sie ein Projekt wählen, das für Sie persönlich sehr bedeutsam ist, als wenn Sie eines nehmen, das Ihnen in Wirklichkeit nicht viel bedeutet (Mahoe, 1970; Kolb, Winter und Berlew, 1968). Es liegt nahe, daß *Sie ein Verhalten wählen sollten, das Ihnen* etwas bedeutet, eines, das für Sie wichtig ist, weil Sie dadurch Ihre Aussichten auf einen Erfolg erhöhen, und Erfolg ist gewöhnlich ein Verstärker: wenn Sie bei Ihrem ersten Selbstveränderungsversuch erfolgreich sind, dann werden Sie mit größerer Wahrscheinlichkeit noch einmal eine Selbstveränderung versuchen. Selbstveränderung als gelerntes Verhalten wird bekräftigt durch die verstärkende Wirkung des Erfolges.

Am allerwichtigsten ist, daß Sie Ihr erstes Projekt als einen Versuch *zum Lernen der Selbstveränderung betrachten. Der wichtigste Gesichtspunkt bei der Wahl eines Projektes ist nicht sein Inhalt, sondern daß Sie im Laufe des Projektes Gelegenheit bekommen, alle Verhaltensweisen des Selbstveränderungsprozesses durchzuführen.* Aus diesem Grund ist es besser, den Plan zu wechseln, auch mehr als einmal, als irgendeinen Teil der Selbstveränderungsschritte auszulassen.

ZUSAMMENFASSUNG

Es ist wichtig, daß Sie die grundlegenden Schritte bei der Selbstveränderung verstehen. Der erste Schritt besteht darin, daß Sie in der Lage sind, das Problem als spezifisches Verhalten auszudrücken. Der zweite Schritt ist das Sammeln von Daten über die Grundrate, Beobachtungen über die Häufigkeit des Zielverhaltens. Der dritte Schritt besteht darin, einen solchen Interventionsplan zu entwerfen, daß Sie wünschenswertes Verhalten verstärken und unerwünschtes Verhalten nicht verstärken. Der vierte Schritt besteht in der Durchführung des Planes bis zu seinem endgültigen Abschluß.

Der erste Schritt, Ihr Problem in Begriffen des Verhaltens auszudrücken, ist Gegenstand von Kapitel 5.

IHR EIGENES SELBSTVERÄNDERUNGSPROJEKT: 4. SCHRITT

Wählen Sie aus der Liste der Probleme, die Sie vorbereitet haben, ein Problem aus, das Ihnen die beste Wahl für eine gute Lernerfahrung zu sein scheint. Versuchen Sie, das Problem in möglichst präzisen Begriffen zu fassen, indem Sie Ihre Verhaltensweisen oder Ihre Gefühle beschreiben und die Situationen, in denen sie auftreten.

Halten Sie fest, wo Sie dazu nicht in der Lage sind. Behalten Sie diese Punkte im Gedächtnis, wenn Sie das nächste Kapitel lesen.

Kapitel 5

Das Problemverhalten wird spezifiziert

1. Hindernisse, die man bei der Spezifizierung des Problems vermeiden muß.

2. Vorgehensweisen bei der Spezifizierung des Problems
   a) die Benutzung von Beispielen aus dem eigenen Leben
   b) die Beobachtung des eigenen Verhaltens
   c) die Suche nach vorausgehenden Ereignissen.

3. Weitere Vorgehensweisen: wenn das Problem darin besteht, daß Sie etwas Bestimmtes nicht tun
   a) die Beobachtung von Verhaltensweisen, die wünschenswertes Verhalten störend beeinflussen
   b) die Übersetzung Ihres Problems in wünschenswerte Verhaltensweisen, deren Häufigkeit gesteigert werden soll
   c) die Bestimmung der Kette von Ereignissen, die zu dem jeweiligen Ziel führen wird
   d) bei anderen Rat suchen
   e) andere als Vorbilder oder Modelle benutzen
   f) was man tun kann, wenn das Ziel nicht ausdrücklich oder unmittelbar ein Verhalten ist.

4. Die Festlegung von Kategorien für Ihr Verhalten.

Der erste Schritt bei einem Selbstveränderungsprogramm besteht darin, das Problem als Verhalten in bestimmten Situationen auszudrücken.

SPRACHMUSTER, DIE DIE SPEZIFIZIERUNG DES PROBLEMS BEHINDERN

Unsere Sprache ist voll von abstrakten Begriffen wie z. B. aggressiv, feindselig, weiblich, männlich, abhängig, unabhängig, die Klassen von Verhaltensweisen meinen. Für den Zweck der Selbstveränderung enthalten diese Begriffe zwei Gefahrenquellen: sie spezifizieren nicht die Situation, in denen das jeweilige Verhalten erscheint, und sie spezifizieren nicht bestimmte Verhaltensweisen. Darüber hinaus scheint aus diesen Begriffen zu folgen, daß gewisse Verhaltensweisen unabhängig von ihren Umgebungsbedingungen auftreten.

Der Gebrauch solcher Begriffe in der Psychologie entsteht aus der Annahme, daß Menschen Eigenschaften oder Verhaltensgewohnheiten besitzen, die nicht von der Umgebung abhängen. In diesem Sinne kann man sagen: »ich bin eine unabhängige Person« oder »ich bin nicht sehr gesellig«. Für die Beschreibung ganz bestimmten Verhaltens ist diese Sprache irreführend, denn man kann sich in der einen Situation ganz »unabhängig« verhalten, in einer anderen aber »abhängig«. Ein junges Mädchen beispielsweise kann von ihrem Vater emotional sehr abhängig sein, ihren Freunden gegenüber jedoch ein sehr unabhängiges Verhalten an den Tag legen.

Es ist notwendig, daß Sie sich Ihr Verhalten immer zusammen mit den Situationen vorstellen, in denen es vorkommt. Das ist nicht immer leicht. Der Gebrauch allgemeiner Begriffskategorien des Verhaltens, z. B. abhängig und unabhängig, verträgt sich nicht mit dem Denken von Verhalten-in-einer-Situation.

Eine zweite Denkweise, die Ausrichtung auf Motive anstatt auf Verhaltensweisen, kann es ebenfalls erschweren, eine Verbindung bestimmter Verhaltensweisen mit bestimmten Situationen herzustellen. Zur Beschreibung unseres Lebens ist die Verwendung von Begriffen, die den motivationalen Aspekt betonen, sehr beliebt. Z. B. mögen Sie manchmal zu sich selbst sagen »ich glaub', ich hab' keine Lust zu lernen« oder »mein Problem ist, daß ich nicht motiviert genug bin, einen Teilzeitjob anzunehmen«. Wenn Sie Erklärungen dieser Art benutzen, werden Sie Selbstveränderung als ein Problem der Veränderung von Motiven auffassen und glauben, daß erst die inneren Motive geändert werden müssen, bevor das Verhalten sich verändern kann.

Vom Standpunkt der verhaltenswissenschaftlichen Psychologie sind Feststellungen über Motive in der Regel Feststellungen über Klassen von Verstärkern. Wenn jemand sagt »ich bin nicht motiviert zu lernen«, verstehen wir ihn folgendermaßen: dem Lernverhalten folgt nicht genug Verstärkung, um es aufrechtzuerhalten. Wenn jemand sagt, er sei nicht motiviert, eine Arbeit anzunehmen, so kann man diesen Satz auch in Begriffe des Verhaltens übersetzen: »ich bekomme gegenwärtig keine Verstärkung bei der Suche nach einem Job« oder vielleicht auch »ich werde belohnt dafür, keinen Job zu suchen«.

Das Analysieren der Motive für Ihr Verhalten ist nicht notwendigerweise unangebracht. Sogar für die Zwecke der Selbstveränderung kann eine solche Motivanalyse sehr nützlich sein, besonders, wenn Sie zu der Aufgabe kommen, die Verstärker zu analysieren. Aber die Motivanalyse kann von der Aufgabe der Spezifizierung von Verhaltensweisen weglenken. Oft sind Sie vielleicht versucht zu glauben, Sie hätten eine Analyse abgeschlossen, wenn Sie sagen »ich bin nicht motiviert zu lernen«. Damit haben Sie jedoch zunächst einmal lediglich das Problem benannt, und das ist erst der Beginn der eigentlichen Analyse. Sie müssen außerdem genau wissen, welche Verhaltensweisen Sie genau mit »lernen« meinen, und Sie müssen die Situationen kennen, in denen dieses Verhalten auftritt oder nicht auftritt.

Sogar wenn Ihr Problem darin besteht, daß Sie unerwünschte oder unangenehme Einstellungen oder Gefühle haben, kann dieses Problem ausgedrückt werden als emotionale-Verhaltensweisen-in-bestimmten-Situationen, z. B. »in einer bestimmten Situation bekomme ich Angst«. Egal worin das Problem besteht, es müssen wohldefinierte Tatsachen vorliegen, die dann als bestimmtes Verhalten in bestimmten Situationen spezifiziert werden. Es gibt einige Vorgehensweisen, die Sie in die Lage versetzen werden, Probleme auf diese Weise zu spezifizieren.

Beispiele aufschreiben

Sehr oft machen zwei oder drei Beispiele des fraglichen Verhaltens deutlich, in welchen Situationen es gewöhnlich auftritt. Ein junges Mädchen, das sagt, »ich bin zu aggressiv«, sagt uns weder etwas über die weiteren Umstände ihrer Aggressivität noch darüber, was sie unter »aggressiv« versteht. Als dieses junge Mädchen gefragt wurde, »welche Situationen, welche vorausgehenden Ereignisse lösen diese Aggressivität aus?« antwortete sie »ich weiß es nicht«. Dies ist eine übliche Antwort, denn oft haben wir uns keine Gedanken über die Situationen gemacht, in denen Verhaltensweisen auftreten. Die nächste Frage an das Mädchen war: »können Sie uns ein Beispiel für aggressives Verhalten geben?«

»Sicher, gestern wollte sich meine Freundin Martha einen Füller von mir leihen. Es war mein bester Füller, und ich hatte Angst, ihn nicht wiederzubekommen. Ich fürchte, ich hab' ziemlich grob ›nein!‹ gesagt.«

»Gut, können Sie uns noch ein Beispiel nennen?«

Sie machte eine Pause, »in unserer Straße wohnt ein Junge, der auch zur Universität geht. Vor zwei Tagen rief er mich an und fragte, ob ich ihn zur Uni mitnähme. Aber ich wollte nicht so früh los, und so stieß ich ihn ohne eine Erklärung vor den Kopf.«

Der Sinn dieses Dialogs ist, einen Vorgang deutlich zu machen. Das Mädchen begann mit der unscharfen, abstrakten Äußerung »ich bin zu aggressiv«, aber nannte Beispiele, die ganz spezifisch waren: wenn andere sie um einen Gefallen baten, neigte sie dazu, ziemlich ungnädig zu reagieren.

Wenn Sie sich über Ihr Problem nicht im klaren sind, dann sollten Sie als erstes nach Beispielen aus Ihrem alltäglichen Leben suchen. Schreiben Sie wenigstens zwei Beispiele – drei oder vier wären besser – dafür auf, wann Sie das fragliche unerwünschte Verhalten gezeigt haben. Dann versuchen Sie herauszufinden, was sie gemeinsam haben. Beispiele dienen auch dazu, die Umstände zu spezifizieren, unter denen das Problemverhalten auftritt. Der Sinn der Beispiele besteht nicht notwendigerweise darin, nur eine Situation zu spezifizieren. Der Sinn besteht vielmehr darin, möglichst vollständig die Situationen zu beschreiben, in denen es *tatsächlich* auftritt. Wenn das Verhalten in mehreren Situationen auftritt, dann kann es sein, daß diese Situationen irgend etwas gemeinsam haben. In dem Beispiel oben konnte eine allgemeine Klasse von Situationen ausgemacht werden: wenn andere um Gefälligkeiten bitten. Wenn eine solche Verallgemeinerung vorgenommen werden kann, dann haben Sie *eine* Einheit von Verhalten-in-einer-Situation. Wenn keine solche allgemeine Klasse ausgemacht werden kann, dann haben Sie einfach *mehrere* Einheiten von Verhalten-in-einer-Situation, die getrennte Probleme darstellen. In solchen Fällen müßten sie jede dieser Einheiten für sich behandeln, vielleicht eine zu einer Zeit. Egal ob Sie mehrere Problemeinheiten oder nur eine haben, Sie gehen so vor, daß Sie jede in derselben Weise behandeln.

Beschreibungseinheiten für Verhalten-in-einer-Situation

Eine zweite Vorgehensweise, die es Ihnen erleichtern wird, die Situationen zu spezifizieren, in denen das Verhalten vorkommt, besteht darin, das Problem als durch Bindestriche gebildete Einheiten darzustellen. Das Mädchen im obigen Beispiel begann die Beschreibung ihres Problems mit dem einen Begriff: Aggressivität. Durch das Sammeln von Beispielen und die Suche nach Gemeinsamkeiten konnte sie die Beschreibung ihres Problems viel brauchbarer machen. Sie hätte es beschreiben können als »Aggressivität-wenn-andere-mich-um-einen-Gefallen-bitten.« Diese Beschreibung ist ein großer Fortschritt, weil sie das Verhalten-in-einer-Situation als eine einzige Einheit ausdrückt.

Ist aber »Aggressivität-wenn-andere-mich-um-einen-Gefallen-bitten« schon eine völlig angemessene Fassung des Problems? Wahrscheinlich nicht, denn sie enthält immer noch einen Wesenszug als Verhaltensbeschreibung. Nun kann es sein, daß diese Studentin schließlich doch bei »Aggressivität« als einer guten Zusammenfassung ihrer unterschiedlichen Verhaltensweisen bleiben wird. Diese Entscheidung sollte aber erst dann getroffen werden, wenn die verschiedenen Verhaltensweisen, die in dieser Situation tatsächlich durchgeführt werden, betrachtet worden sind. Vielleicht wird sie sie dann tatsächlich »aggressiv« nennen, oder aber sie wird ein anderes Wort wie »ungnädig« wählen. Sie mag sich dafür entscheiden, daß »ungefällig« vielleicht das beste allgemeine Wort dafür wäre. Diese Entscheidung ist nicht so wichtig, denn es sind die spezifischen Verhaltensweisen, auf die es ankommt. Aber die Wahl eines besseren Begriffes kann Ihnen eine genauere Beobachtung der spezifischen Verhaltensweisen ermöglichen.

Wie Sie selbst zum Beobachter werden

Es stimmt tatsächlich, daß Sie häufig mit einem vagen Eigenschaftsbegriff *beginnen*, wenn Sie Ihre eigenen Verhaltensweisen betrachten. Irgendwie haben Sie das Gefühl, aggressiv oder abhängig zu sein, ohne daß Sie genau wissen, welche Verhaltensweisen Sie meinen, wenn Sie diesen Ausdruck gebrauchen. In solchen Fällen ist es erforderlich, daß Sie Ihr eigener Beobachter werden.

Ein entscheidender Schritt bei der Spezifizierung des Problems besteht darin, daß Sie aufhören, über Ihr Verhalten Spekulationen anzustellen, sondern anfangen, es tatsächlich zu beobachten. Ihre Gedanken über Ihr Problem werden wahrscheinlich ziemlich vage bleiben, bis Sie anfangen, tatsächlich zu beobachten, wie Sie sich in verschiedenen Situationen verhalten.

Sie sollten Ihr eigenes Verhalten nicht nur im Augenblick beobachten, sondern Sie sollten sich über Ihre Beobachtungen auch Aufzeichnungen machen. Das könnte eine Art Tagebuch sein oder aber einfach Notizen über das Auftreten von Verhaltensweisen, die mit dem Problem zu tun haben. Ihr Ziel dabei ist, genügend Beobachtungen Ihres Verhaltens in verschiedenen Situationen zu sammeln, so daß Sie beim Durchlesen Ihrer Notizen einige Regelmäßigkeiten erkennen können.

Am besten ist es, Ihre Verhaltensweisen und die Situationen, in denen sie auftreten, sofort aufzuschreiben, wenn Sie meinen, daß sie ein Beispiel für Ihr Problem sind.

Stellen Sie sich vor, das Mädchen in dem obigen Beispiel wäre nicht in der Lage gewesen, die Situationen zu spezifizieren, in denen sie zu aggressiv war, und hätte sich entschlossen, unserem Rat zu folgen und ihr Verhalten tatsächlich zu beobachten. Als der Student, der in derselben Straße wohnte und sie am Telefon bat, ihn mit zur Universität zu nehmen, und dem sie mit ihrem rüden »nein!« antwortete, würde sie sich gefragt haben, »war das nun ein Beispiel dafür, daß ich zu aggressiv bin oder nicht?« Wenn sie sich für »ja« entschieden hätte, dann hätte sie beobachtet, daß ihre Überaggressivität auftrat, als jemand sie bat, ihn zur Universität mitzunehmen. Als am nächsten Tag ihre Freundin Martha sie bat, ihr ihren Füller zu leihen, und sie so ungnädig reagierte, hätte sie sich vielleicht wieder gefragt: »war das nun wieder ein Beispiel für zu aggressiv sein?«. Sie würde zunächst damit beginnen, alle Beispiele für aggressives Verhalten zu beobachten, würde aber mit der Zeit bemerken, daß ihr Problem spezifischer ist.

Eine andere Frau begann mit der Feststellung, daß ihr Problem eine zu große Abhängigkeit von Männern sei. Sie konnte sich an keine Beispiele erinnern, und so begann sie, Beobachtungen anzustellen und Beispiele aufzuschreiben, die zu ihrem Problem paßten. Bei einer Verabredung einige Tage später fragte sie ihr Begleiter, ob sie einen bestimmten Film sehen wollte. Sie wollte diesen Film nun eigentlich nicht sehen, ging aber trotzdem mit. Danach fragte sie sich, ob das ein Beispiel für ihre zu große Abhängigkeit gewesen sei. Ein paar Tage später nahm ein anderer Begleiter sie zum Bowling mit, was sie, wie sie uns anvertraute, ausgesprochen verabscheute. Sie vermerkte das als ein weiteres Beispiel für ihre übermäßige Abhängigkeit. Bald darauf berichtete sie, daß sie nun herausbekommen habe, was ihr Problem sei: sie neigte dazu, alles mitzumachen, was ihre Begleiter wollten, aus Angst, deren Wünschen zu widersprechen, auch wenn sie manchmal gar nicht mochte. Von der vagen Feststellung der »übermäßigen Abhängigkeit« war sie zu der Einsicht gelangt, daß ihr Problem als Verhalten in einer bestimmten Situation ausgedrückt werden konnte: sich zu oft den Wünschen ihrer Begleiter fügen, auch dann, wenn sie es eigentlich nicht wollte.

Einer der besten Möglichkeiten, ein unklares Problem klarer zu machen, besteht daher darin, mit sorgfältigen Beobachtungen über Ihr eigenes Verhalten zu beginnen. Das hat den Vorteil, daß Sie aus Ihrem Lehnstuhl, in dem Sie sich oft in unproduktiven Spekulationen ergehen, herausmüssen in die wirkliche Welt, in der Ihr Verhalten auftritt.

Ein junger Mann namens Bruce klagte darüber, daß er sich einfach nicht wohl fühle. Die Dinge liefen nicht so richtig, aber es gab nichts, was er konkret hätte benennen können. Eine solche vage Problemstellung ist nicht sehr hilfreich, wenn es darum geht, einen Plan zur Selbstveränderung von Verhalten auszuarbeiten, weil es kein bestimmtes Verhalten als das Problem benennt.

Es wurde Bruce nahegelegt, das, was seinem »sich nicht wohl fühlen« vorausging, zu beobachten und aufzuschreiben – in anderen Worten: die Situationen zu bestimmen, die das vage Gefühl des Unglücklich-seins hervorriefen. Es stellte sich heraus, daß er sich gewöhnlich schlecht fühlte, wenn er am Tag vorher Marihuana geraucht hatte. Zuerst mochte er den Zusammenhang gar nicht glauben und suchte weiter nach anderen vorausgehenden Ereignissen. Aber regelmäßig jedes Mal nach Marihuana-Parties, die bei ihm häufig waren, kam das vage Gefühl des Unwohlseins wieder über ihn.

»Aber von Marihuana kriegt man doch keinen Kater«, beklagte er sich.

»Nein, aber es kann einen besorgt machen oder Schuldgefühle verursachen. Machen Sie sich vielleicht manchmal Gedanken, daß Sie zuviel Stoff nehmen?«

Er gab das zu. Das Marihuana-Rauchen war das vorausgehende Ereignis für seine unbehaglichen Gefühle.

Erinnern Sie sich daran, was in Kapitel 3 gesagt wurde, daß vorausgehende Ereignisse schließlich die Fähigkeit erlangen, vorhandene Verhaltensweisen auszulösen. In gut geübten Abfolgen, wie sie die meisten Problemeinheiten in unserem Leben darstellen, sind es mehr die vorausgehenden Ereignisse (oder Hinweisreize, Signale oder diskriminative Reize), die unser Verhalten bestimmen als die Verstärker, die auf das Verhalten folgen.

Sie sollten daher, wenn Sie Ihr Verhalten beobachten, auch die dem Verhalten vorausgehenden Ereignisse beobachten. Eine vollständige Beschreibung der Situation wird in der Regel auch eine Spezifikation der vorausgehenden Ereignisse enthalten.

In den oben gegebenen Beispielen begannen die Studenten mit der Absicht, Beispiele für das Auftreten ihrer Problemverhaltensweisen zu beobachten. Wenn auch Sie Ihre Aufmerksamkeit darauf richten werden, die Hinweisreize für Ihre Verhaltensweisen zu entdecken, dann werden Sie damit Ihre Aussichten auf eine genaue Spezifikation der Umgebungsbedingungen, in denen sie auftreten, erhöhen. Wir könnten unsere Beispiele in folgender Weise aufführen.

Vorausgehende Ereignisse	Verhaltensweisen
Andere bitten um eine Gefälligkeit	aggressiv sein
Begleiter machen Vorschläge	willfährig sein
Marihuana rauchen	sich schlecht fühlen

Diese vorausgehenden Ereignisse und Verhaltensweisen können als mit Bindestrichen gebildete Problemformulierungen aufgefaßt werden, d. h. als Verhalten-in-Situationen. Wie Sie bald sehen werden, wird eine vollständige Beschreibung Ihrer Probleme häufig längere Ereignisketten enthalten. Aber bevor wir zur Analyse von Ereignisketten übergehen, müssen wir noch eine besondere Problemart behandeln, nämlich die, wo ein Verhalten *nicht* auftritt.

Wenn das Problem darin besteht, dass man etwas Bestimmtes nicht tut

In all unseren bisherigen Beispielen bestand das Problem darin, daß irgendwelche unerwünschten Verhaltensweisen durchgeführt wurden. Oft wird aber das Problem darin bestehen, daß Sie etwas bestimmtes *nicht* tun. Ein Student kann z. B. bemerken, daß er auf der Universität versagt, weil er *nicht* studiert.

Für Verhaltensweisen, die Sie gut finden und bei denen Sie auch wissen, wie sie durchgeführt werden müßten, die aber trotzdem *nicht* auftreten, gilt dieselbe allgemeine Strategie zur Spezifizierung des Problems. Das heißt, Sie sollten die Situation spezifizieren, in denen Sie *möchten,* daß das Verhalten auftritt. Ein Student mit einem solchen Problem könnte z. B.

Buch führen über diese Situationen. Er könnte darin Eintragungen haben wie diese: »Mittwoch. Zimmergenosse ist ausgegangen. Raum ruhig. Nahm das Geschichtsbuch raus und wandte mich der Aufgabe zu. Erinnerte mich dran, daß es ein Baseball-Spiel im Fernsehen gab. Begann, es anzugucken. Versuchte, zwischendrin zu lernen, gab es aber auf. Studierte ungefähr 5 Minuten den ganzen Nachmittag. Donnerstag. Ging zur Bücherei, um zu lernen. Sah Karin. Lernte nicht.«

Diese Beobachtungen spezifizieren zwei Situationen, in denen Lernen wünschenswert gewesen wäre, nämlich »ruhiges Zimmer am Nachmittag« und »in der Bücherei sein«. Aber seine Notizen enthalten auch andere wertvolle Informationen: sie sagten ihm, was er anstelle von Lernen tat.

Das Problem dieses Studenten bestand nicht einfach darin, daß er »nicht lernte«. Er führte aktiv Verhaltensweisen durch, die unvereinbar mit Lernen waren. Es werden Verhaltensweisen durchgeführt, aber es sind die »falschen« Verhaltensweisen. So unterscheidet sich seine Aufgabe bei der Spezifizierung des Problems nicht wirklich von denen, die wir schon vorher behandelt haben. Er wird die Situation spezifizieren müssen, um die es geht, z. B. *»Zimmer ist ruhig«*, und dann das Verhalten, um das es geht, z. B. *»Fernsehen anstatt Lernen«*.

Später werden wir noch ausführlich auf das Problem eingehen, wie man wünschenswerte, unvereinbare, alternative Verhaltensweisen steigert. Für unser Vorhaben in diesem Kapitel, die genaue Spezifikation des Problems, reicht es aus, wenn Sie im Gedächtnis behalten, daß Sie nicht nur die *Situation* und die Tatsache, daß das wünschenswerte Verhalten nicht auftrat, spezifizieren sollten, sondern auch die Verhaltensweisen, die anstelle derjenigen auftraten, die Sie sich eigentlich wünschten. So sollte unser nichtstudierender Student zunächst die Situation spezifizieren, in der er möchte, daß das Verhalten auftritt – wenn er alleine in seinem Zimmer ist –, und dann beobachten, was anstelle des erwünschten Verhaltens auftritt.

DAS PROBLEM DES VERMEIDUNGSLERNENS

Vermeidungslernen wurde auf Seite 64 behandelt. Sie wissen von daher, daß viele Ihrer unerwünschten Verhaltensweisen unter unangenehmen Bedingungen gelernt wurden. Das heißt,

Sie lernten, etwas Bestimmtes zu tun, um eine unangenehme Konsequenz zu vermeiden. Indem Sie sich in einer bestimmten Weise verhalten, vermeiden Sie die Bestrafung erfolgreich. Die verstärkende Konsequenz kann daher nur erschlossen werden. Den Verstärker zu entdecken ist enorm schwierig, weil Sie versuchen, etwas zu entdecken, was *nicht* auftritt. Ihr eigenes Verhalten kann Ihnen völlig paradox erscheinen, weil es so scheint, als täten sie unerwünschte Dinge ohne Grund.

Wenn Sie ein Verhalten nicht ausführen, aber es eigentlich möchten, dann kann der Grund für das Nichtdurchführen darin bestehen, daß irgendein Aspekt der Reizsituation aversive Kontrolle über Ihr Verhalten erlangt hat.

Ein Beispiel für ein Verhalten, das unter aversiver Kontrolle steht, wäre z. B. eine junge Frau, die gerne freundlich zu Männern sein möchte, aber es irgendwie nicht fertig bringt, es zu sein. Sie drückt sich bei geselligen Veranstaltungen schüchtern in den Ecken herum und meidet die anwesenden Männer. Es ist nicht immer leicht, zu bemerken, wenn Sie etwas nicht in ausreichendem Maße tun. Leicht feststellbar ist, wenn Sie etwas übermäßig tun: wenn Sie zuviel essen, dann wissen Sie das. Wenn Sie dauernd mit Freunden in Streit geraten, dann wissen Sie das wahrscheinlich auch. Aber die Frau, die Begegnungen mit Männern bei geselligen Veranstaltungen vermeidet, bemerkt vielleicht nicht, daß sie es versäumt, sich in einer Weise zu verhalten, die Männer attraktiv finden. Sie erkennt daher vielleicht nie ihr eigentliches Problem, geschweige denn, daß sie es löst. Wenn Sie etwas *nicht* tun, was Sie eigentlich wünschenswert finden, dann kann der Grund dafür darin bestehen, daß Sie nicht genügend Verstärkung für die Durchführung dieses Verhaltens bekommen, oder darin, daß ein Teil der Reizsituation aversive Kontrolle über Ihr Verhalten gewonnen hat. Es gibt zwei verschiedene Vorgehensweisen, um mit diesem Problem fertig zu werden. Bei beiden ist es nicht erforderlich, daß Sie die ursprünglichen Lernbedingungen für das Verhalten kennen. Sie können sehr nützliche Beobachtungen über Verhalten-in-einer-Situation anstellen, auch wenn Vermeidungslernen stattgefunden hat und auch wenn das Problem darin besteht, daß Sie etwas Bestimmtes nicht tun. Die erste Vorgehensweise besteht darin, daß Sie das Problem in wünschenswerte Verhaltensweisen übersetzen. Die zweite besteht in der Analyse von Ereignisketten.

Die Frau in dem vorherigen Beispiel, die Angst vor Männern hat, hat zwei Möglichkeiten. Sie kann versuchen, ihre Angst vor Männern zu verringern, wenn sie sie als das Problem ansieht, oder aber sie kann versuchen, ein bestimmtes, wünschenswertes Verhalten zu steigern. In diesem Fall würde das zu steigernde, wünschenswerte Verhalten darin bestehen, daß sie sich für Männer attraktiver verhält.

Für beides können Selbstveränderungsprogramme entworfen werden: für die Verringerung unerwünschter Verhaltensweisen oder für die Steigerung wünschenswerter Verhaltensweisen. Das Mädchen könnte beide Vorgehensweisen wählen. Verhaltensweisen zur Steigerung des Kontaktes sind wünschenswert für das Mädchen, Angstreaktionen gegenüber Männern nicht wünschenswert. Wenn sie ihr Problem definieren würde als unerwünschte Reaktion (Angst), dann müßte sie als Interventionsstrategie *Verringerung dieses unerwünschten Verhaltens* benutzen. Wenn sie ihr Problem mehr positiv definiert in der Form von wünschenswerten Verhaltensweisen, dann wird sie die Strategie des *Steigerns wünschenswerter Verhaltensweisen* benutzen. Da es besser ist, Probleme in positiver Form auszudrücken, würde die zweite Möglichkeit im allgemeinen die bessere sein.

Verhaltensveränderung hat mehr Aussicht auf Erfolg, wenn Sie versuchen, positive Verhaltensweisen zu steigern, weil Sie dann wahrscheinlich positive Verstärkung benutzen können und nicht irgendeine Art von Strafe. Noch wichtiger erscheint der Gesichtspunkt, daß allein die Verringerung eines Verhaltens noch nicht automatisch neue, wünschenswerte Verhaltensweisen lehrt. Dies ist der Grund dafür, daß Verhaltensveränderung die Strategie des Steigerns von wünschenswerten Verhaltensweisen benutzt. Wir werden auf diesen Punkt noch ausführlich zurückkommen, wenn wir Interventionspläne zur Selbstveränderung behandeln. Für den Augenblick reicht es aus, wenn Sie im Gedächtnis behalten, daß Sie wünschenswerte alternative Verhaltensweisen spezifizieren sollten, auch dann, wenn das Problem darin besteht, daß Sie irgendein unerwünschtes Verhalten ausführen.

In dem Beispiel von dem Studenten, der nicht studiert, ist die

Spezifizierung einer wünschenswerten Alternative leicht. Dadurch, daß er Aufzeichnungen über sein Verhalten machte, merkte er, daß er fernsah, wenn er alleine in seinem Zimmer saß, und daß er mit Karin sprach, wenn er in die Bücherei ging. Für jede der beiden Situationen könnte er das wünschenswerte alternative Verhalten nennen: er hätte statt dessen studieren sollen. Sein Interventionsplan würde *nicht* darin bestehen, direkt das unerwünschte Verhalten des Fernsehens-wenn-er-allein-im-Zimmer-ist oder in-der-Bücherei-mit-Karin-sprechen zu verringern, sondern darin, *das wünschenswerte Verhalten* des Lernens-wenn-er-allein-im-Zimmer-ist und des Lernens-in-der-Bücherei *zu steigern.*

Es ist immer am besten, wenn Sie versuchen, Ihr Problem zu spezifizieren als ein bestimmtes, wünschenswertes Verhalten, das Sie steigern möchten.

Eine junge Frau kam zu uns und beklagte sich, daß sie häufig von Depressionsgefühlen geplagt würde. Sie hatte begonnen, nach den diesen unangenehmen Gefühlen vorausgehenden Ereignissen zu forschen, aber gefunden, daß eine große Vielzahl von Dingen depressive Gefühle hervorzurufen schienen. Wenn ein Freund sie leicht kritisierte, wenn ihre Katze für kurze Zeit verschwand, wenn ihr neues Kleid etwas schmutzig wurde, – viele ziemlich bedeutungslose vorausgehende Ereignisse schienen auszureichen, um Stunden von unangenehmen Gefühlen auszulösen. Es schien, daß es ein Leben lang dauern würde, nur all die vorausgehenden Ereignisse, die zur Depression führten, zu spezifizieren, geschweige denn irgend etwas daran zu ändern. Als sie gebeten wurde, eine wünschenswerte Alternative zu nennen, antwortete sie, daß sich-gut-fühlen eine solche Alternative sein würde. Es wurde ihr empfohlen, nach Ereignissen zu suchen, die dem vorausgingen, wenn sie sich wohl fühlte, und daß sie das Ziel im Auge behalten sollte, die Häufigkeit dieser vorausgehenden Ereignisse zu steigern.

Für diese Beispiele, nicht studieren und sich nicht wohlfühlen, ist die Spezifizierung wünschenswerter Alternativen leicht. Aber manchmal wird jemand mit einem Problem nicht wissen, was die wünschenswerten Alternativen sind.

Wir bleiben häufig bei alten Gewohnheiten, z. T. einfach deswegen, weil wir nicht wissen, was wir tun *sollten*. In solchen Fällen müssen Sie damit anfangen, systematisch die Verhaltensketten zu untersuchen, deren Durchführung zu bestimmten, von Ihnen angestrebten Zielen führen würde. Dabei werden Sie oft neue Verhaltensmöglichkeiten entdecken.

SPEZIFIZIERUNG DER VERHALTENSKETTE, DIE ZU EINEM BESTIMMTEN ZIEL FÜHRT

Das, was Sie erleben, die Ereignisse, die Ihnen begegnen, oder die Ziele, die Sie erreichen, ist das Ergebnis einer Reihe von Ursachen. Sie ergeben sich aus einer Kette von Verhaltensweisen. Obgleich Sie das Gefühl haben mögen, daß diese Kette von Ereignissen, wenn sie erst einmal in Gang gekommen ist, unausweichlich ihrem Ende zustrebt, unabhängig davon, ob Sie es gut finden oder nicht, steht diese Kette von Ereignissen doch sehr häufig unter Ihrer Kontrolle. Es ist wichtig, daß Sie folgendes verstehen: das, was Sie erleben, hat eine Ursache, und Sie können Kontrolle über diese Ursachen gewinnen. Es ist ganz klar, daß Sie die Ereignisse in Ihrem Leben nur dann mit Erfolg kontrollieren werden, wenn Sie daran glauben, daß Sie es können.

Wie wird die Untersuchung von Ereignisketten auf die Selbstveränderung von Verhalten angewandt?

Wann immer Sie ein bestimmtes Ziel erreichen möchten, es aber nicht schaffen, finden Sie die Kette von Verhaltensweisen heraus, die erforderlich sind, um das Ziel zu erreichen.

Eine Studentin beklagte sich, daß sich nie jemand mit ihr verabreden wolle.

»Wann sind Sie das letzte Mal in den Aufenthaltsraum oder in die Mensa oder irgendwo anders hingegangen, wo junge Männer gewöhnlich zusammenkommen?« fragte sie ihr Berater.

»Das ist schon lange her«, antwortete sie.

»Wie können sie sich mit Ihnen verabreden, wenn sie nicht einmal wissen, daß es Sie gibt? Wenn Sie möchten, daß Männer sich mit Ihnen verabreden, dann müssen Sie den Schritt tun, ihnen zu zeigen, daß Sie daran interessiert sind, und Sie tun das, indem Sie dorthin gehen, wo sie sich aufhalten.«

In diesem einfachen Beispiel wird die Verhaltenskette, die für das Erreichen des gewünschten Zieles erforderlich ist, spezifiziert: wenn Sie Männer treffen möchten, dann müssen Sie dorthin gehen, wo Männer sind.

Nehmen wir an, das Mädchen fügt nun hinzu, »aber ich habe große Angst davor, zu diesen Plätzen hinzugehen. Ich hasse es, in einer Menge von Menschen herumzulaufen, wo ich keinen kenne. Sie würden mich einfach alle ignorieren, und das wäre schrecklich.« Diese Feststellung bedeutet einen wichtigen Schritt vorwärts bei der Spezifizierung des Verhaltens, das verändert werden soll. Sie müßte an ihrer Angst arbeiten, allgemeine Treffpunkte aufzusuchen. Beachten Sie, daß sie am Anfang ihr Problem darin sah, daß niemand sich mit ihr verabreden wolle. Nach einer weiteren Untersuchung der Situation wurde das Problematische an ihrem eigenen Verhalten klar: sie versäumte es, die erforderlichen Verhaltensweisen durchzuführen, um die Kette von Ereignissen in Gang zu bringen, die zu dem gewünschten Ziel führen würden.

Wann immer ein erwünschtes Ergebnis nicht eintritt, fragen Sie sich, welche Kette von Verhaltensweisen vorliegen müßte, damit die Aussichten, daß das gewünschte Ereignis eintritt, steigen. Ihr Problem liegt an dem Punkt in der Kette, an dem Sie nicht das Verhalten ausführen, das erforderlich ist, um zum nächsten Glied der Kette vorzustoßen.

In dem obigen Beispiel sollte die Kette etwa folgendermaßen aussehen: 1. Das Mädchen geht zu einem allgemeinen Treffpunkt. 2. Sie wird von einigen Männern bemerkt, die mit ihr sprechen. 3. Sie verhält sich in einer für die Männer attraktiven Weise. 4. Einer oder mehrere von ihnen handelt entweder sofort oder, wahrscheinlicher, zu einem späteren Zeitpunkt aufgrund ihrer Attraktivität und verabredet sich mit ihr.

Das Problem könnte an jedem Punkt der Kette auftreten. Es könnte sein, daß das Mädchen wohl zu geselligen Veranstaltungen ginge, es aber versäumte, sich dort in einer attraktiven Art und Weise zu verhalten. Sie könnte dieses Problem entdecken, indem sie die Kette von Ereignissen auflistet und den Punkt identifiziert, an dem die Störung eintritt.

Bei einem solchen Vorgehen können Sie das Problem in Begriffen Ihres eigenen Verhaltens ausdrücken, indem Sie eine kurze, allgemeine Feststellung allmählich ausweiten in zunehmend spezifischere Feststellungen über das Verhalten, das betroffen ist.

Ein junger Mann klagte darüber, daß er sich in Gefahr befand, aus dem College geworfen zu werden.

»Ich wette, daß Sie nicht genug studieren«, vermutete sein zynischer Berater.

»Ich wußte, daß Sie das sagen würden«, entgegnete der Student, »Sie liegen falsch. Ich verbringe zwei Stunden am Tag mit Lernen in der Bücherei.«

An diesem Punkt mußte der Berater eine Entscheidung treffen. Vielleicht lernte der junge Mann wirklich zwei Stunden täglich und versagte trotzdem. Wenn das stimmte und zwei Stunden täglich für seinen Studienabschnitt eigentlich genug waren, dann würde das Nächstliegende sein, ihm zu raten, sich zu überlegen, ob er nicht das Studium abbrechen wolle, unter der Annahme, daß er einfach nicht intelligent genug für das College sei. Aber der Berater hielt den Studenten für intelligent genug. So schloß er, daß das Problem darin liegen mußte, daß der Student während seiner zweistündigen täglichen Sitzungen nicht richtig lernte.

»Erzählen Sie mir, was Sie machen, wenn Sie studieren.«

»Na ja, ich sitze da und lese Lehrbücher.«

Der Berater bat den Studenten nun, einige Beobachtungen anzustellen. Wieviel von der Gesamtzeit, die er mit »studieren« verbrachte, verwandte er wirklich zum Lesen des Buches? Er bat ihn, zu notieren, wann er mit Lesen begann und wann er aufhörte. Das Ergebnis war überraschend: ungefähr 75⁰/o der »Studierzeit« verbrachte er in Wirklichkeit damit, irgend etwas anderes zu tun, als den Stoff zu lesen. Er verbrachte diese Zeit in der Regel damit, auf das Buch zu starren und darüber nachzugrübeln, was geschehen würde, wenn er das College nicht schaffte, wurde dann ängstlich und guckte sich in der Bücherei um. Das legte den Anfang eines Selbstveränderungsprogrammes nahe, nämlich den Anteil der Zeit zu steigern, den er tatsächlich mit dem Lesen der Bücher verbrachte.

Der Berater benutzte das Denken in Ereignisketten. Das erwünschte Ziel für den Studenten war ein gutes Abschneiden im College. Das erfordert natürlich Lernen, und so prüfte der Berater zuallererst, ob dieses notwendige Verhalten auftrat. Der Student versicherte ihm, daß das der Fall war, was wiederum nahelegte, daß er nicht konzentriert genug studierte.

Wann immer ein erwünschtes Ergebnis nicht eintritt, machen Sie die Annahme, daß eine Kette von Ereignissen Ihr Verhalten einschließt, das normalerweise zu dem gewünschten Ergebnis führen würde, und daß Sie irgendwo in der Kette das erforderliche Verhalten nicht ausführen und damit einen Bruch in der Kette verursachen.

Als erstes stellen Sie fest, wie die Kette von Ereignissen aussehen müßte. Als zweites fragen Sie sich selbst, »führe ich an jedem Punkt der Kette das erforderliche Verhalten tatsächlich durch?«

Wenn Sie die Kette von Verhaltensweisen spezifizieren, die zu einem erwünschten Ziel führen, übersehen Sie nicht das Naheliegende. In beiden Beispielen, die wir oben gegeben haben, war das fehlende Verhalten, nachdem es einmal aufgezeigt worden war, ziemlich klar. Fast immer ist es irgendein naheliegendes, einfaches Verhalten, das nicht durchgeführt wird und so die Störung in der Kette verursacht.

»Ich weiß nicht warum, aber John mag mich nicht.«

»Versuchen Sie, nett zu ihm zu sein? Sind Sie ein Verstärker für ihn?«

»Nein. Wenn er mich nicht mag, warum sollte ich ihn dann verstärken?«

»Warum auf der anderen Seite sollte er Sie mögen, wenn Sie ihn nicht belohnen?«

Die Sachlage ist klar, aber sie wird noch klarer, wenn die Analyse von Ereignisketten angewendet wird.

Manchmal ist es hilfreich, wenn Sie sich selbst fragen: »warum möchte ich dieses bestimmte Verhalten verändern?«. Die Antwort auf diese Frage sollte irgendeine Ursache-Wirkung-Beziehung enthalten: durch Veränderung des Verhaltens X wird das Ergebnis Y eintreten. Wenn Sie den Grund nicht in Begriffen von Ursache und Wirkung angeben können, kann es sein, daß Sie das Verhalten nicht richtig spezifiziert haben, das zu Ihrem Ziel führen wird.

Das folgende Beispiel illustriert dieses Vorgehen. Ein älterer Student gab als Ziel an, daß er sich beim Lernen nicht mehr am Kopf kratzen wollte.

»Warum?« fragten wir ihn.

»Ich konzentriere mich beim Lernen nicht genug«, antwortete er. »Vielleicht würde ich mich besser konzentrieren, wenn ich mit dem Kratzen aufhören könnte.«

Natürlich fragten wir ihn als nächstes, was er für die Ursache-Wirkung-Beziehung zwischen dem Nicht-am-Kopf-kratzen und seiner Konzentration hielt. Er konnte keine nennen. Sein wirkliches Ziel war, daß er sich beim Lernen besser konzentrieren wollte. So rieten wir ihm, zu versuchen, andere Zielverhaltensweisen herauszufinden, die ihn das Ziel mit Erfolg erreichen lassen würden.

Manchmal wird Ihre Antwort auf die Frage »warum möchte ich diese bestimmte Sache verändern?« ein Werturteil sein: »Weil ich ein besserer Mensch sein möchte.« »Weil ich glücklich sein möchte.« »Weil ich dann weniger Schuldgefühle habe.«

Diese Zustände zu erreichen ist ein Ziel in sich selbst, das durch Änderungen in Ihrem Verhalten erreicht werden kann. Die Frage »warum« sollte Ihnen helfen, die Ursache–Wirkung–Beziehung zu identifizieren zwischen einem Teil Ihres eigenen Verhaltens und dem Ziel.

Sich Rat bei anderen holen

Es wird immer Probleme geben, bei denen Sie mit Ihren Bemühungen um Beobachtung und Analyse scheitern. Das ist meistens der Fall, wenn Sie versuchen, hypothetische Ereignisketten aufzustellen, die Verhaltensweisen und Ziele enthalten, die völlig außerhalb Ihres früheren Erfahrungsbereichs liegen. Manchmal fallen Ihnen die für den Erfolg notwendigen Verhaltensweisen nicht ein, manchmal wissen Sie wirklich nicht, wie Sie die erforderlichen Verhaltensweisen durchführen sollen. In solchen Fällen kann der Rat von anderen hilfreich sein.

Sogar in diesem frühen Stadium der Selbstveränderung, der Spezifizierung des Problems, kann es sein, daß Sie nicht alleine zurechtkommen. In solchen Fällen sollten Sie den Rat von Fachleuten suchen. Die verschiedensten Berater – Psychologen, Lehrer, Psychiater, Sozialarbeiter, Geistliche – könnten Ihnen unter Umständen bei der Bestimmung Ihrer Probleme eine große Hilfe sein. In der Tat besteht der größte Nutzen von traditioneller Psychotherapie vielleicht darin, daß sie dem Individuum helfen kann, sein eigenes Problem so zu definieren, daß er sich daran machen kann, es selbst zu lösen. Das Durchführen von Selbstveränderungsprogrammen bedeutet nicht, daß andere Ihnen nicht helfen können. In jedem Stadium, sogar kurz vor der Beendigung Ihres Interventionsprogrammes kann die Hilfe von Fachleuten angezeigt sein. Wir betonen die Hilfe von Fachleuten in diesem Buch deshalb nicht, weil die größte Mehrzahl von Anpassungsproblemen wahrscheinlich von gut geplanter Selbsthilfe bewältigt werden kann. Aber in jedem Stadium bei der Selbstveränderung ist die Hilfe von Fachleuten möglich, die Ihnen bei Ihren Analysen weiterhelfen, wenn Sie nicht alleine damit fertig werden. Oft ist es nur die besondere Erfahrung, die ein Fachmann mitbringt, die erforderlich ist, um ein Problem zu identifizieren.

Der Rat von Fachleuten ist nicht der einzige Rat, der hilfreich sein kann. Der Rat von Freunden, Familienangehörigen oder anderen Menschen, denen Sie vertrauen, kann Ihnen manchmal über schwierige Augenblicke bei Ihrer Selbstanalyse hinweghelfen. Das gilt insbesondere für das Stadium der Definition des Problems. Wenn Sie nicht in der Lage sind, Ihren eigenen Beitrag zum unbefriedigenden Verlauf der Dinge zu bestimmen, dann ist vielleicht jemand, der Sie kennt, in der Lage, Ihnen Vorschläge anzubieten. Wenn Sie sich keine wünschenswerten Alternativen für Ihre glücklosen Verhaltensketten vorstellen können, dann kann vielleicht ein anderer, der diese Ketten erfolgreich handhabt, Ihnen Rat geben. Als allgemeine Regel bei dieser Art von Ratsuche gilt, daß Sie sich Rat suchen sollten entweder von jemandem, der Sie gut kennt, oder jemandem, der diese Art von Problemen gut kennt.

Wenn Sie Rat suchen, *sollten Sie sich immer daran erinnern, daß es Rat ist, den Sie wünschen, nicht Bestrafung.* Wenn Ihr Berater Ihnen nahelegt, daß Sie sich wirklich dumm verhalten, dann sagen Sie ihm, »erzählen Sie mir nicht, daß ich ein dummer Kerl bin, sondern erzählen Sie mir lieber, welches Verhalten ich verändern kann, damit ich nicht so ein dummer Kerl bin«.

Ebenso nutzlos ist es, wenn Sie einen Ratgeber haben, der Ihnen versichert, daß alles in Ordnung ist und daß Sie wirklich ein wundervoller Mensch sind. Die Hauptschwierigkeit besteht, wenn Sie Ratgeber hinzuziehen, darin, daß Sie ihnen häufig Regeln und die Sprache beibringen müssen, die bei der Verhaltensänderung verwendet werden.

Wenn Sie Schwierigkeiten dabei haben, das Problem oder seine Lösung zu definieren, besteht eine andere nützliche Technik darin, das Verhalten anderer zu beobachten, die das Ziel erreichen, das Sie selbst anstreben. Das gilt insbesondere, wenn Sie nicht das Zielverhalten in einer Verhaltenskette ausfindig machen können. So könnte z. B. das Mädchen, das seine sozialen Aktivitäten steigern will, in der Lage sein, einen Teil des Problems richtig zu analysieren:

»Ich sehe, daß ich mehr zu Studentenversammlungen gehen muß. Ich denke, das ist klar. Wenn ich mich nicht irgendwo aufhalte, wo ich Jungs treffen kann, dann werde ich sie auch nicht treffen. Aber wenn ich dort angekommen bin, was dann? Ich hab' so etwas schon früher getan, aber sogar bei einer Party, wo man mit einer Masse von Leuten spricht, bin ich nie mit jemanden in eine richtig gute Unterhaltung gekommen.«

»Haben Sie irgendeine Vorstellung darüber, wie Sie das verbessern könnten?«

»Nein, ich hab' wirklich keine. Ich bin durchaus freundlich gestimmt. Ich möchte Jungs treffen. Aber es passiert einfach nichts.«

»Kennen Sie irgend jemanden, der mit solchen Situationen sehr gut zurechtkommt? Jemanden, der das erreicht, was Sie möchten?«

»Ja, Karin. Sie wohnt am Ende des Flures und ist in meiner Deutsch-Klasse. Sie spricht mit jedem Jungen auf einer Party und wird um mehr Verabredungen gefragt, als sie Zeit hat.«

»Warum beobachten Sie sie nicht? Beobachten Sie einfach mal, wie sie sich in der Partysituation verhält. Beobachten Sie sie so genau, wie Sie können. Machen Sie sich später Notizen.«

Diese Studentin stellte tatsächlich diese Beobachtungen an und kam später ganz aufgeregt wieder.

»Wissen Sie, was sie tut? Sie beginnt zu lächeln, schon bevor sie sicher sein kann, daß er mit ihr sprechen will. Dadurch sieht sie so *interessiert* aus! Und sie antwortet sehr schnell. Ich glaube, dadurch denken die Jungs, daß sie sich wirklich gerne mit ihnen unterhält.«

Dadurch, daß Sie sich ein Modell auswählen, das die Ziele,

die Sie erreichen möchten, tatsächlich erreicht, können Sie ganze Ketten von Ereignissen beobachten, die die Verhaltensweisen enthalten, die Sie erwerben möchten. Einige dieser Verhaltensweisen sind Ihnen, wie in dem obigen Beispiel, vielleicht nie eingefallen. Wenn Sie von Modellen Ideen für Verhaltensweisen bekommen können, dann können Sie Ihre Problemdefinition vervollständigen, d. h. die fehlenden Bindeglieder in Ihrer Ereigniskette ausfüllen.

Aber ist es wünschenswert, andere »nachzumachen«? Viele Menschen finden das aus irgendeinem Grund abscheulich. Sie sehen Nachmachen als das Gegenteil von eigenständigem Verhalten und halten es irgendwie nicht für echt. Es ist sicher möglich, künstlich etwas nachzumachen, in einer Art und Weise, die Sie selbst und andere in Ihrer Umgebung unangenehm berührt.

Wenn man Modelle einsetzt, heißt das aber noch nicht, daß man sie in dieser Weise nachahmt. Tatsächlich ist das Lernen durch Nachahmung die sparsamste Art menschlichen Lernens. Durch die Beobachtung guter Modelle können Sie oft sehr komplizierte Verhaltensabfolgen beim ersten Mal richtig durchführen. Die meisten komplizierten sozialen Verhaltensweisen werden in der Regel in der Kindheit durch Nachahmung gelernt. Diese Art der Nachahmung vollzieht sich immer wieder in unserem Leben und ist ein ganz natürlicher Vorgang. Außerdem gibt Ihnen die Beobachtung von Modellen Ideen für Verhaltensweisen und nicht notwendig genau das Verhalten, das Sie später durchführen.

Unser Beispiel geht weiter: »Aber wenn ich›lächeln-und-schnell-antworten‹ als meine Lösung benutze und versuche, mich so zu verhalten, würde ich dann nicht wie eine Imitation von Karin aussehen? Das würde jeden abstoßen und besonders mich selbst.« – »Nein, es ist unwahrscheinlich, daß es so ausgeht. Wenn Sie sich entschließen zu lächeln und schnell zu antworten, dann werden Sie Ihr eigenes Lächeln lächeln und nicht Karins. Sie werden mit Ihren eigenen Bemerkungen antworten und nicht mit ihren. Und alles, was Sie tun, werden Sie in Ihrem eigenen Stil tun. Ihre neuen Verhaltensweisen werden in Ihre alten eingebettet werden, und Sie werden nur Sie selbst sein, die lächelt und antwortet.«

Es gibt Fälle, in denen Ihr erwünschtes Ziel kein Verhalten zu sein scheint. Es mag irgendein wünschenswertes Ergebnis sein, wie z. B. Gewichtsabnahme.

Wenn das gewünschte Ergebnis darin besteht, daß Sie Pfunde verlieren wollen, dann ist natürlich die Frage die, wie Sie eine Situation herstellen, die zum Erreichen des Zieles führt. Fragen Sie sich selbst, welche Kette von Verhaltensweisen zur Gewichtsabnahme führen wird. Sie werden weniger essen, früher vom Tisch aufstehen müssen, die Anzahl der Mahlzeiten reduzieren, auf Naschereien verzichten und andere Speisen essen müssen. Dies sind alles Verhaltensweisen. Um Ihr Ziel, die Gewichtsabnahme, zu erreichen, müssen Sie einige oder alle von diesen Verhaltensweisen durchführen.

Wenn Ihr Ziel darin bestünde, bessere Noten in der Schule zu erreichen, wären Sie in einer ähnlichen Situation. Das gewünschte Ergebnis ist kein Verhalten, aber um es zu erreichen, müssen Sie bestimmte Verhaltensweisen durchführen, wobei Lernen am naheliegensten erscheint. Wenn ihr Ziel darin bestünde, mehr Aufmerksamkeit vom anderen Geschlecht zu bekommen, dann würde auch hier zutreffen, daß Sie, um dieses Ergebnis zu erreichen, bestimmte Verhaltensweisen durchführen müßten, wie z. B. sich sozial attraktiv verhalten.

Wenn Ihr Ziel nicht ein Verhalten beschreibt, dann gilt trotzdem, daß der Weg zur Erreichung des Ziels darin besteht, daß Sie bestimmte Verhaltensweisen durchführen.

So wird Ihre Aufgabe darin bestehen, diejenigen Verhaltensweisen, die das gewünschte Ziel herbeiführen, zu steigern, und diejenigen Verhaltensweisen, die das gewünschte Ergebnis verhindern, zu verringern. Denken Sie immer über das Problem in Begriffen *Ihres* Verhaltens. Der Grund dafür ist einfach: Sie können Ihr Verhalten unter Ihre Kontrolle bringen.

IST DIE ANALYSE DES PROBLEMS RICHTIG?

Wie können Sie wissen, ob Ihre Analyse der Ereigniskette richtig ist? Wie können Sie wissen, ob Sie die vorausgehenden

Situationen richtig identifiziert haben und das richtige Verhalten zur Veränderung ausgesucht haben?

Sie müssen die Antworten auf diese Fragen kennen, weil es absurd und verschwenderisch erscheint, mit einem Programm zur Selbstveränderung fortzufahren, das Ihnen in Wirklichkeit überhaupt nicht hilft, Ihre Ziele zu erreichen. Noch unglücklicher wäre es, wenn Sie mit einem wirksamen Programm aufhören würden, weil Sie irrtümlich annehmen, daß es keinen Erfolg hat.

Um Ihre Selbstveränderungsprogramme richtig bewerten zu können, ist es notwendig, die Situation *vor* und *nach* Ihrer Intervention zu vergleichen. Auf diese Weise werden Sie wissen, wann Sie die Ereignisse um Ihr Zielverhalten herum noch einmal neu analysieren müssen. Dieser Vergleich wird sowohl Fehler als auch Erfolge aufzeigen. Um die erforderlichen Daten zu erhalten, benutzt die Selbstveränderung wieder ein wissenschaftliches Verfahren: Sie zählen und registrieren die Häufigkeit des Zielverhaltens, *bevor* Sie intervenieren und auch *während* Ihrer Intervention. Unterschiede in den Häufigkeiten zeigen an, daß tatsächlich eine Änderung eingetreten ist.

Die Häufigkeitszählungen, die vor der Intervention erhoben werden, werden *Grundraten* genannt. Das nächste Kapitel beschäftigt sich ausschließlich mit der Sammlung von Grundraten. Hier wollen wir einfach zeigen, wie solche Zählungen Ihnen dabei helfen können, festzustellen, ob Sie das Problem richtig spezifiziert haben oder nicht. Nehmen Sie z. B. an, ein Mädchen hat vor, die Anzahl ihrer Verabredungen zu steigern, und versucht, dieses Ziel irrtümlich dadurch zu erreichen, daß sie die Zeitdauer steigert, die sie an sozialen Treffpunkten verbringt. (Während ihr Problem in Wirklichkeit darin besteht, daß sie selten Männer anlächelt.) Sie kann dann sehen, daß sie das falsche Verhalten zur Veränderung ausgewählt hat, wenn die Anzahl der Verabredungen nicht ansteigt. Immer wenn Sie einen Teil einer Verhaltenskette erfolgreich verändern und trotzdem nicht das gewünschte Ziel erreichen, müssen Sie die Veränderung irgendeines *anderen* Verhaltens in der Kette in Betracht ziehen.

Das Mädchen würde zu sich selbst sagen: »ich habe die Zeitdauer, die ich an sozialen Treffpunkten verbringe, um 50% gesteigert, aber die Anzahl meiner Verabredungen ist nicht gestiegen. Das bedeutet, daß ich einen Fehler gemacht haben muß. Möglicherweise besteht das Problem darin, daß ich irgendein anderes notwendiges Verhalten nicht durchführe, wenn ich am Treffpunkt bin.«

Eine solche Korrektur des Programms ist nur dann möglich, wenn Sie genaue Grundraten haben, weil nur genaue Grundraten Ihnen zeigen werden, ob irgendeine Veränderung eingetreten ist oder nicht. Die Erhebung von Grundraten ist daher bei Selbstveränderungsprogrammen von großer Bedeutung.

Die Auswahl der Kategorien

Ziel der Spezifizierung des Problems ist ein genaues Wissen darüber, welche Verhaltensweisen in welchen Situationen zu verändern sind. Wenn Sie erst einmal spezifiziert sind, können solche Verhaltensweisen gezählt werden. Aber bevor Sie zählen können, müssen Sie eine Entscheidung darüber treffen, *was* genau dazu gehört. Aus diesem Grunde erstellen Sie *Kategorien* von Verhalten und Situationen. Das Ziel dieses Kapitels ist es, Sie zu befähigen, Ihre Beobachtungen über ihr Verhalten-in-einer-Situation so klar zu formulieren, daß die Worte alle Beispiele für das Auftreten des Problems abdecken.

Der Student z. B., der Schwierigkeiten hatte, seinen Lernstoff wirklich zu lesen, definierte sein Problem sehr genau:

Situation	Verhalten
wenn-ich-mich-zum-Lernen-niedergesetzt-und-alles-bereitgelegt-habe	wirklich aufmerksam sein, trotz Ablenkung, und wirklich arbeiten
b (bereit)	A (arbeiten)

Diese Tabelle zeigt eine gute Spezifikation, weil Sie allgemein genug ist, um alle Probleme abzudecken: einen Freund sehen, einschlafen, Radio hören anstatt zu lernen und all die anderen Probleme, die sich hinderlich auf das Ziel »verbessertes Lernverhalten« auswirken. Es ist auch deshalb eine gute Spezifikation, weil sie genau genug ist, um solche Verhaltensweisen auszuschließen, die in Wirklichkeit nicht dazu gehören. Z. B. schließt seine Formulierung richtigerweise »nicht studieren« aus, wenn es bedingt ist dadurch, daß er in den Regalen nach einem falsch geordneten Band sucht, oder »nicht studieren«, weil er krank im Bett liegt. Diese Verhaltensweisen sind *keine* Beispiele für dasselbe Unaufmerksamkeitsproblem, das den Studenten beschäftigte. Daher schließt die *Kategorie,* die sein Verhalten-in-einer-Situation beschreibt, sie nicht mit ein. Es ist auch deswegen eine gute Spezifikation, weil sie positiv formuliert ist, in Begriffen von *Verhalten,* dessen Häufigkeit gesteigert werden soll, anstelle einer negativen Formulierung in Begriffen von Verhalten, das vermieden werden soll. Beachten Sie, daß er »arbeiten« spezifiziert und nicht »nicht arbeiten«.

Beachten Sie auch, daß er ein Symbol vorgesehen hat, das für die entsprechende Kategorie steht. Eine gute Kategorienspezifikation ist häufig so lang, daß ihre Verwendung bei der Registrierung von Verhalten umständlich ist. Die Verwendung von Symbolen beim Registrieren ist bequem. Dieser Student benutzte b (für bereit) für alle Gelegenheiten, wo die Situation auftrat, und A (für Arbeit), wenn seine Aufmerksamkeit wirklich auf die Arbeit gerichtet war. Unter Verwendung der Symbole kann der Student sagen, »mein Ziel ist es, A in Situation b zu steigern«. An dieser Stelle sollten Sie in der Lage sein, eine solche Formulierung für Ihr eigenes Problem zu machen.

Wenn Ihr Ziel viel einfacher ist, dann wird natürlich auch die Spezifikation des Problems einfacher zu formulieren sein. Ein Student z. B., der aufhören wollte, mit seinen Fingern zu knacken, entwarf eine einfache Kategorie und ein einfaches Ziel: »Nicht mehr FK in *jeder* Situation«. Dieses Ziel war so einfach, daß er nicht einmal ein alternatives oder positiv formuliertes Verhalten zu spezifizieren brauchte.

Manchmal sind Probleme komplexer. Denken Sie an das Mädchen, von dem wir früher in diesem Kapitel gesprochen haben, die es störte, daß sie so wenig Verabredungen hatte, und die eine Freundin als Modell für die Verhaltensveränderung wählte. Was glauben Sie, wie hätte sie ihr Problem spezifizieren können? Welche Kategorien von Situationen und Verhalten hätte sie benutzen können? Da ihr Problem kompliziert war, waren mehrere gute Strategien möglich, und es gab nicht nur eine richtige Antwort. Wir können diesen Fall jedoch benutzen für eine Übung, in der Sie prüfen können, wieweit Sie die Vorgehensweisen zur Spezifizierung von Kategorien verstanden haben. Sie sollten nun in der Lage sein, brauchbare Vorschläge für dieses Mädchen zu machen in der folgenden Form:

Das Ziel ist, *(Verhalten)* in *(Situation)* zu steigern.

Versuchen Sie, eine gute Beschreibung für diese Kategorien zu entwerfen und einige Symbole für sie aufzustellen. Wenn Sie das fertigbringen, dann sind Sie wahrscheinlich auch so weit, daß Sie dasselbe für Ihr eigenes Selbstveränderungsprojekt tun können. Wenn Sie es noch nicht fertigbringen, so versuchen Sie, dieses Kapitel noch einmal zu lesen, bevor Sie zum nächsten übergehen.

IHR EIGENES SELBSTVERÄNDERUNGSPROJEKT:
5. SCHRITT

Sie sollten nun Ihr Problem spezifizieren als ein Verhalten-in-einer-Situation, das Sie verringern möchten, oder als ein Verhalten-in-einer-Situation, das Sie steigern möchten. Idealerweise werden Sie, auch wenn Sie ein unerwünschtes Verhalten verringern wollen, in der Lage sein, die Steigerung eines anderen Verhaltens, das mit dem unerwünschten unvereinbar ist, als Ihr Ziel zu formulieren. Sie sollten eine Kategorie spezifizieren, die alle Beispiele des Zielverhaltens einschließt, so daß Sie ein Beispiel für das Verhalten identifizieren können, wenn es auftritt. Wenn Sie jetzt Ihr Problem nicht als Verhalten-in-einer-Situation formulieren können, dann sollten Sie nacheinander, Schritt für Schritt, jede der Vorgehensweisen in diesem Kapitel für Ihr eigenes Problem durchgehen.

Bevor Sie zum nächsten Kapitel übergehen, vervollständigen Sie die Beschreibung Ihres eigenen Problemverhaltens-in-einer-Situation.

Kapitel 6

Grundhäufigkeiten werden erhoben

1. Die vor dem Veränderungsprogramm gesammelten Daten werden Grundraten oder Grundhäufigkeiten genannt.

2. Ihr Ziel ist, jedes Auftreten des zu verändernden Verhaltens zu zählen.

3. Das technische Vorgehen beim Sammeln der Daten:
   a) Ihre Vorrichtung zum Registrieren müssen Sie überall bei sich tragen können.
   b) Es muß vorhanden sein, wenn das zu verändernde Verhalten auftritt.
   c) Das Registrieren muß leicht gehen.
   d) Sie sollten alle Daten schriftlich festhalten.

4. Sie sollten nach Möglichkeit nicht sofort mit dem Veränderungsprogramm anfangen.
   a) Unter Umständen kann man einmal die Grundratenerhebung auslassen.
   b) Manchmal hat allein schon die Grundratenerhebung einen Eingriffs-Effekt.

5. Sie sollten das Aufzeichnen von Daten in Ihr normales Verhaltensmuster übernehmen.

6. Was mit Verhaltensweisen zu tun ist, die Sie ohne nachzudenken (»unbewußt«) ausführen.
   a) negative Praxis.
   b) andere bitten, einen darauf aufmerksam zu machen.

7. Verstärkung für das Erstellen von Grundraten.

8. Wie lange sammelt man Grundhäufigkeiten?

9. Wie überprüfen Sie, ob Ihre Grundhäufigkeiten stimmen?

Die vor der Verhaltensveränderung gesammelten Daten werden Grundraten oder Grundhäufigkeiten genannt. Die Grundrate wird die Vergleichsgrundlage für spätere Veränderungen. Da die Grundrate so wichtig ist, wird das folgende Kapitel den Fragen gewidmet: Wie, warum und wie lange sammelt man Grundhäufigkeiten?

WORIN UNTERSCHEIDEN SICH DIE GRUNDRATEN VON BEOBACHTUNGEN VOR BEGINN DER GRUNDRATENERHEBUNG?

Sie haben Ihr Verhalten und Ihre Umgebung schon einige Zeit vor der Grundraten-Periode beobachtet. Sie haben sogar so sorgfältig beobachtet, daß Sie schon Kategorien gefunden und Ziele formuliert haben. Was ist nun das Besondere an Grundhäufigkeiten? Grundsätzlich sind diese Daten quantitativ: Sie ergeben sich durch Auszählen. Wenn Sie mit der Grundraten-Erhebung beginnen, fangen Sie an, Dinge zu *zählen*, und Ihre Aufzeichnungen werden in Zahlen ausgedrückt.

WAS ZÄHLEN SIE?

Die Antwort auf diese Frage ist einfach. Sie zählen, wie häufig ein Verhalten in einer bestimmten Situation auftritt, und zwar in den Kategorien, die Sie gerade erstellt haben. Erinnern Sie sich an den Studenten im letzten Kapitel, der sein Ziel in Form von Symbolen formulierte: »Mein Ziel ist, A in der Situation b zu erhöhen.« Dieser Student also würde im Rahmen der Grundratenerhebung das Auftreten von A und b *zählen*. Wir können den Fall dieses Studenten als Beispiel für den Zählvorgang nehmen. Zu diesem Zeitpunkt bestand seine Aufgabe darin, ein Registriersystem zu erfinden, das ihm ermöglichen würde, das Auftreten von A und b genau festzuhalten. Sofort sah er sich vor die Frage gestellt: *Was ist ein Auftreten?* Ist das Auftreten von b immer gleich, egal, wie lang es dauert? Oder sollte er die *Dauer* von b und die *Dauer* von A zählen? Das heißt, sollte er die Zahl der *Minuten*, in denen er »bereit« war, aufzeichnen oder die Zeitdauer, in der er tatsächlich »arbeitete«? Jeder Fall wird natürlich anders liegen, dennoch gibt es einige Gemeinsamkeiten. Der Student dachte sich dieses Schema aus:

	Mo	Di	Do	Fr	Sa	So
b	45					
A	15					

Er entschied sich dafür, die *Zahl der Minuten* aufzuschreiben, in denen er tatsächlich arbeitete, und die *Zahl der Minuten*, in denen er in »bereit«-Zustand war. Die tatsächliche Anzahl von Minuten ist oben für den ersten Tag angegeben. Beachten Sie, daß auf dem Schema der Mittwoch ausgeklammert ist. Dieser Student hatte am Mittwoch einen Halbtags-Job, dadurch konnte b nicht auftreten. Er war der Meinung, daß es eine sorgfältigere Beschreibung seiner Arbeitswoche wäre, wenn er den Mittwoch aus den Aufzeichnungen herausließe. Auf diese Weise beschränkte er sein Schema auf Gelegenheiten, bei denen die Kategorien auftreten *konnten*.

Sollten Sie immer die Zeiteinheiten – also Minuten oder Stunden – aufzeichnen? Nein. Wenn das zu verändernde Verhalten Rauchen ist, sollten Sie die Zahl der täglich gerauchten Zigaretten aufschreiben. Wenn das zu verändernde Verhalten Tanzenlernen ist, sollten Sie wahrscheinlich die Minuten oder Stunden, die Sie täglich üben, aufzeichnen. Zigarettenrauchen ist ein Verhalten, das jeden Tag häufig auftritt: zehn, zwanzig, vierzigmal. Arbeiten wird andererseits nicht so häufig auftreten. Sie werden kaum zwanzigmal pro Tag arbeiten. Statt dessen werden Sie vielleicht nur zweimal arbeiten, dafür aber jedes Mal zwanzig Minuten. In diesem Fall sollten Sie nicht die Häufigkeit des Auftretens zählen, sondern die Anzahl der Minuten. Eine andere Alternative wäre, die Zahl der gelesenen Seiten zu zählen oder die Anzahl der gelösten Mathematikaufgaben.

Unter der Rubrik Häufigkeiten wird also entweder das jeweilige Auftreten eines Verhaltens aufgelistet oder die Zeit, die Sie für ein bestimmtes Verhalten aufwenden. Als Faustregel ist zu sagen: Zählen Sie die Häufigkeit des Auftretens eines bestimmten Verhaltens, wenn es *einfach* zu zählen ist. Wenn nicht, zählen Sie die aufgewandte Zeit.

Ein junger Mann sagte: »Ich möchte mein Telefonieren abkürzen. Ich hänge den halben Abend am Telefon und vergeude damit meine Zeit. Ich habe versucht, die Zahl der Telefonate, die ich mache, zu zählen, werde aber nicht schlau draus. Einen Abend machte ich nur einen einzigen Anruf, der dauerte aber zwei Stunden. Einen anderen Abend machte ich mehrere Anrufe, aber alle kurz.« Um dieses Problem zu lösen, zählte er die Zeit, die er überhaupt mit Telefonieren verbrachte.

Ein männlicher Student, der extreme Angst vor Frauen hatte, sagte, für ihn wäre es witzlos, die Zeit, die er mit in Frage kommenden jungen Frauen verbrachte, zu zählen, da diese sich auf fünf Minuten pro Woche belaufen würde. Daher begann er die Gelegenheiten zu zählen, bei denen er wenigstens »Hallo« sagen konnte (und/oder es auch tat).

Bedenken Sie, daß es Ihr Ziel ist, Verhalten zu zählen, auch wenn das Ziel unter Umständen nicht eine einzelne Verhaltensweise ist.

An-Gewicht-Abnehmen ist ein gutes Beispiel. Beim Abnehmen ist das Ziel, an Gewicht zu verlieren, daher müssen Sie täglich Ihr Gewicht aufschreiben. Wie kann dieses Ziel erreicht werden? Durch reduzierte Essenszufuhr und/oder Sport treiben. Unter Umständen wird es notwendig sein, nicht nur aufzuschreiben, was Sie wiegen, sondern auch welche Nahrung und wieviel Kalorien Sie zu sich nehmen und eventuell wieviel Sport Sie treiben. Immer wenn Ihr Ziel nicht die Änderung von einzelnen Verhaltensweisen ist, sondern so etwas wie Abnehmen, bessere Noten bekommen oder mehr Rendezvous

haben, dann sollte Ihre erste Aufgabe darin bestehen, herauszubekommen, welche Verhaltenskette aufzubauen ist, damit
das gewünschte Ziel erreicht wird. Da das Ziel nur durch Ihr
Verhalten erreicht werden kann, leuchtet es ein, daß Sie eben
dieses Verhalten genau aufzeichnen. Faustregel: Zeichnen Sie
immer genau das Verhalten auf, das Sie brauchen, um ein bestimmtes Ziel zu erreichen.

EINIGE BEISPIELE FÜR REGISTRIERSYSTEME

Ein junger Mann hatte die Angewohnheit, mit den Fingergelenken zu knacken. Er wollte damit aufhören, und seine Verlobte unterstützte ihn darin. Er trug immer ein Karteikärtchen mit sich herum, und jedes Mal, wenn er mit den Gelenken knackte, machte er einen Strich auf der Karte. Jeden
Tag fing er mit einer neuen Karte an. Er zählte die tägliche
Häufigkeit seines Fingerknackens.

Eine Studentin wollte ihren Wortschatz erweitern. Immer
wenn sie auf ein Wort traf, das sie nicht kannte, schrieb sie es
auf. Später sah sie die Bedeutung in einem Lexikon nach. Dadurch konnte sie sowohl die Zahl der ihr unbekannten Wörter
nachzählen und zugleich auch die Zahl der Wörter, die sie
tatsächlich nachschlug.

Eine ältere Frau wollte aufhören zu rauchen. Sie fing an, die
täglich gerauchten Zigaretten zu zählen. Ebenso schrieb sie die
Situationen, in denen sie rauchte, auf. Sie hatte fertige Kategorien für diese Situationen und einen bestimmten Code für
die vier hauptsächlichen Kategorien:

Kategorie	Code
Nach oder während Essen und Trinken	E für Essen
Nervosität in einer sozialen Situation	S für Sozial
Beim Autofahren	A für Auto
Verschiedenes	V für Verschiedenes

Jeder Buchstabe ist ein Code für eine Kategorie. Durch die Abkürzungen wird das Aufzeichnen weniger nervtötend. Ihre tägliche Karteikarte sah am ersten Montag so aus:

Rauchen   *Montag, der 7.*

---

morgens   nachmittags   abends
E E A V S S S E   V S S A S E E E   E V

Sie war sehr erstaunt darüber, daß sich ihre Rauchgewohnheiten so klar aufzeigen ließen. In der Tat waren sie über einige Tage sehr gleichbleibend, so daß sie später in der Lage war, sich ein brauchbares Rauchprogramm auszudenken.

FALL 5. Eine sehr attraktive junge Frau war beunruhigt durch ihr sexuell wenig beständiges Verhalten. Sie wollte weniger häufig Geschlechtsverkehr haben. Genauer ausgedrückt, sie wollte ihre Freunde besser und länger kennen, ehe sie mit ihnen ins Bett ging. In Anlehnung an den Vorschlag, die Verhaltenskette, die ein bestimmtes Ziel möglich macht, genau zu spezifizieren, dachte sie sich folgendes: Wenn sie sich weniger oft in verfängliche Situationen brächte, würde es ihr leichter fallen, sich zurückzuhalten. Sie fing also an, wöchentlich die Häufigkeit eben dieser verfänglichen und unverfänglichen Situationen zu zählen, z. B. wie oft sie mit einem Mann allein und wie oft sie mit ihm in einer größeren Gruppe zusammen war.

DAS TECHNISCHE VORGEHEN BEIM REGISTRIEREN

Aufzeichnungspläne sind gut, aber sie nützen überhaupt nichts, wenn nicht das rein technische Problem des Registrierens gelöst ist. Wenn z. B. unsere Raucherin ihre Karteikarte einen Tag vergißt und später versucht, sich an das Rauchverhalten zu erinnern, ist es unwahrscheinlich, daß sie sich korrekt erinnern wird. Unkorrekte Daten sind schlimmer als gar keine Daten, denn sie verfälschen den wahren Sachverhalt. Sie müssen

also ein *sicheres* Registrier-System entwickeln. Einige Vorschläge:

*Ihren Registrier-Apparat müssen Sie überall bei sich tragen
können.* Viele unserer Studenten benutzen eine Karteikarte oder
ein anderes Stück Papier, das bequem in die Tasche oder Handtasche paßt. Das ist zusammen mit Füller oder Bleistift die
einzige »Ausrüstung«, die Sie brauchen. Doch manchmal funktioniert selbst ein so simples Arrangement nicht. Der Mann,
der die Häufigkeit des Fingerknackens aufschreiben will, hat
keine Tasche, wenn er sonntags an den Strand geht. Das »lose«
Mädchen hat keine rechte Lust, gerade in dem Moment, in
dem sie ein Angebot ablehnt oder – schlimmer – annimmt,
ihr Kärtchen zu zücken. Diese Beispiele mögen banal erscheinen, aber solche Probleme tauchen in fast jedem Selbstveränderungsprojekt auf. Der Leser sollte sie erwarten und
sich bemühen, sie zu lösen, denn sie können gelöst werden. Das
Mädchen aus Kapitel 5 z. B., das häufiger lächeln und die
Unterhaltung anregen wollte, fand, daß ein Papier-Bleistift-
System lächerlich sei, da eine Abfolge von Lächeln-dann-gleich-
aufschreiben eher kurios als attraktiv wirken würde. Sie kaufte
sich in einem Sportgeschäft einen kleinen Golfzähler. Der war
nicht viel größer als eine ganze Erdnuß und konnte leicht in
der Hand verborgen werden. Wenn sie sich in einer sozialen
Situation mit einem akzeptablen Mann befand, holte sie den
Zähler aus der Handtasche und das Registrieren – bewirkt
durch Daumendruck – störte das Lächeln in keiner Weise.

Der Fingerknacker fand am Strand ein großes Blatt und riß
es bei jedem Knacken an der Seite leicht ein. Später übertrug
er die Ergebnisse auf seine normale Karteikarte.

Die Raucherin, die häufig ihre Karte morgens zu Hause ver-
gaß, beschloß, das Kärtchen hinter die Zellophanhülle ihrer
Zigarettenpackung zu stecken. Auf diese Art war es immer zur
Hand, wenn das kritische Verhalten auftauchte.

Das ist in der Tat das zentrale Problem: Der Registrier-
apparat muß da sein, wenn das Verhalten auftaucht. Wenn
Sie das Problem sorgfältig analysieren, wie im letzten Kapitel
besprochen, dann können Sie für die meisten Situationen vor-
sorgen. Ihr technisches Vorgehen sollte sich nach diesen Situationen ausrichten. Dem Einfallsreichtum sind keine Grenzen gesetzt. Ein Student trug immer einige Münzen in der linken
Jackentasche, und immer wenn das unerwünschte Verhalten

auftrat, tat er eine davon in die rechte Tasche. Abends zählte er die Münzen, um zu sehen, wie häufig er am Tag das bestimmte Verhalten gezeigt hatte. Ein Mädchen trug Zahnstocher in ihrer Handtasche und tat immer einen in ein Extra-Fach der Handtasche. Ein Zigarettenraucher fing jeden Tag mit einer bestimmten Zigarettenmenge an – 30 – und zählte abends nach, wie viele er übrigbehalten hatte.

TAGSÜBER REGISTRIEREN UND LÄNGERFRISTIGES AUFZEICHNEN

Wenn Sie Papierschnitzel, Blätter, Golfzähler und ähnliches benutzen, müssen Sie die Information auf ein längerfristiges System übertragen. Dieses »ständige« System muß nicht unbedingt das gleiche sein wie das tagsüber oder in der Situation benutzte. Am Dienstag morgen übertrug z. B. die Raucherin ihre Registrierung vom Vortag auf ihr »ständiges» System. Das sah folgendermaßen aus:

	M	D	M	D	F	S	S	M	D	M	D	F	S	S	M
E	7														
S	6														
A	2														
V	3														
	18														

Das lächelnde Mädchen mit dem Golfzähler übertrug ihre Tagsüber-Registrierungen auf ein einfacheres System, da sie nur die eine Kategorie des Lächelns-und-Ermutigen aufschrieb:

M	D	M	D	F	S	S	M
5	7	3	6				

Manchmal ist ein doppeltes Registrieren nicht nötig. Der »faule« Student legte z. B. die Karteikarte in sein Ringbuch, so daß es ständig bei ihm war und ihm als Tagsüber- und ständiger Registrier-Apparat diente.

Sie können auch die täglichen Ergebnisse gleich in eine grafische Darstellung übertragen. Wir werden das später auf Seite 132 f. diskutieren.

Das Aufzeichnen wie das Aufbewahren muß sich nach den Gewohnheiten des Lesers und den Situationen, in denen er sich befindet, richten. Haben Sie keine Bedenken, zu improvisieren oder ein System zu wählen, das hier nicht erwähnt wurde. Das Ziel ist ja, die Daten zu bekommen, und wenn das Resultat eine korrekte Grundraten-Erhebung ist, dann hat sich das System bewährt.

Seien Sie genau beim Zählen

Der Hauptzweck beim Zählen der Häufigkeiten des zu verändernden Verhaltens besteht darin, daß Sie gezwungen werden, sehr aufmerksam eben dieses Verhalten zu verfolgen. Da wir normalerweise keine sehr sorgfältigen Beobachter unseres eigenen Verhaltens sind, ist es oft sehr überraschend, was durch das Zählen ans Licht kommt.

Zeichnen sie jedes Auftreten des bestimmten Verhaltens auf.

Das Ziel des Veränderungsplanes ist ja, die Häufigkeit des bestimmten Verhaltens zu verringern oder zu erhöhen. In der Wissenschaft wird die Genauigkeit des Zählens *Zuverlässigkeit* genannt. Sie müssen korrekt und zuverlässig zählen; ansonsten ist es unmöglich, die Effektivität Ihres Programms einzuschätzen. Ebenso sollten Sie genau sein mit dem, was Sie als Auftreten definieren. Ihre angestrebte Verhaltensänderung ist z. B., die Zeit, in der Sie arbeiten, zu verlängern. Sie würden also anfangen, die Minuten zu zählen, die Sie täglich tatsächlich mit Arbeiten verbracht haben. Stellen Sie sich vor, Sie setzen sich hin, öffnen das Buch und beginnen sofort fünf Minuten lang tagzuträumen. Zählen Sie diese fünf Minuten nicht. Zählen Sie nur die Zeit, die Sie tatsächlich für Ihr gewünschtes Verhalten aufgewendet haben.

Wenn Sie am Ende des Tagträumens in die Realität zurückfallen, sagen Sie sich: »Also, fünf Minuten lang habe ich nicht richtig studiert, das zähle ich nicht mit.« Wenn Sie Ihre tägliche Aufzeichnung begonnen haben: »habe 7.45 mit der Arbeit angefangen«, ändern Sie es um in »7.50«.

Nur wenn Sie so streng durchzählen, werden Sie die Abgrenzung verstehen zwischen dem tatsächlich zu verändernden Verhalten im Unterschied zu anderen verwandten Verhaltensweisen. Es könnte sein, daß Sie feststellen, wie in diesem Beispiel, daß Sie sehr viel Zeit mit Tagträumen verbringen, wenn Sie eigentlich arbeiten sollten. Wenn Sie anfangen, strikt nur die bestimmten Verhaltensweisen zu zählen und die Zeit, die Sie tatsächlich dafür aufwenden, dann können Sie manchmal erkennen, was Sie *anstatt* des gewünschten Verhaltens tun oder was Ihnen dazwischenkommt.

Führen Sie Buch

Es verlockt einen manchmal zu sagen: »Ich werde mich schon daran erinnern, wieviel Zeit ich aufgewendet habe für das gewünschte Verhalten, also schreibe ich es nicht auf.« Hüten Sie sich, so zu denken. Sie werden die Erfahrung machen, daß Sie entweder schriftliche Aufzeichnungen machen oder überhaupt keine. Entweder Sie vergessen es oder Sie erfinden Ausreden.

Einer unserer Studenten berichtete, daß, immer wenn er mit Abnehmen Erfolg hatte, er getreulich jeden Tag aufschrieb, wieviel er wog. Doch dann kam das fatale Wochenende: Eine Essenseinladung Samstag abend, gefolgt von einem Spaghetti-Essen am Sonntag mittag. Der Montag morgen war in Sicht, und er wußte ganz genau, daß er am Wochenende zugenommen hatte. Seine Lösung war einfach: Er würde sich am Montag morgen einfach nicht wiegen! So würde er nicht konfrontiert werden mit dem schrecklichen Beweis. Sich nicht zu wiegen in Erwartung eines schlechten Ergebnisses kann leicht zur Gewohnheit werden, und bald hört das Wiegen überhaupt auf. Resultat: wieder zu fett! Viele Raucher berichten, daß sie – gerade weil es so beunruhigend ist, zu wissen, wieviel Zigaretten man tatsächlich raucht – das genaue Aufschreiben vermeiden wollen. In solchen Fällen ist es offensichtlich, wie wichtig sorgfältige Buchführung ist, um das gewünschte Ziel zu erreichen.

Ein sehr aufgeweckter Student berichtete, daß er die Angewohnheit hatte, rüde mit seinen Freunden umzugehen. Er schien sie zu beleidigen und das häufig. Er begann mit einer Karteikarte, die er immer in seiner Tasche trug und auf der zwei Abschnitte waren: »habe beschimpft«, »habe nicht beschimpft«. Sobald er die Unterhaltung mit einem Freund oder Bekannten beendet hatte, machte er ein Zeichen in einem der beiden Abschnitte. Z. B. wenn er einen Bekannten traf und sich mit ihm auf dem Unigelände ein paar Minuten unterhielt; ehe sie wieder weitergingen, machte er sofort danach eine Eintragung in einem der beiden Abschnitte. Der Hauptvorteil dieses Systems lag darin, daß er sich unmittelbar nach der Unterhaltung entscheiden mußte, in welche Spalte er seine Eintragung machen sollte, was viel besser war, als wenn er sie erst später am Tag vornehmen würde, wenn seine Erinnerung schon verblaßt war. Ein weiterer Vorteil war der einer sofortigen Verstärkung, wenn er den Freund nicht beleidigt hatte.

Es ist unbedingt notwendig, dann die Daten zu registrieren, wenn das Problem auftritt.

Ein weiterer Vorteil einer sofortigen Registrierung eines Ereignisses genau in dem Moment, in dem es passiert, liegt darin, Sie auf angenehme Ereignisse aufmerksam zu machen. Manchmal passiert es ebenso leicht, diese angenehmen Dinge zu vergessen wie Falsches, das Sie getan haben. Ein Mädchen, das von Depressionen geplagt war, sagte am Anfang: »Es gibt nichts Gutes und Glückliches in meinem Leben. Der ganze Tag ist im Eimer.« Sie fing damit an, täglich die Zeit zu zählen, in der sie sich deprimiert fühlte, hörte aber bald damit auf. Im Grunde fühlte sie sich die ganze Zeit deprimiert. Sie erinnerte sich daran, daß man im Zweifelsfalle damit beginnen sollte, das wünschenswerte Verhalten zu zählen, und fing an, diejenigen Male am Tag zu zählen, wenn sie sich gut, glücklich oder wenigstens zufrieden fühlte. Nach drei Tagen sagte sie: »Holla, es gibt tatsächlich jeden Tag Momente, wo ich mich gut fühle.« Diese Momente waren ihr sonst nie in Erinnerung geblieben, wahrscheinlich, weil sie so sehr mit ihrer Depression beschäftigt war. *Machen Sie immer schriftliche Aufzeichnungen!*

Wenn Sie sich einmal entschlossen haben, bestimmte Aspekte Ihres Verhaltens zu ändern, werden Sie sofort damit anfangen wollen. Schließlich wollen Sie ja keine wissenschaftliche Analyse der Ursachen und Wirkungen Ihres Verhaltens erstellen, warum also sollten Sie dann erst Grundhäufigkeiten sammeln? Warum nicht gleich beginnen? Dafür gibt es verschiedene Gründe. Zum ersten werden Sie ohne sorgfältige Grundraten-Erhebung nicht so bald kleine Veränderungen in Ihrem Verhalten wahrnehmen. In der Meinung, daß doch nichts passiert, werden Sie vielleicht entmutigt und hören mit dem Plan auf, wenn er in Wirklichkeit vielleicht gerade angefangen hat zu wirken. Zum zweiten ist der Vorteil einer Grundraten-Erhebung auch der, daß Sie nach vorausgehenden Bedingungen suchen, also nach Situationen, die Reizkontrolle über Ihr Verhalten ausüben (also Ihr Verhalten auslösen). Wenn Sie diese Bedingungen nicht entdecken, werden Sie bestimmt nicht in der Lage sein, deren Einfluß auf Ihr Verhalten auszuschalten, und der ganze Veränderungsplan schlägt fehl. Zum dritten: Wenn Sie Ihre Registrierprobleme nicht in der Phase der Grundraten-Erhebung lösen, werden Sie ihnen dann begegnen, wenn Sie eigentlich schon dabei sind, Ihr Verhalten zu verändern. Dadurch sind Sie unter Umständen nicht in der Lage zu sagen, ob Ihr Veränderungsplan überhaupt einen Effekt hat, da die Aufzeichnungen fehlerhaft sind. Es gibt noch mehr Gründe, doch der wichtigste ist folgender: *Einer der häufigsten Gründe für das Fehlschlagen von Veränderungsplänen ist eine mangelhafte Grundraten-Erhebung.*
Gibt es überhaupt Gelegenheiten, bei denen keine Grundraten-Phase notwendig ist?
Im Grunde nur zwei, und die sind selten. Einmal, wenn das Verhalten niemals auftaucht. Wenn Ihr Plan ein Verhalten hervorbringen will, das Sie *niemals* vorher zeigten, ist es ziemlich sinnlos, Grundhäufigkeiten zu sammeln. Wenn Sie ehrlich sagen können, daß Sie seit Monaten nicht gearbeitet haben, dann wird die Zeit, die Sie damit in den nächsten Wochen verbringen werden, wohl sicher gleich null sein. Wenn Sie es niemals tun und tatsächlich sicher sind, daß Sie es niemals tun,

dann haben Sie damit schon Ihre Grundhäufigkeiten: Über eine Zeit von mehreren Monaten ist Ihre Grundrate gleich null. In dem Fall können Sie gleich mit dem Veränderungsplan anfangen, da Sie Ihre Grundrate schon haben. (Andererseits wäre es trotzdem von Nutzen, die Grundhäufigkeit der *Möglichkeiten* für das neue Verhalten aufzuzeichnen.)

Wenn Sie aber ein bestimmtes Verhalten nur dann und wann ausführen, sollten Sie Grundhäufigkeiten sammeln. Stellen Sie sich vor, Sie arbeiten ein kleines bißchen jede Woche, ungefähr 15 Minuten. Sie sollten in so einer Situation Grundhäufigkeiten sammeln, weil diese Ihnen deutlich machen werden, wie Sie das gewünschte Verhalten in Angriff nehmen können. Wenn Sie z. B. 15 Minuten arbeiten, könnten Sie den Veränderungsplan so beginnen, daß Sie sich belohnen, wenn Sie 20 Minuten arbeiten. Sie können nur wissen, wo Sie anfangen sollen, wenn Sie angemessene Grundraten haben. Ein weiterer häufiger Grund für das Fehlschlagen von Veränderungsplänen ist ein zu hoher Maßstab für eine Belohnung. Dies können Sie vermeiden, wenn Sie von Anfang an zutreffende Grundraten-Information sammeln.

Ihr erster Schritt ist also, daß Sie sich fragen: »Verhalte ich mich überhaupt in der gewünschten Weise?« Wenn die Antwort »Nein« ist, können Sie sofort mit der Veränderung beginnen. Ist die Antwort »Ja« oder »Vielleicht«, sollten Sie auf alle Fälle Grundhäufigkeiten sammeln.

Die zweite Situation, in der Sie sofort mit der Veränderung anfangen sollten, ist dann gegeben, wenn Ihr Verhalten für Sie oder andere gefährlich ist. Die Definition von »gefährlich« ist natürlich bei verschiedenen Leuten unterschiedlich. Wenn die Gefahr nur gering oder in weiter Ferne ist, dann sollten Sie den Vorteil einer sofortigen Veränderung gegenüber dem Vorteil von guter Grundraten-Information genau abwägen. Machen Sie sich ganz klar, daß Sie ohne gute Grundraten-Information das Risiko eines Mißerfolges erhöhen. Wenn also das Verhalten, das Sie verändern wollen, das Rauchen ist, was ja bekanntlich gefährlich ist, sollten Sie trotzdem Grundhäufigkeiten sammeln; auf lange Sicht ist die höhere Erfolgschance ein größerer Vorteil als der kurzzeitige Gewinn von   Heute-aufhören-aber-nächste-Woche-wieder-anfangen. Weiterhin gibt es bestimmte Formen von Verhalten, die nur zu bestimmten Zeiten auftreten, aber dann mit großer Häufigkeit. Arbeiten während der Examensvorbereitungszeit ist ein gutes Beispiel. Unter Umständen wollen Sie während des Semesters nicht besonders viel arbeiten, wünschen sich aber, daß Sie fleißiger wären, wenn die Examenszeit näherrückt. Oder Sie haben sehr selten ein Rendezvous, aber wenn Sie eines haben, dann scheinen Sie sich jedesmal töricht zu benehmen. Wie soll man da eine Grundrate erheben?

Sie können keine Grundrate erheben, solange die Situation selbst nicht da ist. Wenn sie sehr unregelmäßig auftaucht, wie z. B. eine Klausur nur einmal im Semester, dann können Sie zwei Dinge tun. Erstens, bereiten Sie sich darauf vor, die Information sammeln zu können, *wenn* die Situation da ist. Zweitens, Sie üben verschiedene Verhaltensweisen, mit der Situation fertigzuwerden. Wenn ein Mädchen z. B. weiß, daß sie sich immer zu aggressiv bei Verabredungen verhält, könnte sie anfangen zu üben, sich etwas freundlicher zu verhalten. Oder wenn ein Student weiß, daß er sich während der Examenswochen nicht genügend vorbereitet, könnte er schon *vor* diesen Wochen mit der Vorbereitung anfangen.

Manche Situationen sind es wert, daß man die Grundraten-Periode aufgibt, und manche sind es nicht. Die meisten sind es nicht, obwohl häufig die Tendenz besteht, diese wichtige Phase zu überspringen. Oftmals gibt es mögliche Alternativen, ehe Sie sich entschließen, die Grundratenerhebung ganz aufzugeben. Es könnte doch z. B. ganz einfach sein, eine examens-ähnliche Zeit durchzuspielen und diese dann als Grundrate dienen zu lassen. Man könnte z. B. sich zwei, drei Tage vornehmen, an denen mindestens fünf Stunden täglich gearbeitet werden sollte. Beobachtungen über Tagträumereien, sich um den Schreibtisch herumdrücken und tatsächliches Arbeiten könnten sehr gut zu einem späteren Zeitpunkt als Grundrate dienen.

VERÄNDERUNGEN (INTERVENTIONS-EFFEKTE)
DURCH DAS SAMMELN VON GRUNDRATEN-INFORMATION

Wenn wir den Studenten beibringen, wie sie ihr Verhalten verändern können, legen wir notwendigerweise großes Gewicht darauf, wie sie einen guten Veränderungsplan ausarbeiten können. Gelegentlich kommt es vor, daß ein beunruhigt aussehender Student nach der Vorlesung zu uns kommt und sagt: »Es tut mir leid, ich kann keinen Veränderungsplan ausarbeiten.« »Und warum nicht?« »Mein Problem ist, daß mein Problem nicht mehr da ist. Ich habe angefangen, Grundhäufigkeiten zu sammeln, und zwar ganz regelmäßig, genau wie Sie gesagt haben, und plötzlich habe ich einfach mit dem unerwünschten Verhalten, das ich gezählt habe, aufgehört. Habe ich etwas falsch gemacht?«

Gelegentlich kommt es vor, daß das einfache Auszählen einer unerwünschten Verhaltensweise ausreicht, um es zu unterlassen (Rutner und Bugle, 1969). Oder wenn Sie zählen, wie oft Sie ein bestimmtes erwünschtes Verhalten unterlassen, reicht das schon aus, um die Häufigkeit zu steigern. Dies wird der »Interventions-Effekt« der Grundraten-Phase genannt (Tharp und Wetzel, 1969). Mit anderen Worten, das schlichte Sammeln von Information hat manchmal schon einen nützlichen Effekt (McFall, 1970). Wenn das passiert, ist es gut. Der Witz der Sache ist schließlich, Verhalten zu verändern, und wenn dazu das einzige, was man zu tun braucht, nur Zählen ist, dann kann man nur wünschen, daß sich jedes Verhalten so einfach verändern ließe. Auf jeden Fall sollte der Erfolg nicht nur ein vorübergehender sein: wenn das Probleme wieder auftaucht, dann sollten Sie doch noch einen Veränderungsplan einsetzen.

ÜBERNAHME DER DATENREGISTRIERUNG IN DAS NORMALE VERHALTENSMUSTER

Registrieren, wie oft Sie ein bestimmtes Verhalten zeigen, ist selbst schon ein Verhalten, das leider nicht häufig praktiziert wird. Aus diesem Grunde werden wahrscheinlich beim Registrieren einige Probleme bei Ihnen auftreten. Denken Sie sich Möglichkeiten aus, wie Sie das Datenregistrieren selbst zu einer Gewohnheit machen können. Eine Möglichkeit ist die, sich eine Reizsituation, ein »Signal« auszudenken, das das Verhalten fast automatisch bewirkt. Am Anfang werden Sie solche »Signale« brauchen. Ein Mann, der sein Gewicht beobachtete, machte es sich zur Gewohnheit, gleich nach dem Aufstehen

auf die Waage zu steigen. Es wurde zu einer täglichen Angewohnheit wie etwa das Zähneputzen. Wenn Sie ein bestimmtes Verhalten immer an demselben Ort zeigen, ist es
einfach, die Karteikarte eben an diesem Platz aufzubewahren.
Wenn Sie immer am gleichen Schreibtisch arbeiten, kann die
Karte gleich da aufbewahrt werden. Oder wenn Sie an verschiedenen Orten arbeiten, aber immer Ihr Ringbuch bei sich
tragen, können Sie die Karte dort reinlegen.

Die Übernahme des Datenaufzeichnens in das Muster des zu
verändernden Verhaltens ist ein weiterer Weg, Reizsituationen
zu schaffen: Eine Studentin, die abnehmen wollte, klebte sich
den Zettel, auf dem draufstand, was sie gegessen hatte, an die
Eisschranktür. Ebenso befestigte sie Papier und Bleistift an die
Wand über der Waage, so daß sie, wenn sie sich morgens wog,
ihr Gewicht sofort eintragen konnte.

Ein weiterer Weg, das Aufzeichnen zu einer tatsächlichen Angewohnheit zu machen, ist *gesteigerte Aufmerksamkeit in bezug auf das zu verändernde Verhalten*. Wenn Sie dem Verhalten keine Aufmerksamkeit zukommen lassen, es einfach
nicht zur Kenntnis nehmen, dann können Sie es auch nicht gut
registrieren. Häufig müssen Sie es sich erst beibringen, aufmerksam zu sein. Es gibt verschiedene Möglichkeiten, die Aufmerksamkeit zu steigern. Eine davon ist eine Technik, die
Negative Praxis genannt wird.

Negative Praxis für »unbewusst ausgeführte« Verhaltensweisen

Manche Verhaltensweisen wie Nägelknabbern, zu lautes
Sprechen oder sich Überessen haben Sie nun schon so lange
praktiziert, daß Sie sie ausführen, ohne es zu merken. Unter
solchen Umständen ist es sehr schwer, korrekte Aufzeichnungen
zu bekommen und noch viel schwerer, die Angewohnheiten zu
verändern. Eine Strategie steht uns allerdings zur Verfügung,
obwohl sie auf Anhieb seltsam anmutet: Sie wird »Negative
Praxis« genannt.
*Wenn Sie ein bestimmtes unerwünschtes Verhalten praktizieren,
ohne es zu bemerken, ist es Ihre erste Aufgabe, dieses Verhalten vorsätzlich auszuführen und dabei ganz bewußt darauf
zu achten.*

Die Gründe hierfür sind leicht einzusehen: Sie sollen Ihre Aufmerksamkeit darauf richten, sobald Sie das unerwünschte Verhalten beginnen. Um das zu erreichen, tun Sie das gleiche wie bei jedem anderen Verhalten, das nicht auftritt: Sie üben es. In diesem Fall müssen Sie üben, aufmerksam zu sein, während Sie das zu verändernde Verhalten ausführen.

Ein junger Mann, der aus Gewohnheit mit den Fingern knackte – mit einer Grundrate von 17 mal pro Tag – verbrachte jeden Morgen und jeden Abend ganze fünf Minuten damit zu, mit Absicht mit den Fingern zu knacken, wobei er jedem Aspekt des Fingerknackens intensive Aufmerksamkeit zukommen ließ. Wenn er es sich gestattet hätte, seine Aufmerksamkeit wandern zu lassen, wäre der Sinn dieser Übung, nämlich die Verbindung des zu verändernden Verhaltens mit intensiver Aufmerksamkeit, verlorengegangen. Ein Mädchen hatte sich angewöhnt, im Schlafe ihre Arme zu kratzen. Morgens beim Aufwachen sah sie manchmal blutige Stellen, da wo sie sich nachts gekratzt hatte. Im Schlaf ist es nun in der Tat ziemlich schwierig, aufmerksam zu sein. Wir schlugen ihr vor, sich jeden Abend vor dem Schlafen einige Minuten lang zu kratzen und sich sehr darauf zu konzentrieren. Durch ihr Wachsein konnte sie die Gefahr des Blutens umgehen. Wir schlugen ihr vor, es lieber genau vor dem Schlafen zu tun als zu einer anderen Zeit, weil diese Situation dem Schlafzustand noch am ähnlichsten war und sich so am ehesten übertragen ließe. Es klappte gut. Nach ein paar Abenden der Übung kratzte sie sich im Schlaf nicht mehr. Wenn Sie einmal gelernt haben, sich auf das zu verändernde Verhalten zu konzentrieren, können Sie mit dem Veränderungsplan beginnen. Das kratzende Mädchen dachte sich einen Plan aus, der vom Kratzen zum Reiben überging, dann zum Tätscheln, dann zum gerade noch Berühren.

Andere bitten, einen zu erinnern

Eine zweite Möglichkeit, »unbewußt« ausgeführtes Verhalten in den Griff zu bekommen, ist, andere, zumeist Freunde, zu bitten, einen auf das Verhalten aufmerksam zu machen.

Einer der Autoren hatte sich angewöhnt, immer »okay« zu sagen, wenn er zu einer schwierigen Stelle in der Vorlesung kam. Was er meinte, war ungefähr dies: »Ich weiß, ich habe eben einen schwierigen Punkt erwähnt. Verstehen Sie ihn alle? Wenn nicht, sagen Sie es, und ich will ihn erklären.« Irgendwie hatte sich dies zu »okay« verkürzt. Die Grundrate ergab (ob Sie es glauben oder nicht), daß dies 9 mal in 5 Minuten passierte (jedenfalls zählte dies einer unserer Studenten, der davon irritiert war). Die Lösung war, einen netten Studenten in der ersten Reihe zu bitten, jedesmal mit dem Finger zu wackeln, wenn das Wort »okay« kam. Wenn Sie andere Leute einsetzen, die nicht das gleiche Verhalten entwickelt haben wie Sie, wird Ihnen das als Hinweis dienen, ihr unerwünschtes Verhalten zu beobachten. In diesem Fall hatte schon allein das Grundraten-Sammeln einen Effekt. Eine Studentin, die sehr erregbar war, hatte sich angewöhnt, viel zu laut zu sprechen – nicht die ganze Zeit, aber immer dann, wenn sie aufgeregt war. Es war so sehr Gewohnheit geworden, daß sie mit dem Verhalten anfing und unter Umständen einige Minuten fortfuhr, ehe es ihr auffiel. Um es zählen zu können, bat sie ihre Freunde, sie aufmerksam zu machen, wann immer sie zu laut sprach. In einem anderen Fall ließ sich ein übergewichtiger Student von seiner Frau erinnern, wenn er wieder zuviel aß. Ein häufiges Problem, wenn Sie andere Leute bitten, Sie auf Ihr unerwünschtes Verhalten aufmerksam zu machen, ist, daß Sie es als Bestrafung – peinlich und unangenehm – empfinden, wenn Sie erinnert werden. Oft auch mißversteht die Person, die Sie gebeten haben, Sie zu erinnern, ihre Aufgabe und meint, sie solle das bestimmte Verhalten tadeln: »John, Du Idiot, Du knabberst schon wieder an den Nägeln!« Immer wenn dies passiert – immer wenn Sie sich bestraft fühlen –, ändern Sie die Methode, nach der Sie erinnert werden. Der Student, dessen Frau ihn auf zu vieles Essen aufmerksam machen sollte, berichtete, daß er am Anfang sehr betroffen gewesen sei, wenn sie sagte: »Ed, Du ißt zuviel!« Das war eine zu lieblose Feststellung. Sie änderten diesen Satz um in »Ed, Liebling, bist Du ...?« Damit ließ sie es bewenden. Dieser indirekte Hinweis verstimmte ihn nicht so sehr.

Lassen Sie es niemals zu, daß Sie bestraft werden dafür, daß Sie Ihr Verhalten bemerken oder registrieren.

Dies würde schließlich das Aufzeichnen zu einem weniger häufigen Verhalten machen, genau das Gegenteil von dem, was Sie wollen. Aber stellen Sie sich vor, daß gerade das Sammeln von Grundraten für Sie eine Bestrafung darstellt, selbst wenn niemand außer Ihnen das weiß. Manchmal hat es jemand besonders schwer, Aufzeichnungen zu machen, weil es ihm nicht gefällt, was die Aufzeichnungen aussagen. Die Waage z. B. besagt jeden Tag, daß Sie zuviel wiegen. Die Zigarettenzahl sagt Ihnen täglich, daß Sie sich umbringen. Und weil das so schmerzlich ist, könnten Sie in Versuchung kommen, Ihre Aufzeichnungen ganz sein zu lassen. Wenn das Registrieren bestraft wird, wird es – wie jedes bestrafte Verhalten – unterdrückt werden. Dies Problem kann man handhaben, *indem man positive Verstärker für das Registrieren einführt* (Stuart, 1971).

VERSTÄRKEN FÜR DAS AUFZEICHNEN VON VERHALTEN

Die einfachste Belohnung ist das zu verändernde Verhalten selbst. Wenn Sie das bestimmte Verhalten sowieso tun, ist es einfach, dieses Verhalten als Verstärker zu verwenden. Eine unserer Raucherinnen z. B. machte es sich einfach zur Regel, daß sie rauchen könnte, wann und wieviel sie wollte, wenn sie es nur jedesmal aufschrieb. Jedesmal, wenn sie eine Zigarette wollte, machte sie einen Strich auf einem Stück Papier in ihrer Handtasche und erlaubte sich dann erst, die Zigarette anzuzünden. Ein anderer Student, der ständig zuviel aß, gestattete sich, alles zu essen, was er wollte, er mußte es nur erst aufschreiben. Ein dritter Student, ein älterer, sehr reizbarer Mann, der die unerwünschte Angewohnheit hatte, sehr leicht zu explodieren, erlaubte sich dies erst, wenn er eine Münze (zwecks Registrierung) von einer Tasche in die andere getan hatte.

Wenn diese Form der Verstärkung bei Ihnen keinen Erfolg hat, denken Sie sich einen anderen positiven Verstärker zum Aufzeichnen Ihrer Daten aus. Z. B. hatte einer unserer übergewichtigen Studenten schon allein dadurch Erfolg bei der Gewichtabnahme, daß er sein Gewicht täglich aufschrieb. Als er aber keine weiteren Pfunde dadurch verlieren konnte, entschloß er sich, nicht nur sein tägliches Gewicht aufzuschreiben, sondern auch, welche Nahrung er zu sich nahm. Sein Plan hatte aber keine Wirkung, weil es ihm sehr mühselig schien, jede Kalorie aufzuschreiben; auch berührte es ihn peinlich zu sehen, wieviel er manchmal aß. Ergebnis: keine Daten. Daher war sein erster Schritt das Verstärken von Aufzeichnungen. In diesem Fall dachte er sich einen Plan aus, der ihm gestattete, einen Dollar für sein Lieblingshobby auszugeben für jeden Tag, an dem er korrekte Angaben gemacht hatte. Mit dem Erfolg, daß er anfing, Daten aufzuschreiben. Dabei kriegte er heraus, wo sein Essensproblem lag, und dachte sich einen Plan aus, um dem zu begegnen. Eine Veränderung des Verhaltens ist selbst ein Verhalten und folgt den gleichen Regeln wie jedes andere Verhalten. Es kann in seiner Häufigkeit durch seine Konsequenzen beeinflußt werden. Sie sollten positiv verstärkt werden für jeden Versuch der Selbstveränderung, denn das erhöht die Chance, daß Sie es wieder versuchen. Der sicherste Weg zum Erfolg ist der, daß jeder Aspekt des Systems gut funktioniert. Wenn Sie nicht zu jedem Zeitpunkt das notwendige Verhalten produzieren – Grundhäufigkeiten sammeln, sich selbst verstärken –, sollten Sie Ihr eventuelles Versagen als das Resultat eines unterlassenen notwendigen Verhaltens sehen. *Sie müssen sich dann ein System ausdenken, das dieses bestimmte Verhalten häufiger werden läßt, dadurch daß Sie es positiv verstärken.*

ANALYSIEREN DER GRUNDHÄUFIGKEITEN

Für die meisten Arten von Grundraten interessiert es Sie, wie sich die Verhaltensweisen von einem Tag zum anderen ändern (oder von einer Woche zur anderen). Mit anderen Worten, Sie wollen die Daten *in Relation zur Zeit* sehen. Nur auf diesem Weg können Sie die Zuverlässigkeit oder die Stabilität Ihrer Datenbeobachtung beurteilen.

Aus diesem Grund empfiehlt sich eine *grafische Darstellung* Ihrer Grunddaten: Gewöhnlich werden in der Verhaltenstherapie die Zeiteinheiten auf der waagrechten Achse und die Verhaltensweisen auf der Senkrechten aufgetragen.

In der Abbildung 1 können Sie z. B. sehr schnell sehen, daß an jedem der 7 Tage 4 mal das kritische Verhalten auftrat,

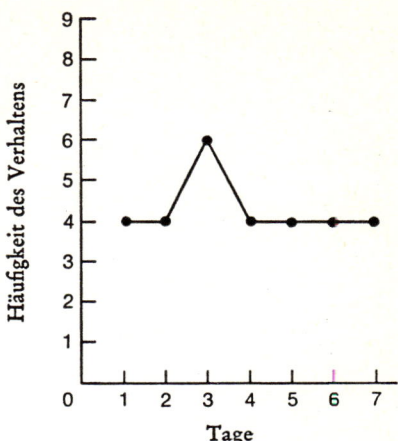

Abb. 1   Registrierung der
Grundhäufigkeiten

außer am dritten Tag, wo das Verhalten 6mal auftrat. Eine
Grafik zu erstellen ist leicht, und man kann vieles daraus er-
sehen. Zum einen zeigt sie Ihnen sehr schnell an, *wann sich
Ihre Grundrate stabilisiert hat.* Eine stabile Grundrate zeigt
gewöhnlich an, daß jetzt der Veränderungsplan beginnen
kann.

Wann eine Grundrate stabil ist, kann man am einfachsten
daran erkennen, wenn sie sich auf ein bestimmtes Niveau ein-
pendelt. Abb. 2 zeigt eine ziemlich stabile Grundrate. Auf der
Zeichnung können Sie sehen, daß der Zigarettenraucher in den
ersten paar Tagen ziemliche Unterschiede in der Zahl der gerauchten Zigaretten zeigte, jedoch näherte sich die tägliche Anzahl nach 10 Tagen einem Durchschnitt von 25 Zigaretten täglich. Nach zehn Tagen der Grundraten-Erhebung konnte er mit
dem Veränderungsplan beginnen.

Die Frage, mit der wir uns beschäftigen müssen, ist die: »Wie
lange mußte dieser Raucher Grunddaten sammeln, ehe er sicher
war, daß er einen angemessenen Stand erreicht hatte?« Über
den Daumen gepeilt sagen wir: *Bei täglich auftretendem Verhalten muß er mindestens eine Woche lang Daten sammeln.*
Zeigt die gefundene Anzahl dann nur geringe Ausschläge nach
oben oder unten, dann hat er einen Stand erreicht, von dem er
ausgehen kann.

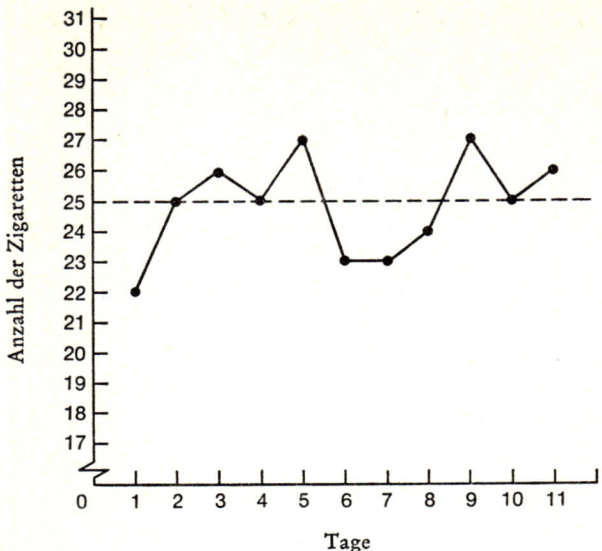

Abb. 2   Die Zahl der täglich gerauchten Zigaretten

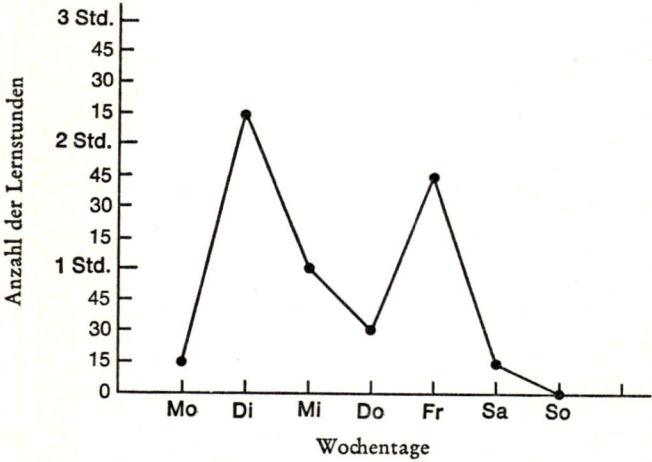

Abb. 3   Anzahl der täglichen Arbeits-(Lern)-Stunden

Zeichnung 3 zeigt die Stundenzahl, die ein Studienanfänger täglich studierte. Sie sehen, daß er am Ende der ersten Woche nur eine ganz ungefähre Ahnung der wöchentlichen Lernstundenzahl hatte, weil seine Arbeitszeiten über die Woche so stark schwankten. Das legt eine zweite Faustregel nahe: *Zeigt das zu beobachtende Verhalten starke Abweichungen von einem zum anderen Tag, erhebt man besser zwei Wochen lang die Grundrate.*

Generell gilt: Erheben Sie so lange die Grundrate, *bis Sie eine verläßliche Aussage darüber haben, wie oft das zu verändernde Verhalten auftritt.*

Es gibt keine absolute Regel dafür, wann eine Grundratenerhebung aussagekräftig genug ist und wie lange Sie Daten sammeln müssen. Zweck der Grundratenerhebung ist jedoch, herauszufinden, wie oft das Verhalten wirklich auftritt. *Sie beenden die Periode des Sammelns dann, wenn Sie einigermaßen sicher sind, daß Sie jetzt die Häufigkeit Ihres aktuellen Verhaltensmusters erfaßt haben.* Es gibt einige Gesichtspunkte, die Ihnen eine Entscheidungshilfe dafür sind, ob Sie eine stabile Grundrate haben:

Zum ersten ist es schwer, in weniger als einer Woche ein gleichbleibendes Grundraten-Niveau herzustellen. Ihre Aktivitäten unterscheiden sich jeden Tag etwas voneinander, und sogar wenn das Verhalten häufig auftritt, wird es 7 Tage dauern, bis Sie einige Konsistenz in Ihrem Verhalten bemerken.

Zum zweiten wird es um so länger dauern, bis Sie eine stabile Grundrate haben, je größer die Abweichungen von Tag zu Tag sind. Wenn Sie nach drei Wochen immer noch größere Abweichungen nach oben oder unten in Ihrer Kurve haben, ist eine gute Faustregel die, einfach den Durchschnitt zu nehmen. Die extremen Werte spiegeln das sehr unregelmäßige Verhalten wider, das nur zu bestimmten Zeiten, wie z. B. im Examen, so häufig auftritt. In diesem Fall führen Sie eine Übungsperiode ein, wie bereits besprochen, und proben Sie die Bedingungen und Verhaltensweisen, von denen Sie erwarten, daß sie in der fraglichen Zeit auftreten.

Drittens müssen Sie sich fragen, ob die Zeit, in der Sie die Grundrate erhoben haben, für Ihr sonstiges Leben repräsentativ ist. Wenn Sie Stunden um Stunden Lernzeit aufgeschrieben haben, wo letzte Woche Zwischenprüfung war, so war diese

Woche nicht typisch und kann nicht als Standard benutzt werden.

Oder wenn Sie letzte Woche ungewöhnlich oft ausgegangen sind, und auf Parties gewöhnlich viel mehr als sonst rauchen, so können Sie diese Periode nicht gut als Grundlage Ihrer Erhebung dafür benutzen, wieviel Sie für normal rauchen. Jeder Tag hat sein Außergewöhnliches, und deshalb ist es notwendig, mindestens eine Woche lang Daten zu sammeln. Wir raten aber, daß Sie auf besondere Vorkommnisse achten, die die Grundraten künstlich nach oben oder unten verschieben.

Im allgemeinen gilt: Sammeln Sie mindestens eine Woche lang Ihre Grundhäufigkeiten, aber dehnen Sie die Datenerhebung nicht länger als über 3–4 Wochen aus.

SIND DIE GRUNDRATEN ZUVERLÄSSIG?

Zuverlässigkeit bedeutet in der Wissenschaft eine besondere Art von Genauigkeit in der Datenerhebung. Daten sind dann *zuverlässig,* wenn zwei oder mehr Beobachtungen des gleichen Ereignisses auf die gleiche Art registriert werden. Bei der Selbstveränderung von Verhalten müssen Sie sich fragen: »Halte ich wirklich jedes Auftreten des Verhaltens fest, und halte ich die gleichen Ereignisse auch in der gleichen Weise fest, wenn sie auftreten?«

Bei psychologischen Untersuchungen versuchen wir für gewöhnlich, zwei oder mehr verschiedene Beobachter einzusetzen, die ihrerseits so lange zusammen beobachten, bis sie in einem annehmbaren Ausmaß (ungefähr 85–95%) übereinstimmen. Aber in einem Selbstveränderungsprogramm sind Sie Ihr einziger Beobachter, was unter Umständen zu einigen Schwierigkeiten führen kann.

Ein junger Mann sollte nach Ansicht seiner Zimmergenossen mehr Hausarbeit machen. Zwei Wohngemeinschaften hatten ihn schon hinausgeworfen, weil er so schlampig sein Zeug umherwarf, niemals sein Geschirr abwusch, nie das Bad säuberte etc. Er richtete eine Kategorie ein, die er »Gute Haushaltsführung« nannte. Die Grundrate war nach zwei Wochen sehr unregelmäßig. Er fragte um Rat; es stellte sich heraus, daß das, was er »Gute Haushaltsführung« nannte, von Tag zu Tag verschieden war: Manchmal gab er sich für sein Bierglas-in-den-Spülstein-stellen einen Strich in seine Kategorie, während er anderntags, wenn er schlechterer Stimmung war, nur solche Taten wie Bettenmachen oder Abfall rausbringen darunter zählte, so daß seine Definition dessen, was er zählte, von Tag zu Tag verschieden und somit seine Datenerhebung hoffnungslos unzuverlässig war.

Es gibt mehrere Gründe dafür, warum es schwer sein kann, zuverlässige Daten zu erheben. Alle sind an früherer Stelle schon besprochen worden und seien jetzt nur noch kurz aufgeführt:

Vielleicht haben Sie Ihr Zielverhalten nicht in den Begriffen von »Verhalten-in-einer-Situation« definiert. Kurz, Sie haben es nicht genau genug spezifiziert.

Das Verhalten kann auch eine »unbewußte« Angewohnheit sein, die Sie ausführen, ohne bewußt darauf zu achten.

Vielleicht stört es Sie derart, wenn Sie das zu beobachtende Verhalten ausführen, daß Sie es lieber vergessen als es notieren. Oder Sie haben noch kein Registrier-System erfunden, das einfach genug ist; jedes dieser Probleme kann dadurch verkleinert werden, daß Sie sich genau die Abschnitte in diesem Kapitel anschauen, wo diese Dinge besprochen werden, und daß Sie den dort vorgeschlagenen Schritten folgen. Trotzdem können Sie immer noch Zweifel an der Genauigkeit Ihrer Daten haben.

In manchen Fällen, wo Sie diese Zweifel haben, hilft es, wenn Sie jemand anderen um Hilfe bitten. Sie können ihn bitten, mit Ihnen zusammen die Verhaltensweisen zu registrieren, jedoch so, daß jeder die Datenerhebung getrennt durchführt. Dieses Vorgehen kann eigene Probleme mit sich bringen, da Beobachter ebenso Fehler machen (McFall, 1970). Dennoch kann ein bestimmtes Maß an Übereinstimmung erreicht werden, und 80% oder mehr können als annehmbar angesehen werden.

Eine zweite Person um Aufzeichnung zu bitten kann nützlich sein, wenn das Verhalten in der Öffentlichkeit ausgeführt wird, und besonders dann, wenn es sehr oft ausgeführt wird. Es wird jedoch nichts helfen, wenn das Verhalten unregelmäßig und unvorhersehbar auftritt.

Andere Beobachter können nicht viel helfen, wenn die Verhaltensweisen rein persönlicher Natur sind oder wenn es um

Gefühle wie Angst, Unglücklichsein oder Freude geht (Kanfer, 1970b). Wenn von Ihrer eigenen Verhaltensänderung die Rede ist, spielen diese privaten Gefühle immer eine Rolle. Nichtsdestoweniger *sind* sie privat und nicht der Beobachtung durch andere zugänglich. Dadurch sind sie besonders anfällig gegen Unzuverlässigkeit, Schwankungen und Nichtbeachtung. Das depressive Mädchen, das von seinen »guten« und seinen »schlechten« Gefühlen berichtete, konnte sich auf niemanden als sich selbst verlassen, um diese Aufzeichnungen und Einschätzungen zu machen.

Zuverlässigkeit in der Datenerhebung zu erreichen ist eine zwangsläufige Schwierigkeit in einem Selbstveränderungsprogramm. Sie müssen daher besonders auf Techniken achten, die eine möglichst große Zuverlässigkeit gewähren. Benutzen Sie:

1. *besonders definierte Kategorien von*
2. *Verhalten in bestimmten Situationen,* registriert auf einer
3. *Vorrichtung, die immer verfügbar ist,* wenn das Ereignis auftritt, mit einem
4. *einfachen System,* das
5. *nicht bestrafend* oder, besser noch
6. *positiv verstärkend* ist.

IHR EIGENES SELBSTVERÄNDERUNGSPROJEKT:
6. SCHRITT

Sie sollten damit beginnen, Grundraten zu erheben für das Verhalten-in-einer-Situation, das Sie am Ende von Kapitel fünf ausgewählt haben. Sie werden jedes Auftreten des Zielverhaltens zählen und Ihre Zählung festhalten müssen. Um damit Erfolg zu haben, müssen Sie das Registrieren leicht machen und es in Ihr tägliches Leben einbauen. Vermeiden Sie es, sofort mit der Veränderung zu beginnen. Wenn Sie Schwierigkeiten damit haben, genaue Zählungen zu erhalten, dann lesen Sie die Abschnitte dieses Kapitels noch einmal, in denen Taktiken besprochen werden, wie man mit diesem Problem fertig werden kann.

Es kann zwei oder drei Wochen dauern, bis Sie eine stabile Schätzung Ihrer Grundrate haben. Während Sie die Daten sammeln, sollten Sie die nächsten vier Kapitel lesen, die Interventionstechniken behandeln. Wenn Sie erst einmal eine stabile Grundrate haben, dann werden Sie auch einen Interventionsplan ungefähr so weit fertig haben wollen, daß Sie beginnen können.

Kapitel 7

Verstärker werden analysiert

1. Sie müssen die Dinge so einrichten, daß das erwünschte Verhalten verstärkt wird.

2. Falls Sie beobachten, daß ein Verstärker laufend ein unerwünschtes Verhalten aufrechterhält, dann verändern Sie die Kontingenzen so, daß genau dieser Verstärker in derselben Situation das gewünschte Zielverhalten stärkt.

3. Sie können jeden beliebigen Verstärker-Reiz aus Ihrem Leben auswählen und ihn vom Zielverhalten abhängig machen.

   a) Wenn Sie Mühe haben, die Verstärker aufzulisten, können Sie zunächst eine Anzahl von Fragen beantworten.

   b) Der Verstärker, den Sie auswählen, muß drei charakteristische Eigenschaften haben. Er muß für Sie ein Verstärker sein; er muß willkürlich einsetzbar sein – so, daß Sie ihn abhängig vom Zielverhalten (kontingent) einsetzen können, und er muß stark genug sein.

4. Das Premack-Prinzip besagt: Sie können jedes häufig auftretende Verhalten als Verstärker für Ihr weniger häufig auftretendes Zielverhalten einsetzen, indem Sie das häufig ausgeführte Verhalten abhängig machen von dem weniger häufig ausgeführten Zielverhalten.

Die einfache Formel zur Selbstveränderung besagt, daß Sie die Bedingungen so verändern müssen, daß jetzt der *Verstärker* auf das erwünschte Verhalten folgt. Dazu müssen Sie wissen, was Sie überhaupt für Verstärker zur Verfügung haben, um sie anders zu arrangieren.

Während der Grundratenerhebung sollten Sie nach Verstärkern suchen. In diesem Kapitel werden Wege diskutiert, wie Sie Verstärker entdecken und wie Sie sie auflisten können.

Direkte Beobachtung von verstärkenden Konsequenzen

Manchmal gelingt es, den Bedingungen, die ständig das unerwünschte Verhalten aufrechterhalten, auf die Spur zu kommen. Bei einer Verhaltensanalyse kann man generell feststellen, daß die gebräuchlichsten Verhaltensweisen – auch die unerwünschten – in irgendeiner Weise von Verstärkern aufrechterhalten werden. Manchmal können Sie diese Verstärker sehr schnell entdecken, z. B. in unserem Fall 6:

Ein Student machte sich sorgfältige Aufzeichnungen über seine Studierzeiten. Er schrieb die Umstände und Gelegenheiten, in denen er studierte, auf, so z. B. »in der Bücherei, 42 Minuten«. Er notierte auch die Zeit, in der er wirklich konzentriert las: »4 Minuten, 15 Minuten« usw. Die Grundrate des wirklich aufmerksamen Lesens war sehr niedrig – weniger als 20% der Zeit, die er mit Lesen verbrachte. Was war nun der Verstärker für alle die unaufmerksamen Intervalle in der Studiersituation? Er konnte es sofort angeben. Anstatt zu lesen, betrachtete er die Mädchen, besonders wenn sie die Treppen neben seinem gewohnten Sitzplatz hinaufstiegen.

Dieser Verstärker war nicht nur sofort ersichtlich, sondern auch noch gut für eine Veränderung einsetzbar. Der Veränderungsplan, den der Student entwarf, sah vor, daß er mindestens 60 Minuten in seinem Zimmer mit Arbeiten verbringen mußte. Danach sollte er sich mit einem Gang in die Bücherei belohnen und sich andächtig die Mädchen betrachten. Er stellte fest, daß mit diesem Plan beides anstieg: die Zeit, in der er lernte, und die Zeit, in der er Mädchen beobachtete.

Ein uns bekannter Professor berichtete uns, daß er bei sich die schlechte Angewohnheit festgestellt hatte, anderen knallhart zu sagen, wenn sie sich seiner Meinung nach dumm anstellten.

»Was, glauben Sie, hält Ihr Verhalten aufrecht?« fragten wir ihn.

»Na ja, ich glaube, es ist das Gefühl, daß ich klug bin. Indem ich den anderen zeige, wie dumm sie sind, zeigt ihnen das doch, daß ich es nicht bin. Das Dumme dabei ist, daß es sie ärgerlich macht.«

Wir schlugen ihm vor, daß er doch auch durch besonders geschickt ausgesuchte anerkennende Äußerungen anstatt durch abwertende Bemerkungen den Studenten seine Intelligenz beweisen könne.

Diese zwei Beispiele zeigen, wie leicht es ist, Verstärker zu entdecken, die ein unerwünschtes Verhalten aufrechterhalten, und wie leicht es ist, sie so einzusetzen, daß sie neues, alternativ aufzubauendes Verhalten unterstützen. In beiden Fällen ist es derselbe Verstärker, er wird nur jeweils für ein anderes Verhalten eingesetzt.

Vielleicht haben Sie schon bei der Grundratenerhebung den Verstärker für Ihr unerwünschtes Verhalten entdeckt. *Am einfachsten ist ein Plan zur Intervention dann, wenn Sie die Verstärker so einteilen, daß sie nicht wie bisher den unerwünschten, sondern den erwünschten Verhaltensweisen folgen.*

Natürlich ist dies nicht immer so einfach. Es gibt Umstände, in denen es nicht leicht ist, die Verstärker vom Problemverhalten zu trennen, auch wenn Ihnen der Zusammenhang ganz klar ist.

Verstärker, die in der Tätigkeit selbst liegen

Es liegt auf der Hand, daß es bei *Tätigkeiten, die selbst verstärkend wirken,* schwer ist, Verstärker und Problemverhalten voneinander zu trennen: z. B. wird maßloses Essen durch das Essen selbst verstärkt (zusammen mit anderen Dingen). Unmäßiger Biergenuß wird durch das Bier verstärkt; Rauschgiftnehmen durch die Wirkung des Marihuana; Zigarettenrauchen durch das Inhalieren des Rauches. Es ist zwar leicht, die Verstärker herauszufinden, aber schwer, sie vom unerwünschten

Verhalten zu lösen und sie für einen Veränderungsplan einzusetzen. Der FALL 7 soll das veranschaulichen:

FALL 7 »litt« an übermäßiger Masturbation, die er etwa zwei-
bis dreimal täglich ausführte. Der Verstärker war hier selbst-
verständlich das sexuelle Vergnügen. (Obwohl er auf diesem
Wege auch zeitweise etwas von den Spannungen los wurde, die
ihm seine sozialen Ängste verursachten, war das sexuelle Vergnügen doch die am meisten verstärkende Konsequenz.) Der
Verstärker war leicht gefunden, konnte jedoch von der Tätigkeit nicht losgelöst werden. Der junge Mann mußte nun die
vorausgehenden Ereignisse beobachten – nämlich die Situationen und Umstände, in denen es nach seiner Beobachtung zur
Masturbation kam.

Er konnte ein paar der vorausgehenden Ereignisse herausfinden, aber nicht alle, weil es offensichtlich zur Masturbation kommt, wenn ein Mensch alleine ist, jedoch nicht alle
Situationen von Alleinsein vermieden werden können und auch
gar nicht sollten. So konnte der junge Mann nur zeitweise sein
unerwünschtes Verhalten reduzieren.

Eine bessere Strategie wäre gewesen, einen Verstärker zu
finden, der noch stärker ist als das sexuelle Gefühl. Dieser Fall
zeigt, daß es notwendig ist, einen breiten Katalog von Verstärkern aufzustellen, auch wenn Sie genau wissen, welcher
davon Ihr unerwünschtes Verhalten aufrechterhält.

Problematisch kann es werden, wenn die verstärkenden Bedingungen des unerwünschten Verhaltens nicht so offensichtlich sind. Oft können Sie noch so aufmerksam beobachten und
finden doch nicht die entscheidenden Verstärker. Gewöhnlich
verhindern zwei Umstände das Aufdecken der verstärkenden
Bedingungen: einmal die *intermittierenden Verstärkungen, die
nur hin und wieder auftreten, zum anderen das Vermeidungsverhalten.*
Beide Bedingungen diskutierten wir schon in Kapitel 3.

INTERMITTIERENDE VERSTÄRKUNG UND
VERMEIDUNGSVERHALTEN

Manche gewohnten Verhaltensweisen werden nur hin und wieder, also *intermittierend* verstärkt. Falls jedes Auftreten Ihres

problematischen Verhaltens von einem Verstärker gefolgt wird, kann durch aufmerksame Beobachtung der in Frage kommende Verstärker auch gefunden werden. Aber einige, und zwar häufig die hartnäckigsten, unerwünschten Tätigkeiten werden nur ab und zu von einem Verstärker gefolgt. Erinnern Sie sich, daß intermittierende Verstärkung zu einem größeren Löschungswiderstand führt. Daher ist zu erwarten, daß für die Aufrechterhaltung der besonders hartnäckigen Probleme oft ein intermittierendes Verstärkungs-System verantwortlich ist.

Nehmen wir z. B. an, daß ein bestimmtes, problematisches Verhalten im Durchschnitt nur einmal von 25 Malen verstärkt wird. Falls es sich dabei um ein Verhalten handelt, das fürfmal die Woche auftritt, bräuchten Sie fünf Wochen Beobachtungszeit, um das *erste Mal* das verstärkende Ereignis zu entdecken. Bevor Sie nun sicher sein können, daß eines von 25 Ereignissen das verstärkende Ereignis war, bräuchten Sie Hunderte von Beobachtungen, und die Dauer der Grundratenerhebung würde sich über ein bis zwei Jahre erstrecken. Diese Art der Beobachtung ist vielleicht von wissenschaftlichem Interesse, aber für ein Individuum, das sein Verhalten ändern will, ist es eben überhaupt nicht anwendbar.

Das Vermeidungsverhalten wirft noch mehr Probleme auf, will man den Verstärkern auf die Spur kommen, weil die aversive Folge überhaupt nicht auftreten muß. Wenn Sie in Anwesenheit eines zusätzlichen Hinweisreizes bestraft worden sind, dann kann dieser zusätzliche Reiz Kontrolle über Ihr Verhalten erlangen. So können Sie bestenfalls zwar nicht mehr bestraft werden, aber Sie werden den negativen Verstärker nicht beobachten. Obwohl Vermeidungsverhalten für viele Probleme verantwortlich ist, können Sie ewig beobachten und trotzdem den spezifischen Strafreiz, den Sie vermeiden, nicht aufdecken.

FALL 8 war ein Student, der in die Basketball-Mannschaft in seinem Wohnheim eintreten wollte. Er hatte in den letzten Jahren an keinem Wettspiel teilgenommen und hatte, seit er 14 war, auch nur wenige Freundschaftsspiele mitgemacht, obwohl ihm Körbe werfen den größten Spaß machte. Er wies uns auf seine tatsächliche Grundrate hin: in den drei Semestern, in denen er dem Basketball-Team beitreten wolle, hatte er es nie fertiggebracht, tatsächlich hinzugehen. Er wollte nun den Verstärker für sein Nicht-Gehen wissen.

Tatsächlich konnte weder unser FALL 8 noch irgendein Fachmann diesen Verstärker herausfinden.

Es schien, daß kein anderes Verhalten besonders attraktiv für ihn war. Es war beispielsweise nicht so, daß er etwa lieber alleine arbeitete, als etwas im Team zu machen. In einem solchen Fall können wir damit rechnen, daß Vermeidungsverhalten zugrunde liegt. Während seiner Schulzeit wurden wahrscheinlich seine Bemühungen, einem Basketball-Verein beizutreten, von unangenehmen Konsequenzen gefolgt. Dieser Strafreiz hat sich sicher in seiner Lerngeschichte verloren. Sogar wenn er sich an die unangenehmen Folgen von damals erinnern würde, bräuchte er jetzt starke neue positive Verstärker, um das erwünschte Verhalten zu festigen – nämlich der Mannschaft beizutreten. Um es noch einmal zusammenzufassen: auch wenn Sie die Verstärker kennen, die Ihr unerwünschtes Verhalten aufrechterhalten, müssen Sie in der Lage sein, diese so anzuordnen, daß sie jetzt ein erwünschtes Verhalten verstärken. Aber drei Umstände können sich dabei als störend auswirken: das Verhalten kann im Konsum des Verstärkers bestehen, oder es ist irgendwie anders untrennbar mit ihm verbunden, es handelt sich also um ein unmittelbar zur Befriedigung führendes Verhalten. Das problematische Verhalten kann ferner unter einem Verstärkungsplan mit nicht auffindbarer intermittierender Verstärkung stehen, oder Sie führen Vermeidungsverhalten aus. Unter diesen drei Bedingungen können die Verstärker entweder nicht gefunden oder nicht kontrolliert werden.

Ihre Strategie muß dann sein, kontrollierbare Verstärker herauszufinden. Dabei müssen die so gefundenen Verstärker nicht dieselben sein, die das unerwünschte Verhalten aufrechterhalten. Sie können *jeden* beliebigen Verstärker einsetzen, solange er die Häufigkeit Ihres gewünschten Verhaltens steigert.

Auch wenn Sie die Verstärker für ein bestimmtes Verhalten nicht anders anordnen können oder sie vielleicht gar nicht herausfinden, können Sie trotzdem Ihr Verhalten ändern, indem Sie einen Verstärker auswählen, der bisher Ihr erwünschtes Verhalten noch nicht verstärkt hat, den Sie aber jetzt dazu einsetzen können.

Positive Verstärker

Ein positiver Verstärker ist alles, was dazu beiträgt, die Häufigkeit des Auftretens eines Verhaltens, auf das er folgt, zu erhöhen. Verstärker können sein: Gegenstände, Leute oder Tätigkeiten. Ein »gegenständlicher« Verstärker kann sein: eine Erdnuß, ein Fünf-Mark-Stück, ein neues Kleid, ein popiges T-Shirt, eine Schallplatte, alles, was Sie wollen. Ein »Personen«-Verstärker würde so etwas sein, wie sich mit Ihrer Freundin zu treffen, oder sich mit Ihrem Freund am Telefon zu unterhalten – kurz, Zeit, sich mit Leuten zu treffen, die Sie mögen. Ein »Tätigkeit«-Verstärker ist jedes Ereignis, das Ihnen Spaß macht, etwas spielen, ins Kino gehen usw.

Manchmal laden Sie sich selbst ins Kino ein, oder Sie gehen gut essen. Vielleicht tun Sie auch »gar nichts« – nur so mit Freunden reden. Gewöhnlich sind diese Verstärker nicht auf ein bestimmtes Verhalten oder eine bestimmte Situation bezogen. Vielleicht haben Sie auch einfach nur Lust auf ein Bier. Jede ähnliche Situation kann so als Verstärker benutzt werden.

Die Aufgabe dabei ist lediglich, das Auftreten solcher Gelegenheiten konsequent auf das wünschenswerte Verhalten folgen zu lassen.

Die Reihe der Verstärker ist fast so lang wie die Reihe aller Dinge dieser Welt, und so breit, wie der Bereich aller menschlichen Aktivitäten. Wie kann man nun herausfinden, was aus diesem riesigen Katalog für einen selbst als Verstärker in Frage kommt? Um in etwa diese mögliche Vielfalt aufzuzeigen, haben wir für unsere Studenten diese Liste aufgestellt:

Ein Bad nehmen
Mit jemandem schlafen
Ins Kino oder in ein Theaterstück gehen
An den Strand gehen
In die Berge fahren
Hasch rauchen
Zigaretten rauchen
Mit einem bevorzugten Hobby Zeit verbringen
Geld ausgeben
Platten spielen
Radio hören
Lieblingsspeisen essen
Einen Stadtbummel machen
Sport treiben
In einer Gruppe von Freunden »das Sagen haben«
Seine Zeit mit einem guten Freund verbringen
Schlemmen
Pornohefte angucken
Krimis lesen
Während der Arbeit lange Pausen machen
Sich schminken
Die Schule oder die Arbeit schwänzen
Irgend etwas machen, wozu Sie gerade Lust haben
Ausgehen
Allein sein
Den ganzen Tag nur tun, wozu Sie Lust haben
Gerade nicht das tun, was Sie eigentlich müßten
Trödeln
Fernsehen.

Wie Sie Ihre Verstärker auflisten

Wie können Sie nun entscheiden, welches für Sie die mächtigsten Verstärker sind? Hier sind einige Fragen dazu:

1. Was für Sachen hätten Sie gerne?
2. Was sind Ihre hauptsächlichen Interessen?
3. Was für Hobbies haben Sie?
4. Mit welchen Leuten sind Sie gern zusammen?
5. Was tun Sie am liebsten mit anderen Leuten?
6. Was tun Sie, wenn Sie sich etwas Schönes gönnen möchten?
7. Was tun Sie, um sich zu entspannen?
8. Was tun Sie, wenn Sie mal richtig aus dem Trott herauskommen wollen?

9. Wobei fühlen Sie sich wohl?
10. Über welches Geschenk würden Sie sich freuen?
11. Was für Dinge sind Ihnen wichtig?
12. Was würden Sie sich kaufen, wenn Sie 10 DM oder 50 DM übrig hätten?
13. Was machen Sie täglich? (Übersehen Sie nicht die selbstverständlichen, alltäglichen Verhaltensweisen.)
14. Machen Sie regelmäßig etwas anderes, wenn Sie eigentlich Ihr erwünschtes Verhalten zeigen sollten? Was?
15. Was würden Sie am wenigsten gern verlieren?
16. Welche von den Dingen, die Sie täglich tun, würden Sie am schwersten aufgeben?

Sie können die Fragen anfügen, die Ihnen selbst noch dazu einfallen. Seine Verstärker herauszufinden ist eine ganz individuelle Sache. Sie sollten zu den Verstärkern, die für Sie relevant und verfügbar sind, Vertrauen haben, gleich ob sie hier aufgeführt sind oder nicht.

Wenn Sie jetzt so weit sind in Ihrem Selbstveränderungsprojekt, halten Sie an diesem Punkt inne und denken Sie ein paar Minuten über die oben aufgeführten Fragen nach. Nach unserer Erfahrung gibt es zwei äußerst schwierige Stadien in der Selbstveränderung: die eine Schwierigkeit ist, das Problem als Verhalten-in-einer-Situation zu spezifizieren, wie wir es in Kapitel 5 beschrieben haben. Die andere ist der jetzt behandelte Punkt: welche Verstärker man benutzt. Sie sollten mehrere Antworten zu jeder der obigen Fragen geben können. Wenn Sie es können, werden Sie einen sehr gut passenden Katalog Ihrer möglichen Verstärker zur Verfügung haben.

DREI ÜBERLEGUNGEN ZUR WAHL EINES VERSTÄRKERS

Drei Dinge müssen Sie bedenken, wenn Sie einen Verstärker aussuchen:
1. Die Konsequenz eines Verhaltens muß ein Verstärker *für Sie* sein. Sie müssen diejenigen Konsequenzen aussuchen, die auf Ihre ganz spezifischen Wünsche und Bedürfnisse abgestimmt sind.
2. Zum zweiten müssen die Konsequenzen, die Sie als belohnende Ereignisse für sich herausgesucht haben, für Sie zu

erreichen sein. Sie müssen sie in der Hand haben, um sie abhängig von Ihrem Zielverhalten einzusetzen.

3. Drittens müssen es relativ starke Verstärker sein: Je kräftiger der Verstärker ist, desto wahrscheinlicher hilft es Ihnen, Ihr Verhalten zu ändern.

Verstärker müssen zur Verfügung stehen. Zum Beispiel ist es witzlos, im Katalog 1000,– DM als Verstärker aufzulisten, wenn Sie sie nicht zusammenkriegen und sich damit verstärken können. Möglicherweise können Sie sich nicht einmal 5,– DM als Verstärker leisten. In solch einem Fall müssen Sie sich weiter befragen. Sie können genau angeben, ob ein bestimmter Verstärker wirklich zur Verfügung steht, wenn Sie sich fragen: Wenn ich das Zielverhalten gezeigt habe, wie werde ich mir den Verstärker geben können?

Die einfachste Art, etwas über die Macht eines Verstärkers herauszufinden, ist, sich zu fragen: *»Werde ich wirklich das unerwünschte Verhalten aufgeben können – oder das Erwünschte ausüben können, nur weil ich diesen Verstärker bekomme?«*

FALL 9: Eine Studentin wollte ihr neues Verhalten, nämlich abends früher ins Bett zu gehen, verstärken. Sie wollte als Verstärker morgens ein Schaumbad nehmen. Es konnte abhängig vom Zielverhalten eingesetzt werden, da sie morgens nichts anderes vorhatte als zu baden. Aber für sie war dieser Verstärker doch nicht stark genug: abends lange aufzubleiben, machte ihr weit mehr Spaß als zu baden. Sie entschied sich, als Verstärker Radiohören zu nehmen, während sie sich morgens anzog: einmal, weil es abhängig vom Zielverhalten einsetzbar war, und darüber hinaus, weil es eine stärkere Belohnung war: Radio-hören war wichtiger Bestandteil ihres morgendlichen Rituals.

WAS KANN MAN TUN, WENN KEINE VERSTÄRKER
ERREICHBAR SCHEINEN?

Oft sieht es so aus, als ob es keine Verstärker gäbe, die man einsetzen könnte. Manchmal kann es so scheinen, wenn Sie nämlich in einen starren und ziemlich strapaziösen Tagesablauf eingespannt sind.

FALL 10: Ein 19jähriges Mädchen erkämpfte sich ihren Schulbesuch. Sie besuchte nur den Morgenunterricht, der um 7.30 Uhr begann. Um 14 Uhr begann ihre Arbeit in einer Bäckerei. Um 22 Uhr war sie dann fertig und hatte dann noch Sachen zu schreiben, auf Klassenarbeiten zu lernen und andere zahlreiche Verpflichtungen. Sie lebte mit ihrer Mutter zusammen, die kaum arbeitsfähig war, so daß für Haushalt, Wäsche und Einkaufen auch noch die meiste Zeit vom Wochenende draufging. Sie war nur gelegentlich einmal verabredet. Sonntags schlief sie. Sie wollte mehr Zeit für angenehme Dinge verbringen.

Bei diesem Mädchen schien jeder Verstärker, den sie aufgeschrieben hatte, Zeit zu kosten, und es gab offenbar ja keine freie Zeit. Zum Beispiel wünschte sie sich neue Sachen zum Anziehen, aber es war nicht einmal Zeit da, in der sie es genießen konnte, die neuen Sachen zu tragen. Sie wollte gerne einen neuen Stereo-Plattenspieler haben, aber in Wirklichkeit wollte sie Zeit haben, die Platten zu hören. Unser FALL Nr. 10 hatte also einen umfangreichen Katalog von Dingen, die sie gerne wollte, aber konnte sie alle nicht einsetzen.

Eine andere Situation, wo es zum Problem wird, wirksame Verstärker zu finden, ist die, in der es scheint, daß nichts ein Verstärker ist, nichts etwas bringt. Beobachten Sie sich das nächste Mal, wo Sie depressiv sind: einer der Bestandteile der Depression wird sein, daß es nichts gibt, was Sie wünschenswert finden oder was Sie tun möchten, oder in der Sprache der Verhaltenstherapie, die Reize haben ihre verstärkende Wirkung verloren. Die Dinge sind Ihnen egal. Depressive Studenten berichten oft, daß ihr Verstärker-Katalog leer ist.

Ein anderes Problem ist dann gegeben, wenn Sie nicht in der Lage sind, verfügbare Verstärker anzugeben, weil alle Verstärker in Ihrem Katalog mehr kosten, als Sie sich leisten können.

FALL 11 brachte uns seinen Verstärkerkatalog, der folgendermaßen aussah:

1. Gitarre
2. ein neuer Lautsprecher
3. neue Schuhe
4. Reise nach Alaska im nächsten Sommer
5. Von der Schule abgehen und ein Jahr lang nichts tun.

Dieser Student sorgte ausschließlich selbst für seinen Unterhalt, indem er die laufenden Ausgaben von dem Geld bestritt, das er durch seine Sommerferienarbeit verdiente. Er wirtschaftete so nahe am Bankrott, daß die Punkte 1–4 gar nicht zur Debatte standen. Er hatte so viele Probleme bei seinem Studium, daß ein Halbtagsjob zuviel schien. Die 5. Alternative war nicht zu verwirklichen, einmal aus finanziellen Gründen, und zum anderen, weil er zum Militär mußte.

Dies sind unglückliche Fälle. Manchmal jedoch berichtet ein Student gerade von gegenteiligen Problemen: Er erhält schon alle wichtigen positiven Verstärker, die er haben möchte, und kann sie nicht abhängig vom Zielverhalten einsetzen, ohne daß er dabei etwas verliert. Diese Situation mag nicht so unglücklich für ihn sein, aber sie hat genau denselben Effekt: Es wird sehr schwer sein, einen Verstärker zu finden, der hilft, sein Verhalten zu ändern. Was können Sie nun in einem dieser Fälle tun, wenn sich kein praktikabler Verstärker findet? Als Antwort wenden wir uns dem Premack-Prinzip zu.

DAS PREMACK-PRINZIP

Das Premack-Prinzip ist nach dem Psychologen benannt, der dieses Phänomen äußerst systematisch beobachtet hat. Es besagt, wenn ein Verhalten B häufiger auftritt als Verhalten A, dann kann die Häufigkeit von Verhalten A dadurch gesteigert werden, daß man Verhalten B von ihm abhängig macht. Dazu ein Beispiel, ein Experiment von Homme, de Baca, Devine, Steinhorst und Rickert (1963): Vorschulkinder rennen mit großer Wahrscheinlichkeit herum und machen Lärm. Es ist weit weniger wahrscheinlich, daß sie still auf ihren Plätzen sitzen. Wenn Sie nun die Wahrscheinlichkeit, daß sie ruhig auf ihrem Platz sitzen, vergrößern wollen, dann können Sie es tun, indem Sie es einrichten, daß die Kinder jedesmal, wenn sie ruhig auf ihrem Stuhl saßen, anschließend frei herumlaufen dürfen. Stillsitzen ist Verhalten A; Herumrennen ist Verhalten B. B kommt häufig vor, A dagegen nicht so häufig. Das Premack-Prinzip funktioniert folgendermaßen: zuerst sitzen die Kinder für ein paar Minuten still. Auf dieses Verhalten folgt die Gelegenheit, herumzurennen und Lärm zu machen. Das Stillsitzen wird dann in seiner Häufigkeit zunehmen, wenn es ein notwendiger Schritt zu dem Verhalten ist, das vorher ja sehr häufig aufgetreten ist, nämlich das Herumrennen.

Beachten Sie, daß in der Definition dieser Art von Verstärkern Spaß oder angenehme Gefühle nicht erwähnt sind.

Der springende Punkt beim Premack-Prinzip ist der, daß eine Tätigkeit keine angenehmen Gefühle auslösen muß, um als Verstärker zu gebrauchen zu sein. *Jedes Verhalten, das Sie häufig ausführen, kann dazu benutzt werden, jedes andere Verhalten, das Sie weniger oft ausführen, in der Häufigkeit seines Auftretens zu steigern.* (Es sollte jedoch nicht gerade unangenehm sein.)

Diese Art von Verstärker besitzt alle Charakteristika der anderen Verstärkertypen. Können Sie den Nutzen dieses Prinzips sehen? Nehmen wir an, Sie haben ein Problem in Begriffen von Verhalten-in-einer-Situation definiert, und Sie stellen fest, daß es ein besonderes Zielverhalten ist, das Sie gerne häufiger durchführen würden. Sie überlegen sich einige angenehme, positive Verstärker, die Sie mit diesem Zielverhalten verbinden können, aber es scheint so, als stünde Ihnen nichts zur Verfügung. Natürlich gibt es ein paar Verhaltensweisen, die sie jeden Tag ausführen, wie zum Beispiel Duschen, zur Schule oder zur Arbeit gehen, Essen, Fernsehen oder mit Freunden telefonieren. Jede dieser Tätigkeiten kann verwendet werden, ihr Zielverhalten zu verstärken, indem sie es mit dem Auftreten dieses Verhaltens verbinden. *Der Witz des Planes ist, daß Sie sich verpflichten, zuerst das Zielverhalten auszuführen, bevor Sie die häufig auftretenden Verhaltensweisen durchführen.*

FALL 12 war eine junge Frau, die mehr »Bewegung« machen *wollte,* und zwar bis zu 15 Minuten. Ein für sie sehr häufiges Verhalten war Duschen. Anhand des Premack-Prinzips stellte sie einfach folgende Bedingung her: Sie durfte nicht duschen, bevor sie nicht ihre Gymnastik gemacht hatte.

Fall 13 war ein fleißiger junger Mann, der unmittelbar vor dem Einschlafen noch einmal den Stoff, den er tagsüber gelernt hatte, für ein paar Minuten wiederholen wollte. Sein Problem, sagte er, bestünde darin, daß er, sowie er sich hinlegte, ins Phantasieren geriete, und bevor er es überhaupt merkte, schon eingeschlafen war. »Es ist so, als ob mein Gehirn wie in einem Film alle Erlebnisse dieses Tages zeigen wollte. Muß ich diese Phantasien loswerden?« fragte er. »Werden Sie sie nicht los«, wurde ihm geraten. »Ziehen Sie doch den Nutzen aus diesem ständig auftretenden Ereignis.« So machte er seine Phantasien von seinem Ziel abhängig; unmittelbar bevor er sich hinlegte und die Bilder, die sein Hirn für ihn bereit hielt, betrachtete, ging er die Abschnitte durch, die er noch einmal wiederholen wollte. Dann durfte er seine Phantasien genießen. Auf diese Weise verstärkten seine Phantasien seine Wiederholungen.

Ein anderes Beispiel war ein verheiratetes Paar, das häufiger miteinander schlafen wollte. Sie benutzten ihre sehr häufigen und regelmäßigen Besuche beim Friseur und im Kosmetiksalon als Verstärker für ihr weniger wahrscheinliches Verhalten, nämlich ihre sexuellen Aktivitäten! (Golddiamond, 1965).

Eine gute Strategie ist auch, das Verhalten, das Sie für gewöhnlich *anstelle des Zielverhaltens ausführen,* als Verstärker für das Zielverhalten einzusetzen. Zum Beispiel wollte ein Mann ein Gutteil seiner Zeit auf »gehobene« Lektüre verwenden, auf aktuelle Ereignisse oder »gute« Bücher, anstatt daß er seine ganze Zeit damit verbrachte, Abenteuerbücher oder Krimis zu lesen. Dies war ein sehr häufiges Verhalten, und es schloß anspruchsvollere Lektüre aus. So benutzte er Krimis als Verstärker nach dem Premack-Prinzip: Wenn er eine gewisse Zeit auf anspruchsvolle Bücher verwendet hatte, würde er sich damit verstärken, daß er sich erlaubte, Detektivromane zu lesen – für ihn die häufiger auftretende Aktivität.

Es ist deshalb möglich, nach dieser Strategie zu verfahren, weil wir uns bei der Fragenliste zur Erstellung des Verstärkerkatalogs immer fragen können: »Gibt es irgendwelche Verhaltensweisen, die ich anstelle des Zielverhaltens ausführe?«

Weil jeder bestimmte Tätigkeiten hat, die er häufig ausführt – wir sind schließlich alle Gewohnheitsmenschen –, kann das Premack-Prinzip auch dann als Hilfsmittel benutzt werden, wenn die Verstärker deprimierend kärglich zu sein scheinen.

Sogar relativ automatisch ausgeführte Verhaltensweisen können als Verstärker eingeführt werden. Das Zähneputzen am Morgen, ein Kopfkissen zum Schlafen nehmen, eine Kaffeepause machen, Mittagessen, ein Mittagsschläfchen machen, einen Freund anrufen, Kartenspielen gehen – alle diese Verhaltensweisen können benutzt werden, um weniger häufige Verhaltensweisen zu verstärken. Sie können nun sehen, warum wir die folgende Frage für den Verstärkerkatalog nahelegten: »Was für Verhaltensweisen führen Sie jeden Tag aus? (Übersehen Sie dabei nicht ganz offensichtliche oder selbstverständliche Verhaltensweisen.)«

Nun können wir zu den früher besprochenen Fällen zurückkehren. FALL 10 war das Mädchen, das keine Zeit für Verstärker hatte. Trotzdem gab es eine Menge Dinge, die sie täglich verrichtete – vielleicht zu viele. Sie wählte als zu steigerndem Zielverhalten eines jener drei Dinge, die sie so gerne tun wollte, jedoch nie die Zeit dafür hatte: ihre Lieblingstante besuchen, Yoga zu üben oder eine Selbsterfahrungsgruppe zu besuchen. Sie führte den Haushalt sehr gewissenhaft, daher wählte sie eine der Arbeiten, die sie regelmäßig ausführte (nämlich das Badezimmer zu putzen) aus und gestattete sich, dies erst dann zu tun, wenn sie eine ihrer drei Zielverhaltensweisen ausgeführt hatte. Auf diese Weise benutzte sie das Premack-Prinzip, um die Zeit, die sie mit erwünschten Tätigkeiten verbrachte, zu erhöhen.

FALL 11, der reiselustige Student, hatte eine Liste von Verstärkern vorgelegt, die in Wirklichkeit unmöglich, weil finanziell völlig unrealistisch waren.

Schließlich nahm er eine Unterhaltung mit Freunden, eine häufig vorkommende Tätigkeit, als Verstärker für sein Zielverhalten.

GRENZEN DES PREMACK-PRINZIPS

Es gibt einige Verhaltensweisen, die Sie zwar oft ausführen, die Sie jedoch sofort sein lassen würden, wenn Sie es nur könnten. Am besten wählen Sie solche Verhaltensweisen nicht als Verstärker nach dem Premack-Prinzip aus, weil sie für gewöhnlich unangenehm für Sie sind und ihre aversiven Eigenschaften durch emotionale Konditionierung auf das Zielverhalten übertragen.

Zum Beispiel hatte ein junger Mann unglücklicherweise eine große Angst vor dem Autofahren entwickelt und lief infolgedessen überallhin zu Fuß. Er fragte, ob er diese unangenehmen Fußmärsche als Verstärker einsetzen könne. Wir waren dagegen; wenn er dies wählte, würde er sich für sein Zielverhalten bestrafen, was ja überhaupt nicht der Sinn der Sache wäre.

Wählen Sie als Verstärker nach dem Premack-Prinzip ein Verhalten, das für Sie nicht unangenehm ist. Es kann einfach neutral sein; zum Beispiel empfinden manche Leute Zähneputzen als ausgesprochen angenehm, aber es wird nicht oft vorkommen, daß jemand es als unangenehm empfindet.

Die Zusammenstellung eines Plans

Sobald Sie alle für Sie zutreffenden Verstärker aufgeschrieben haben, können Sie einen Interventions-Plan aufstellen.

Die eigentliche Kunst der Selbstverstärkung besteht hauptsächlich darin, sowohl die Verstärker als auch das gewünschte Verhalten häufiger werden zu lassen. Ob Ihnen das gelingt, hängt hauptsächlich davon ab, wie geschickt Sie Ihren Plan konstruiert haben. Das soll im nächsten Kapitel besprochen werden.

Ihr eigenes Selbstveränderungsprojekt: 7. Schritt

Sie sollten jetzt eine geschriebene Liste Ihrer Antworten auf die 16 Fragen haben, die wir in diesem Kapitel unter »Verstärkerkatalog« gestellt haben. Jede Antwort stellt einen möglichen Verstärker dar. Für jeden dieser Verstärker sollten Sie sich die Fragen stellen:

1. Ist das ein Verstärker für mich?
2. Ist er stark?
3. Habe ich ihn in der Hand?

Die bisherigen Kapitel sollten Ihnen genug Anhaltspunkte gegeben haben – und zwar zu den für Sie problematischen Verhaltensweisen und zu den für Sie wirksamen Verstärkern –, so daß Sie jetzt einen Plan zur Veränderung Ihres Verhaltens aufstellen könnten.

Dazu wenden wir uns jetzt dem Prozeß der Verhaltensänderung selbst zu.

In Kapitel 8 werden Techniken besprochen, wie man Verstärker einsetzt, damit sie erwünschtes Verhalten verstärken. Kapitel 9 zeigt die andere Seite, nämlich wie Hinweisreize neu angeordnet werden können. In Kapitel 10 werden emotionale Reaktionen erörtert, sowohl als Problem in sich und zugleich als Weg zu einer gründlichen und wünschenswerten Selbstveränderung. Eine Trennung dieser drei Punkte ist eigentlich ungünstig. Wir haben sie auch nur deshalb getrennt, weil wir sie nicht gleichzeitig auf derselben Seite darstellen können. *Erst wenn Sie alles, was in den nächsten drei Kapiteln steht, gelesen haben, werden Sie wissen, welche Art von Techniken für Ihre Selbstverstärkung angemessen ist;* vorausgehender Reiz, die darauffolgende Konsequenz und die emotionalen Aspekte Ihres Verhaltens-in-einer-Situation sind in Wirklichkeit nicht zu trennen.

Am Ende der drei Kapitel werden Sie wissen, daß derselbe Reiz gleichzeitig alle diese drei Funktionen haben kann, d. h. daß dasselbe Ereignis oft zugleich ein Hinweisreiz *und* ein Verstärker ist *und* zugleich emotionale Reaktionen auslöst. Indem Sie also eine dieser Situationen herstellen, stellen Sie gleichzeitig alle drei her. Deshalb müssen Sie bei der Selbstveränderung auf alle drei dieser Elemente achten.

Während Sie diese Kapitel lesen, sollten Sie fortfahren, Ihren Interventionsplan zu erstellen. Der Stoff ist so angeordnet, daß Sie sowenig wie möglich mehrmals machen müssen. Bedenken Sie jedoch, daß es für viele Pläne notwendig ist, alle drei Kapitel in Ihre Überlegungen einzubeziehen.

Deshalb schlagen wir vor, daß Sie zunächst einmal die Seiten bis zum Ende des 10. Kapitels überfliegen und dann die Kapitel 8, 9 und 10 nochmals sorgfältig durchgehen, während Sie die besprochenen Vorgehensweisen für Ihr Selbstveränderungsprogramm anwenden.

Kapitel 8

Die Grundform der Intervention

1. Selbstveränderung beginnt mit einem Vertrag – einer Vereinbarung mit Ihnen selbst, nämlich einen Verstärker nur dann zu bekommen, wenn Sie Ihr Zielverhalten ausführen.

2. Was den Verstärker angeht, so sollten Sie sichergehen, daß er wirkungsvoll und leicht zugänglich ist.
   a) Je eher der Verstärker dem Zielverhalten folgt, desto mehr wird das Zielverhalten verstärkt.
   b) Spielmarken oder Münzen – symbolische Verstärker, die in reale Verstärker umgetauscht werden können – können benutzt werden, um die Zeit zwischen dem ausgeführten Verhalten und dem Erhalt der Verstärkung zu überbrücken.
   c) Es gibt Probleme, die man vermeiden muß, wenn man Verstärker benutzt.
   d) Andere Personen können herangezogen werden, um die Verstärker zu geben.

3. Die wichtigste Technik, neue Verhaltensweisen zu entwickeln, ist die Verhaltensformung – die Methode der schrittweisen Annäherung an das Ziel.
   a) Zwei Regeln für die Verhaltensformung: Sie können gar nicht weit genug unten anfangen; die Schritte können niemals zu klein sein.
   b) *Stillstand, Betrügereien* (Sie nehmen sich den Verstärker ohne das entsprechende Verhalten vorher) und das *Fehlen*

von Willenskraft zeigen sich als Probleme bei der Verhaltensformung.

c) Sie können Modellpersonen beobachten, um zu lernen, wie Sie mit der Entwicklung neuer Verhaltensweisen beginnen können.

4. Gerade wenn es Ihr Ziel ist, unerwünschtes Verhalten abzustellen, ist es am besten, ein alternatives Verhalten, das mit dem unerwünschten Verhalten unvereinbar ist, zu finden, das Sie dann stärker ausbauen können.

5. Selbstbestrafung wird detailliert behandelt. Es gibt Regeln für die sehr seltenen Situationen, in denen Selbstbestrafung angebracht ist.

Eine gebräuchliche Form der Selbstveränderung besteht darin, Konsequenzen so zu arrangieren, daß sie die neuen Verhaltensweisen unterstützen. Sie müssen die Konsequenzen, die Sie einsetzen wollen, auswählen, und das Verhältnis zwischen Ihrem Verhalten und den darauffolgenden Konsequenzen so einrichten, daß auf erwünschtes Verhalten Verstärkung folgt. Die Einzelheiten einer genauen Planung können jetzt überlegt werden.

Verträge

In Kapitel 4 wurde ein Beispiel für einen formlosen »Vertrag« für ein Selbstveränderungsprogramm gegeben. Selbstveränderung profitiert von solch einem »Vertrag«, auch wenn man die Vereinbarung nur mit sich selbst trifft (siehe Kap. 14: »Regeln aufstellen«). Im Idealfall sollte ein Vertrag aufgeschrieben und signiert sein, und er sollte jede Einzelheit der Intervention genau festlegen. Schon das genaue Festlegen jedes einzelnen Elements eines Plans ist von großem Nutzen; und den Plan in schriftlicher Form zu haben hilft Ihnen in den unvermeidlichen schwachen Momenten. Wie unterscheidet sich nun so ein Vertrag von Neujahrsvorsätzen? Neujahrsvorsätze haben verschiedene Fehler: Sie legen normalerweise das äußerste Ziel fest – »Dies Jahr will ich 10 Pfund abnehmen« oder »Dies Jahr werde ich immer nett zu meinen Freunden sein!« –, und sie verlassen sich meist auf den »inneren« Wert des Zieles – »Wie gut werde ich aussehen mit 10 Pfund weniger!« Verträge mit sich selbst dagegen legen fest, wie dies äußerste Ziel zu erreichen ist, und sie legen die auf dem Weg dorthin zu gewinnenden Positiva fest, nämlich die Verstärkungen auf jeder Stufe.

Sie sollten diesen Vertrag festlegen, sobald Sie mit dem Interventionsplan beginnen. Dann sollten Sie die Stufen des Verfahrens, die Art der Verstärker, die bei jedem Schritt zu gewinnen sind, festlegen. Als wichtigstes aber sollten Sie die *Vereinbarung mit sich selbst* festhalten, nämlich Ihre Verstärkungen abhängig zu machen von der Ausführung des gewünschten Verhaltens. Sie können natürlich während des Verfahrens den Vertrag ändern, aber auch dann sollte jede Stufe am Anfang genau festgelegt werden. Ist der Vertrag mit Ihnen selbst in dieser Form schriftlich festgelegt, so ist er eine wichtige Hilfe für Ihr weiteres Vorgehen.

Wie Verträge wirken

Das folgende Beispiele zeigt einen Interventionsplan, der mehrere Wechsel im Vertrag erforderte. Wie alle guten Interventionspläne benutzte dieser verschiedene Prinzipien der Selbstveränderung. Obwohl wir jedes einzelne dieser Prinzipien später in diesem Kapitel diskutieren wollen, ist es sicher nützlich, erst einmal zu sehen, wie so ein Gesamtplan aussieht. Dieser Fall wird ebenso zeigen, wie sich die Verträge in den Interventionsprozeß einpassen.

FALL 14 (Studentin): »Ich spreche fast nie mit meinen Lehrern; sie jagen mir Angst ein. Manchmal habe ich Fragen, oder möchte mich einfach mit ihnen unterhalten, aber ich habe erst einmal das ganze Jahr mit einem ›Professor A‹ gesprochen, und auch da nur ganz wenige Sätze. Mein angestrebtes Verhalten: öfter mit meinen Lehrern zu sprechen.

Ausgangspunkt: Fast bei Null. Ich sage nahezu nie etwas zu meinen Lehrern.

Unsere Analyse: Sie hat sich eine Grundtaktik ausgewählt: häufiger mit den Professoren zu sprechen, anstatt ihre Furcht zu bekämpfen. Sie benutzt das Prinzip, eine erwünschte, unvereinbare Aktivität zu erhöhen, und hat einen vernünftigen, adäquaten Ausgangspunkt.

Interventionsplan Nr. 1: Da ich fast nie mit einem Lehrer spreche, sollte ich mein Verhalten schrittweise entwickeln. Folgenden Plan habe ich ausgearbeitet:

1. Schritt: »Guten Tag« – sagen zu einem Lehrer
2. Schritt: Mit einem Lehrer 15 Sekunden lang sprechen
3. Schritt: Mit einem Lehrer 30 Sekunden lang sprechen
4. Schritt: Eine Minute lang sprechen
5. Schritt: Zwei Minuten lang sprechen

Ich beschloß, eine Kombination aus Premack und Nahrungsverstärker zu benutzen. Ich esse jeden Tag in der Uni zu Mittag, und daher stellte ich eine Regel auf, nach der ich nicht Mittag essen durfte, bis ich nicht den jeweiligen Schritt ausgeführt hatte, der gerade aufgrund des Planes erforderlich war.«

Unsere Analyse: Dies ist der Originalvertrag. Er ist im großen und ganzen zufriedenstellend, außer daß sie genau hätte festlegen sollen, wie oft sie es für erforderlich hält, den jeweiligen Schritt auszuführen. Ihr Plan hat mehrere sehr gute Merkmale: Erstens hat sie erkannt, daß sie ihr Verhalten schrittweise entwickeln muß, weshalb sie mit einer relativ leichten Anforderung begann und ganz kleine Schritte machte. »Mittagessen« als Verstärker auszuwählen mag als ein ziemlich drastischer Schritt erscheinen, aber da ihr Schema angemessen ist und sich langsam entwickelt, braucht sie eigentlich nicht ohne Essen nach Haus zu gehen. Gleichzeitig gewinnt sie den Verstärker-Effekt des Mittagessens auf ihr gewünschtes Verhalten. Als ihr Plan fehlschlug, analysierte sie den Grund für den Mißerfolg und äußerte ihn:

»Ergebnisse: Dieser Plan hat nicht geklappt. Schritt 1 und 2 klappten gut, aber bei Schritt 3 kam ich in Schwierigkeiten, weil der Professor nicht aufhörte, mit mir zu reden, und plötz-

lich war ich mitten in einer umfangreichen Unterhaltung und wurde ziemlich nervös. So arbeitete ich einen zweiten Plan aus.

Interventionsplan Nr. 2: Der Grund dafür, daß der erste Plan fehlschlug, war, daß der Professor mich zu weit in meinem Stufenplan nach vorne brachte. Rückblickend scheint es unvermeidlich, daß so etwas passieren mußte. Ich hätte vielleicht glatt bis zu dem drei-Minuten-sprechen kommen können, aber an irgendeinem Punkt hätte irgendein Professor länger mit mir gesprochen, und ich wäre in Schwierigkeiten gewesen. Ich entschloß mich, die Hilfe eines bestimmten Lehrers in Anspruch zu nehmen.

Ich hielt Professor A in der Halle auf und erklärte ihm kurz die Situation. Ich suchte Professor A aus, weil ich ihn mochte, und er praktisch der einzige gewesen war, mit dem ich während meiner Grundraten-Phase gesprochen habe. Ich kannte sein Interesse für Studenten. Ich erklärte ihm, wofür ich seine Hilfe benötigte. Er dachte, es wäre eine Art Spaß, aber ich riß mich zusammen und erklärte ihm, weshalb der erste Plan fehlgeschlagen war. Die Unterhaltung war sehr schwer für mich, und mir wurde klar, daß ich einen neuen Stufenplan brauchte.

1. Schritt: Sprich 15 Sek. lang mit Prof. A.
2. Schritt: Sprich 30 Sek. lang mit ihm
3. Schritt: Sprich 1 Min. lang mit ihm
4. Schritt: Sprich 90 Sek. lang mit ihm
5. Schritt: Steigere jedesmal um 30 Sek. bis zu 5 Min.

Ich machte jeden Schritt dreimal, bevor ich zum nächsten Schritt überging. In diesem Plan gab es zwei Teile. Zuerst sprach ich mit ihm in der Halle. Nachdem ich schon ziemlich weit fortgeschritten war im Plan, wiederholte ich die ganze Reihenfolge in seinem Büro, weil es schwieriger war, mit ihm in seinem Büro zu reden als in der Halle. Nachdem ich bei Schritt 4 in der Halle war, begann ich mit Schritt 1 in seinem Büro. Als auch das zu schwierig war, führte ich Schritt 1a ein: Nur den Kopf ins Büro stecken und Hallo sagen. Schritt 1b bestand darin, 5 Sek. im Büro zu sprechen, Schritt 1c 10 Sek. lang. Dann erst begann ich mit dem alten Stufenplan. Professor A war bereit, mich nicht länger zum Sprechen zu veranlassen, als ich es mir zur Aufgabe gemacht hatte. Der Verstärker blieb gleich.«

Unsere Analyse: Dieser neue Vertrag wurde geschrieben, als sich beim ersten Plan Schwierigkeiten ergaben. Sie benutzte eine andere Person, Prof. A., damit er ihr half, das gewünschte Verhalten auszuführen. Nachdem er zur Mitarbeit bereit war, gab er ihr die Möglichkeit, langsam fortzuschreiten und jedesmal den Verstärker zu erhalten. Bemerkenswert ist, wie sie die beiden vorausgehenden Ereignisse (die Halle und das Büro) unterschied, und daß sie sich klarmachte, daß sie zwei verschiedene Vorgehensweisen benötigte. Ebenso, daß sie ihren Stufenplan für den zweiten Vorgang änderte, der ein langsameres Vorgehen erforderte. Sie fährt fort:

»*Interventionsplan Nr. 3:* Plan Nr. 2 funktionierte ganz gut. Prof. A. und ich sprechen nun länger als 3 Min. in der Halle und 2 Min. im Büro. Das Problem ist, daß es eine Menge anderer Lehrer gibt. Ich mußte also die Fähigkeit im Umgang mit Prof. A. auch auf andere übertragen lernen. Ich beschloß, Prof. A. wieder einzuspannen. Der neue Stufenplan sieht jetzt folgendermaßen aus:

1. Schritt: Gehe hinauf zu Prof. A., während er mit einem anderen Professor spricht, und sage zu beiden »Hallo«.
2. Schritt: Sprich mit Prof. A., während er sich mit einem anderen Professor unterhält, und sage zu dem anderen wenigstens einen Satz.
3. Schritt: Sprich mit dem anderen wenigstens 5 Sek. lang
4. Schritt: Sprich mit dem anderen wenigstens 10 Sek. lang
5. Schritt: Sprich mit dem anderen wenigstens 15 Sek. lang
6. Schritt: 30 Sek., dann immer steigernd mit 15-Sek.-Schritten.

Prof. A. machte wieder mit. Er wird wissen, an welcher Stelle meines Planes ich gerade bin, und wird mich weggehen lassen, sobald die Zeit für diesen speziellen Schritt um ist. Da einige Professoren mir unfreundlich vorkamen, andere dagegen ganz nett, ging ich nur dann zu Prof. A. hinauf, wenn er mit einem von den freundlicheren sprach.«

Unsere Analyse: Dies ist ein entscheidender Schritt, denn sie baut das neue Verhalten so auf, daß sie es in einer Vielzahl von Situationen benutzen kann. Außerdem bemerkte sie, daß ein unfreundlicher Professor ein anderer Auslöserreiz ist als ein freundlicher, und sie beschloß, sich mit dem leichteren Auslöserreiz, dem freundlichen Professor, zu beschäftigen. Der Plan Nr. 3 war erfolgreich. Sie kann nun mit Professoren reden, die ihr freundlich erscheinen, was sie als deutlichen Fortschritt ansieht. Dieser Plan zeigt, wie Verträge das Verhältnis festlegen zwischen Verstärkung, neuem Verhalten und vorausgehenden Situationen. Jetzt wollen wir die Einzelheiten dieser drei Elemente erörtern.

Verstärkung während der Intervention

Auswahl des Verstärkers

Gehen Sie die Liste der Verstärker in Ihrem Katalog durch, und prüfen Sie jeden von ihnen, ob er zwei Kriterien erfüllt: Ist er leicht zugänglich, d. h. kann er abhängig vom Zielverhalten eingesetzt werden, und ist er wirkungsvoll genug, um die gewünschte Änderung zu bewirken?

Zugänglichkeit ist meist offensichtlich: Entweder Sie können den Verstärker bekommen oder nicht. Eine Reise nach Afghanistan oder 100 000 DM mögen ganz oben auf Ihrer Wunschliste stehen – sie in Betracht zu ziehen nützt wenig.

Was hat es nun mit der *Wirkung* oder *Kraft* des Verstärkers auf sich? Es ist nicht unbedingt richtig, den stärksten der Ihnen zugänglichen Verstärker zu nehmen.

Sich eine unangemessene große Belohnung auszusuchen kann zweierlei unangenehme Folgen haben. Der Plan könnte Ihnen unangebracht oder absurd erscheinen, und die Wahrscheinlichkeit eines Erfolges wäre vermindert. Bedenken Sie auch, daß Sie den Verstärker vielleicht nicht erlangen. Deshalb sollte es etwas sein, worauf Sie auch verzichten können. Zum Beispiel wäre es übertrieben, drei Mahlzeiten am Tag davon abhängig zu machen, nicht mit den Fingern zu knacken, und Sie würden den Plan nicht ernst nehmen. Wenn ferner das tägliche Ziel nicht erfüllt würde und der Verstärker nicht verdient würde, würden drei fehlende Mahlzeiten das tägliche Leben ernsthaft beeinträchtigen. Ein Interventionsplan würde so eine harte Strafe schwerlich überstehen. Trotzdem muß ein Verstärker ausreichend wirksam sein.

Wie wirkungsvoll sollte nun der Verstärker sein, den Sie auswählen? Es gibt zwei Grundregeln. Erstens ist Ihre eigene

»Intuition« oder Einschätzung seiner Wirksamkeit ein verläßlicher Hinweis. Man kann gewöhnlich gut vorhersehen, ob ein bestimmter Anreiz einen motiviert, etwas Bestimmtes zu tun. Ihre eigene Vorhersage ist also der beste Anhaltspunkt vor dem tatsächlichen Gebrauch. Ein zweiter Hinweis für eine ausreichende Wirksamkeit sind die ausgezählten Häufigkeiten, mit denen Sie auch die ganze Intervention über fortfahren sollten. Ihre eigenen Häufigkeitsdaten werden Ihnen dann zeigen, ob Sie einen ausreichend wirkungsvollen Verstärker gewählt haben.

Schnelle Verstärkung

Wie oft sollten Sie den Verstärker erhalten? *Die ideale Situation ist die, in der der Verstärker unmittelbar auf das gewünschte Verhalten folgt. Je länger eine Verstärkung hinausgeschoben wird, desto weniger wirksam ist sie.* Es mag immer noch guttun, aber der verstärkende Effekt auf das schon länger zurückliegende Verhalten wird nicht mehr so stark sein. Wenn er mit einem anderen starken Verstärker konkurriert, der unmittelbar auf das angestrebte Verhalten folgt, wird er wirkungslos sein. Um dieses Risiko zu vermindern, sollten *Sie immer versuchen, direkt nach Ausführung des erwünschten Verhalten zu verstärken.* Genauso wie Sie Ihr Leben strukturieren müssen, damit Sie Gelegenheit haben, das gewünschte Verhalten auszuführen, sollten Sie es so einrichten, daß Sie Gelegenheit haben, sich dafür zu verstärken.

Eine unserer Studentinnen hatte beschlossen, eifriger zu studieren. Die Verstärkung für das Arbeiten bestand darin, eine Limonade zu trinken. Vor dem Interventionsplan hatte sie beobachtet, daß sie 5 oder 6 Limonaden am Tag trank. Alles, was sie tun mußte, war nur, diese vom gewünschten Arbeitspensum abhängig zu machen. Wenn sie studierte, bekam sie das Getränk, wenn nicht, bekam sie keine Limonade. Sie würde an ihren Schreibtisch gehen, das aufgrund ihres Planes erforderliche Lernpensum absolvieren und sich dann sofort etwas zu trinken holen. So sorgte sie also dafür, die Verstärkung unmittelbar auf das gewünschte Verhalten folgen zu lassen.

Oftmals kann der Premack-Effekt helfen, um eine schnelle

Verstärkung auf das gewünschte Verhalten folgen zu lassen. Ein junger Mann, der jeden Abend duschte, verlangte von sich, daß er vorher 15 Min. Gymnastik machte. Solch ein täglich wiederkehrendes Verhalten (ein Premack-Verstärker) können Sie unmittelbar abhängig machen von der Ausführung des gewünschten Verhaltens, indem Sie dieses Zielverhalten direkt vor den Premack-Verstärker setzen.

Ein verheirateter Student entwickelte die Gewohnheit, übermäßig zu fluchen. Seine durchschnittliche Grundrate betrug mehr als 150 Flüche in 8 Stunden. Er arbeitete einen Plan aus, in dem er kräftige Verstärker von seiner Frau erhielt, wenn er seinen täglichen Durchschnitt um 10% pro Woche reduzierte. Unglücklicherweise hielt er niemals bis zum Ende der Woche durch. Nach ein oder zwei Tagen besseren Sprachverhaltens pflegte er in seine alte Gewohnheit zurückzufallen. Wir rieten ihm, die Zeitspanne bis zur Verstärkung zu verringern. Die neue Abmachung, der auch seine Frau zustimmte, erforderte tägliche Verstärkung, wenn er sein unerwünschtes Sprachverhalten um 10% reduzierte.

Während im allgemeinen Verstärker nach dem erwünschten Verhalten gegeben werden sollten, so schnell es die Situation erlaubt, ist es in einigen Fällen unbedingt nötig, den Aufschub der Verstärkung außerordentlich kurz zu halten. Das ist besonders dann der Fall, wenn das unerwünschte Verhalten im Konsumieren des Verstärkers oder in Angst-Reaktionen besteht. Zum Beispiel: eine Zigarette *gerade jetzt* im Mund wirkt viel verstärkender, als daran zu denken, in sechs Monaten eine saubere Lunge zu haben. Ein Stück Torte *gerade jetzt* im Mund ist ein weit größerer Genuß als der Gedanke an jenen fernen Tag, an dem sich Ihr Körpergewicht um einige Pfund verringert hat. *Gerade jetzt* an Ihren Nägeln zu kauen fühlt sich besser an, als wenn Sie einen Kinobesuch am Samstagabend als Verstärker erhalten. Dasselbe Problem stellt sich für diejenigen Menschen, die Angst vor bestimmten Situationen haben, wie z. B. vor einem Publikum zu sprechen oder ins Wasser zu gehen und zu schwimmen. Sie fühlen sich viel besser, wenn Sie *gerade jetzt* die gefürchtete Situation vermeiden, als daran zu denken, wie schön es sein wird, wenn Sie am Ende der Woche einen Verstärker erhalten.

Immer, wenn das Zielverhalten es mit sehr starken Gewohnheiten oder mit angsterregenden Objekten zu tun hat, sollten

Sie dafür sorgen, sich sofort nach Durchführung des gewünschten Verhaltens positiv zu verstärken.

Es gibt zwei grundlegende Strategien, um die Häufigkeit der Verstärkung zu erhöhen. Zum einen kann man das zu verbessernde Verhalten in kleine Einheiten aufteilen. Diese Technik wird *Verhaltensformung* genannt und wurde im Fall des Mädchens, das vor Professoren Angst hatte, vorgestellt. Verhaltensformung – stufenweise Entwicklung eines Verhaltens – wird später ausführlich diskutiert und sollte jetzt als eine Strategie zur unmittelbaren Verstärkung im Gedächtnis behalten werden. Zum anderen kann der Verstärker selbst in kleinere Einheiten zerlegt werden. Zu diesem Zweck benutzt man *Verstärkersymbole.*

Verstärkersymbole

Wenn Sie einen Verstärker haben, den Sie mit sich herumtragen können, z. B. Kekse, oder wenn er aus Verhalten besteht, das Sie gewöhnlich tun, z. B. mit einem Freund sprechen, so können Sie diese einfachen Verstärker benutzen, um schnelle Wirkungen auf das Zielverhalten zu erreichen.

Aber angenommen, Ihr Verstärker ist nicht tragbar oder eine nicht so leicht einzurichtende Aktivität? Manchmal *können Sie nicht unmittelbar* nach Ausführung des gewünschten Verhaltens Verstärkung geben. Können Sie diese aus irgendwelchen Gründen nicht sofort geben, dann sind Verstärkersymbole angebracht.

Ein symbolischer Verstärker ist er deshalb, weil er in einen realen Verstärker verwandelt werden kann. Geld zum Beispiel ist ein symbolischer Verstärker, denn als Verstärker dienen die Dinge, die man mit Geld kaufen kann und die Geld so attraktiv machen. Dinge wie Poker-Chips, goldene Sterne, Kontrollmarken, kleine Kärtchen und Geldscheine sind bisher schon als *Verstärkersymbole* benutzt worden.

Viele Leute, die ihr Verhalten verändern wollen, wählen lieber ein *Punktsystem* als Symbolverstärkung als wirkliche Objekte. Die Leistung des erwünschten Verhaltens ergibt sich im *Punkt*system als Gewinn einer bestimmten Anzahl von Punkten. Diese Punkte können als Verstärker ausgegeben werden. Die Kosten – eine bestimmte Anzahl Punkte pro Verstärker – sind in der Abmachung ebenfalls festgelegt.

Die Hauptfunktion der Verstärkersymbole – ob sie nun Objekte oder Punkte sind – liegt in der Überbrückung der Spanne zwischen der Zeit, in der Sie ihr gewünschtes Verhalten ausführen, und der Zeit, in der Sie den Verstärker erhalten können. So ist für viele Menschen der gewählte Verstärker etwas, was sie erst am Abend eines Tages tun können. Abhängig davon, ob Sie während des Tages das Zielverhalten durchführten, wählen Sie vielleicht ein besonders feines Essen, Fernsehen oder ein Gespräch mit Freunden am Abend als Verstärker. Für all diese Verstärker können während des Tages Symbolverstärker gebraucht werden, um die notwendige rasche Abfolge zwischen Verhalten und Verstärker zu erzeugen.

Ein Mann, der sein schroffes Verhalten seinen Freunden gegenüber durch ein freundlicheres ersetzen wollte, wählte als Verstärker *am-Abend-Fernsehen*. Da er nicht sicher sein konnte, wann sich eine Gelegenheit während des Tages bot, zu seinen Freunden nett zu sein und er auch nicht zum Fernsehen stürzen konnte, sobald er sein Zielverhalten ausgeführt hatte, benutzte er ein Punktesystem. Er trug eine Karteikarte in seiner Tasche und machte einen Strich, sobald er das Zielverhalten ausgeführt hatte. Am Abend erlaubte er sich dann fernzusehen, wenn er die Punktzahl verdient hatte, die sein Plan zur Veränderung seines Verhaltens für diesen Tag von ihm verlangte. Er benutzte seine Symbole kumulativ: je mehr Punkte er während des Tages verdient hatte, desto länger konnte er fernsehen. Seine Zusammenstellung sah wie folgt aus:

1 Punkt ————————————	30 Minuten fernsehen
2 Punkte ———————————	60 Minuten fernsehen
3 Punkte ———————————	90 Minuten fernsehen
4 Punkte ———————————	so viel ich will fernsehen

Es ist vorteilhaft, ein solches Punktesystem zu gebrauchen, denn es ermöglicht, viele verschiedene Verstärker statt einen oder zwei anzuwenden. Nur einige wenige Aktivitäten wie zum Beispiel Fernsehen finden jeden Tag als Verstärkung den gleichen Anklang. Sie möchten vielleicht an einem Abend fernsehen, an einem anderen ins Kino gehen und an einem dritten auf eine Party gehen. Eine junge Frau benutzte folgende Zusammenstellung, um mit diesem Problem fertig zu werden.

1 Punkt	———————	fernsehen bis zu einer Stunde
2 Punkte	———————	fernsehen, so viel ich will
3 Punkte	———————	fernsehen, so viel ich will, oder ich kann ins Kino gehen
4 Punkte	———————	ich kann alle vorher genannten Dinge tun, außerdem kann ich irgendein Buch oder eine Geschichte, die ich mag, lesen
5 Punkte	———————	ich kann alle vorher genannten Dinge tun, außerdem kann ich mit Freunden ausgehen, wenn sie danach fragen
6 Punkte	———————	ich kann all die vorher genannten Dinge tun, außerdem kann ich Freunde einladen, mit mir auszugehen.

Ein noch breiteres Angebot war von einem Studenten ersonnen worden, dessen letztes Item in seiner Aufstellung so lautete: »Jeden Samstagmorgen: *alles,* was ich tun will, erfordert vier Punkte.« Dieses System aber klappt nur, wenn es möglich ist, Gelegenheiten zur Durchführung des erwünschten Verhaltens zu schaffen, nicht jedoch, wenn Sie auf Gelegenheiten warten müssen. Wollen Sie zum Beispiel Punkte für Lernen verdienen, werden Sie immer die erforderliche Menge an Studienarbeit bis zum Samstagmorgen erfüllen können, wollen Sie aber Punkte dadurch verdienen, daß Sie nett zu Freunden sind, können Sie unter Umständen keine Gelegenheit haben, das Zielverhalten auszuführen, da Ihre Freunde nicht immer erreichbar sind.

Ein Punktsystem macht es leicht, ein Verhalten langsam zu steigern. Zum Beispiel können Sie stufenweise mehr und mehr Durchführungen des Zielverhaltens verlangen, um einen Punkt zu verdienen. Sie können in einem Lernprogramm zum Beispiel mit einem Punkt pro 15 Minuten Lernen beginnen, aber nach einigen Tagen können Sie die Zeit erhöhen, die Sie lernen müssen, um einen Punkt zu erhalten.

Die Rechenkunst beim Verstärken

In einem idealen Interventionsplan sollte die *gesamte Höhe der Verstärkung,* die Sie erhalten, *ansteigen,* das heißt, *das Aus-*

maß an Verstärkung während der Intervention sollte höher sein als vor der Intervention. Einer unserer Kollegen zum Beispiel ist ein leidenschaftlicher Briefmarkensammler. Sein Ziel in seinem Selbstveränderungsplan war, den Zeitaufwand für fachliche Schriften zu vergrößern. Während der Beobachtungszeit notierte er nicht nur die Zeit für das Schreiben, sondern auch die Geldmenge, die er für seine Briefmarkensammlung ausgab. Im Durchschnitt machte dies zwei Dollar pro Woche aus. Sein Interventionsplan sah vor, daß er das Schreiben durch Geld für den Kauf von Briefmarken verstärkte. Erreichte er sein Wochenziel an Schreibzeit, belohnte er sich am Samstag mit 5 Dollar für Briefmarken. Das so anwachsende gesamte Ausmaß an Verstärkung verschaffte ihm einen zusätzlichen Ansporn, in der Selbstveränderung fortzufahren.

PROBLEME, DIE SIE BEI DER VERSTÄRKUNG VERMEIDEN SOLLTEN

Gebrauchen Sie nicht zu oft einen Verstärker. Verlangt Ihr Interventionsplan, daß Sie sich sehr häufig verstärken, sollten Sie – besonders bei täglicher Verstärkung – mehrere verschiedene Verstärker auswählen und anwenden. Sie könnten sonst eines bestimmten Verstärkers überdrüssig werden. Wenn Sie sagen, ich bin seiner überdrüssig, heißt das, daß der Verstärker bei wiederholter Anwendung seine Eigenschaft als Verstärker verloren hat. Denken Sie zum Beispiel darüber nach, was geschehen würde, wenn Sie Schokolade als Verstärker benutzten. Am ersten Tage und auch am zweiten mag es zwar genüßlich sein, Schokolade zu essen. Aber jeder, auch die größte Naschkatze, wird einmal genug von Schokolade haben. Ein Reiz, dessen ein Mensch überdrüssig ist, ist kein effektiver Verstärker mehr. Wenn Sie tägliche Verstärkung (und viele Pläne verlangen gerade das) brauchen, benutzen Sie mehrere verschiedene Verstärker. Eine Lösung dieses Problems ist natürlich ein Punktesystem, *das leicht zu einem Verstärkerkatalog* zusammengestellt werden kann. Eine solche Zusammenstellung von Verstärkern kann zum Beispiel so aussehen:

1 Punkt ist   ein Schokoladenriegel oder
                ein Glas Brause oder
                ein Bier oder
                eine Packung Kaugummi wert.

Benutzen Sie nicht Verstärker, die andere strafen könnten.
Ein weiteres Problem ist, daß Sie Verstärker vermeiden müssen, die andere strafen könnten. Sollten Sie sich selbst 5,– DM pro Woche als Verstärker geben und verheiratet sein, ist es wichtig, daß Ihre Frau damit einverstanden ist. Das Geld in Ihrer Tasche könnte Ihrer Frau fehlen, und diese Situation könnte Streit hervorrufen, der bestrafend anstatt verstärkend wirkte. Sollte Ihr Verstärker irgendwelche Unannehmlichkeiten für andere Menschen nach sich ziehen, können Sie sicher sein, daß diese Ihrem Plan nicht zustimmen werden.

Benutzen Sie für jeden Plan andere Verstärker. Benutzen Sie unabhängige Verstärker für jeden Interventionsplan. Angenommen, Sie entscheiden sich, zwei Pläne gleichzeitig zu beginnen. Im einen wollen Sie an Gewicht verlieren, dadurch, daß Sie weniger essen; im anderen wollen Sie die Zeit, in der Sie lernen, erhöhen. Nehmen Sie an, Sie wählen einen kräftigen Verstärker, den Sie auf beide Pläne anwenden: führen Sie während der Woche das insgesamt erwünschte Verhalten aus, können Sie am Samstag und Sonntag tun, was Sie wollen.

Nehmen Sie nun aber weiter an, es gelingt Ihnen zwar, die verlangte Anzahl Stunden Ihres Arbeitsplanes zu erreichen, nicht aber, Ihr Gewicht zu senken: im Gegenteil – Sie verfallen vielmehr der Versuchung und essen zu viel. Was sollen Sie am Samstag tun – sollen Sie sich verstärken oder nicht? Verstärken Sie sich mit dem Argument, daß Sie das verlangte Lernpensum doch ausgeführt haben, werden Sie das *nicht*-festhalten-an-der-Diät auch verstärken, und das ist natürlich ein Fehler. Verstärken Sie sich andererseits nicht, fehlt die Verstärkung für das Arbeitsverhalten. Die Antwort ist also klar: *Führen Sie mehr als einen Interventionsplan durch, müssen Sie verschiedene Verstärker gebrauchen;* mißlingt Ihnen der eine Plan, können Sie in dem anderen, erfolgreichen Plan trotzdem eine Verstärkung bekommen.

Dieses Prinzip findet in doppelter Weise Anwendung, wenn Interventionspläne zweier Menschen miteinander verbunden sind. Ein verheirateter Student zum Beispiel verstärkte sein Lernverhalten, aber auch seine Frau war an diesem Vorgehen interessiert und arbeitete einen ähnlichen Plan aus. Beide wählten als Verstärker »Gemeinsam-am-Wochenende-schöne-Stunden-verbringen«. Aber angenommen, nur einer erfüllt die angesetzte Stundenzahl für das Lernen?

Auch hier ist die Lösung: getrennte Pläne mit getrennten Verstärkern benutzen.

DEN VERSTÄRKER KÖNNEN AUCH ANDERE GEBEN

Die Verstärker, die Sie wählen, werden manchmal mit anderen geteilt oder berühren diese ebenso wie Sie, trotzdem stellt *Ihr* Verhalten die abhängige Bedingung dar.

Eine junge Frau zum Beispiel benutzte als Verstärker »mit-meinem-Freund-ins-Kino-gehen«. Demzufolge brauchte sie seine Mitarbeit. Denn war sie nicht in der Lage, das Zielverhalten auszuführen, konnte sie auch nicht mit ihm ins Kino gehen. Aber nicht nur sie mußte dann auf das Kino verzichten, *sondern auch er*. Diese angenehmen Erlebnisse, die wir mit anderen Menschen haben – mit ihnen zusammenzusein, gemeinsam schöne Dinge tun, miteinander schlafen – sind oft sehr kräftige Verstärker und daher ideal für einen Interventionsplan. Aber wenn wir solche Verstärker benutzen, brauchen wir unbedingt die Mitarbeit des anderen.

Oft hilft es, einen Freund für seine Mitarbeit zu verstärken, indem Sie ihm sagen, wie sehr Sie seine Hilfe schätzten, oder indem Sie ihn anderswie belohnen. Häufig will jemand einiges an seinem Verhalten ändern, weil es den Freund oder den Liebhaber stört. Ein Mann zum Beispiel möchte rauchen, seine Freundin aber mißbilligt es. Häufig ist es möglich, einen anderen, der selbst sein Verhalten nicht ändern will, als Partner in den Veränderungsprozeß einzuschalten. Das trifft besonders dann zu, wenn Sie ein Verhalten loswerden wollen, das der andere in keiner Weise billigt, oder wenn Sie ein Verhalten verstärken wollen, das der andere bei Ihnen öfter sehen will. Die Veränderung in Ihrem Verhalten wird dann ein Verstärker für die Mitarbeit Ihres Partners werden.

Aktivitäten mit anderen sind nicht nur kräftige Verstärker, sondern sie üben noch einen anderen heilsamen Druck innerhalb ihres Interventionsplanes aus. Hat der andere das Gefühl, etwas zu verlieren, wenn Sie das Zielverhalten nicht vollbringen, wird er Druck auf Sie ausüben. Beginnt Ihre Entschlossenheit nachzulassen, mag Ihr(e) Freund(in) zu Ihnen sagen: »Halt dich dran, ich will unbedingt den Film sehen!« Bevor Sie jedoch diese Strategie wählen, vergewissern Sie sich, daß Ihre Beziehung solchen Belastungen standhält. Die negativen gefühlsmäßigen Auswirkungen, die damit einhergehen, könnten größer sein, als es das Zielverhalten wert ist.

Wenn Sie einen Verstärker wirklich genau nach Ihrer Absicht einsetzen können, können Sie die Kontrolle darüber auch jemandem anderen überlassen. Personen, die andere verstärken, nennt man Mediatoren (Tharp und Wetzel, 1969). Ist Ihr Verstärker etwas Greifbares wie Geld, können Sie dies jemandem anderen geben und ihm erklären, was Sie tun müssen, um es wieder zurückzubekommen. Oder ist der Verstärker eine Tätigkeit, die Sie für gewöhnlich in Gegenwart eines anderen ausüben, können Sie es so einrichten, daß Sie die Zustimmung des anderen brauchen, damit Sie die verstärkende Tätigkeit ausüben dürfen. Die Zustimmung dazu bekommen Sie, sobald Sie Ihr Zielverhalten ausgeführt haben.

Immer wenn Sie einen anderen als Mediator benutzen, ist es wichtig, daß dieser genau versteht, was er tun muß; das heißt, er soll Sie kontingent verstärken und er soll Sie nicht bestrafen. Es ist schon unangenehm genug, wenn Sie keinen Erfolg mit Ihrem Zielverhalten haben und der andere den Verstärker zurückhält; Sie brauchen nicht noch zusätzliche Bestrafung wie Ausschimpfen. Das könnte dazu führen, daß Sie den ganzen Veränderungsplan aufgeben.

ZUSAMMENFASSUNG

Ihr Interventionsplan verlangt einen *schriftlichen Vertrag*, den Sie mit sich selbst machen. In diesem Vertrag müssen Sie genau angeben, was Sie tun müssen, um die gewünschte Verstärkung zu erhalten. Der Vertrag kann – wenn notwendig – geändert werden. Sie sollten unter allen Umständen versuchen, die *Verstärkungsverzögerung* – also die Zeit zwischen der Ausführung des Zielverhaltens und der Verstärkung – möglichst geringzuhalten. Je rascher die Verstärkung eintritt, desto wirkungsvoller ist sie. Um eine unvermeidliche Verzögerung zwischen Ausführung und Verstärkung zu überbrücken, empfiehlt es sich, ein Symbolverstärkersystem anzuwenden. Sobald Sie das Zielverhalten ausgeführt haben, erhalten Sie Punkte oder Ersatzmarken und können diese später in reale Verstärker umtauschen. In einem idealen Verstärkungsplan steigern Sie immer die Zahl der positiven Verstärker, die Sie für Ihr Zielverhalten bekommen.

Schwierigkeiten, die Sie vermeiden müssen:

Zu häufiger Gebrauch kann zu *Sättigung* am Verstärker führen. Sie sollten keinen Verstärker benutzen, der für andere Menschen bestrafend wirkt. Sie sollten für jeden Interventionsplan getrennte Verstärker benutzen.

Zu den wirkungsvollsten Verstärkern gehören Tätigkeiten, die Sie zusammen mit anderen Menschen ausführen. Wollen diese Personen mit Ihnen zusammenarbeiten, und können Sie sie für Ihre Mitarbeit verstärken, dann nehmen Sie jede solche Tätigkeit als Verstärker. Oder Sie übertragen die Kontrolle über bestimmte Verstärker anderen, so daß diese Ihnen die Verstärkung dann geben, wenn Sie das Zielverhalten ausführen.

DAS LERNEN NEUER VERHALTENSWEISEN

Wenn Sie sich so im Hinblick auf Ihre Selbstveränderung betrachten, wird es häufig nicht damit getan sein, nur ein problematisches Verhalten abzubauen. Vielleicht wollen Sie ein angemesseneres Verhalten anstelle des problematischen setzen oder gänzlich neue Fertigkeiten entwickeln. Die Entwicklung dieser neuen Verhaltensweisen ist der Sinn einer Verhaltensänderung. Drei hauptsächliche Techniken zum Aufbau neuer Verhaltensweisen sind untersucht worden und werden in folgendem Abschnitt besprochen. Es sind dies erstens die Verhaltensformung, zweitens das Modell-Lernen und drittens die Anwendung von Verhaltensweisen, die miteinander unvereinbar sind. Bei allen drei Techniken gibt es ein gemeinsames Problem. Die Verhaltensänderung beruht vorwiegend auf der Verstärkung, die dem Verhalten *folgt* und so sein Auftreten steigert. Doch wie kann man das Verhalten ein erstes Mal hervorrufen? Verstärkung kann da nicht helfen. Ein normaler Student wird trotz aller Verstärkung kaum in der Lage sein, beim ersten Versuch erfolgreich eine Linienmaschine zu fliegen. Und häufig wird auch alle Verstärkung der Welt nicht plötzlich eine erwünschte soziale Verhaltensweise in uns hervorrufen. Das Problem ist: das Verhalten muß *zunächst* auftreten, damit es innerhalb Ihres Planes verstärkt werden kann. Im täglichen Leben scheinen viele Verhaltensweisen plötzlich und fast durch Zufall entstanden zu sein. »Zufällig« zeigen Sie ein bestimmtes Verhalten, und ein »zufällig« darauf folgendes Ereignis festigt es, so daß das Verhalten zur Gewohnheit wird.

Doch die Verhaltensforschung hat bestimmte Prozesse entdeckt, die die Bedeutung dieses Zufallsfaktors einschränken.

Diese Prozesse – Verhaltensformung, Modell-Lernen und miteinander unvereinbare Reaktionen – sind von Verhaltenstherapeuten untersucht worden, und es sind daraus bestimmte Techniken zur Selbstveränderung entwickelt worden. Diese Techniken sind lediglich die bewußte Anwendung von Gesetzmäßigkeiten, die in natürlichen Lernsituationen vorkommen.

VERHALTENSFORMUNG: DIE VERSTÄRKUNG ALLMÄHLICHER ANNÄHERUNGEN

Niemand kann von sich erwarten, daß er Verhaltensweisen zeigt, die er nicht kann. Ein Verhalten, das Sie zum gegenwärtigen Zeitpunkt nicht beherrschen und das Sie nicht ausführen können, müssen Sie lernen. Neue komplexe Verhaltensweisen tauchen selten spontan auf. Deshalb sollte, wer sich selbst verändern will, nicht darauf warten, daß er plötzlich wie durch ein Wunder neue, wünschenswerte Fähigkeiten erwerbe; er sollte vielmehr anfangen, sich das neue Verhalten beizubringen, von dem Punkt in seinem Verhaltensrepertoire an, der seinen Zielvorstellungen am nächsten kommt.

Erinnern wir uns an die Frau, die mehr mit ihren Professoren sprechen wollte: sie stellte sich zunächst die Aufgabe, mit einem von ihnen zunächst 15 Sekunden lang zu sprechen. Dann steigerte sie ihre Anforderungen allmählich bis zu ihrem endgültigen Ziel. Wird so eine Annäherung an das Zielverhalten verstärkt, kann man von da aus den nächsten, schwereren Schritt in Angriff nehmen. Dieser Vorgang – die Verstärkung der allmählichen Annäherungen – heißt *Verhaltensformung.*

Einer der häufigsten Gründe für das Scheitern von Selbst-

veränderungsprogrammen ist die mangelnde Verhaltensformung.
Jeder hat ein bestimmtes Ziel, das er erreichen möchte, und
es ist klar, daß Sie sich verstärken möchten, wenn Sie das
Ziel erreicht haben. Wenn Sie jedoch immer nur perfektes Verhalten belohnen, verringern Sie entscheidend die Chance, dieses
Ziel je zu erreichen. Sie müssen Schritt für Schritt jede Annäherung an das gewünschte Verhalten belohnen; und diese Annäherungen werden möglicherweise um *vieles* niedriger liegen
als Ihr Ziel.

Einigen Studenten fällt dieses Ausformen von Verhalten
schwer, weil sie der Ansicht sind, sie *müßten* eine Leistung auf
einem gewissen Niveau erfüllen, und wenn sie darunter blieben,
hätten sie keine Verstärkung »verdient«. Diese unglückselige
Haltung verhindert beides, die Möglichkeiten zur Verstärkung
und die Möglichkeit zu lernen. Die Verhaltensformung vergrößert Ihre *Fähigkeiten*, das zu tun, was Sie von sich erwarten. Manchmal macht einen die Verhaltensformung auf
einer noch sehr niedrigen Stufe verlegen. Wenn das der Fall
ist, behalten Sie es für sich und verstärken Sie sich intensiv dafür, daß Sie überhaupt begonnen haben.

Wenn Sie also die Technik der Verhaltensformung anwenden,
beginnen Sie mit Ihrem gegenwärtigen Ausgangspunkt, und
tasten sich dann langsam, aber beharrlich bis zu Ihrem end-
gültigen Ziel vor, indem Sie sich für jeden Fortschritt ver-
stärken.

WIE DIE VERHALTENSFORMUNG BEI DER SELBST-
VERÄNDERUNG WIRKT

Sie sehen jetzt noch einen zusätzlichen Grund für eine sorgfältig erhobene Grundrate. Sie zeigt Ihnen den *gegenwärtigen*
Stand Ihres Verhaltens an. Und an diesem Punkt – oder
etwas darunter – sollte der Prozeß der Verhaltensformung
einsetzen. So beginnen Sie also damit, sich für Ihr Verhalten in
seinem derzeitigen Ausmaß – oder ein kleines bißchen darüber
– zu verstärken. Das nennen Sie dann Stufe 1. Wenn Sie diese
erste Stufe konsequent verwirklichen können, gehen Sie einen
kleinen Schritt weiter zur Stufe 2. Jetzt reicht es nicht mehr
aus, nur Verhalten auf Stufe 1 auszuführen, um die Verstärkung zu bekommen. Mittlerweile müssen Sie schon Ver-

halten auf Stufe 2 ausführen, um die Verstärkung zu bekommen, die es vorher für Stufe 1 gab. Dieses Prinzip behalten Sie so lange bei, bis Sie Ihr Ziel erreicht haben.

Es gibt zwei Regeln für die Verhaltensformung:

1. Sie können niemals zu niedrig anfangen, und
2. die Zwischenschritte können niemals zu klein sein.

Im Zweifelsfalle beginnen Sie immer auf dem niedrigeren Niveau oder verringern Sie die Größe der Zwischenschritte. So fällt es Ihnen leichter, das erwünschte Verhalten zu verwirklichen. Außerdem haben Sie durch die Verhaltensformung das Gefühl, daß es leicht ist, weiterzukommen. Das ist wichtig, weil es die Erfolgschancen erhöht.

Fast jede Selbstveränderung, die auf eine häufigere Ausführung einer erwünschten Verhaltensweise abzielt, sollte einen Plan für Verhaltensformung enthalten. Vielleicht müssen Sie Ihren Plan bisweilen ändern, wenn sich herausstellt, daß die vorgesehenen Schritte zu groß sind. Hier ist ein Beispiel eines Planes zur Verhaltensformung: Ein Student wollte erreichen, daß er acht Stunden wöchentlich arbeitete.

Grundrate:	Gegenwärtig lerne ich zirka 30–40 Min. pro Woche.
1. Stufe:	Zunächst verstärke ich mich für 45 Min. Lernen wöchentlich. Das sollte eigentlich leicht gehen, da ich das früher bereits mehrfach getan habe.
2. Stufe:	In der 2. Woche muß ich schon 50 Min. lernen, um den wöchentlichen Verstärker zu bekommen.
3. Stufe:	In der 3. Woche erhalte ich den Verstärker nur, wenn ich 60 Min. gelernt habe.
4. Stufe:	Eine Stunde 15 Minuten
5. Stufe:	Eine Stunde 30 Minuten
6. Stufe:	Eine Stunde 45 Minuten
7. Stufe:	Zwei Stunden
8. Höhere Stufen:	Nachdem ich zwei Stunden erreicht habe, hoffe ich, meine Lernzeit wöchentlich um 30 Minuten steigern zu können, bis ich mein Ziel von 8 Std. erreicht habe.

Achten Sie darauf, wie in diesem Beispiel die zwei Regeln der Verhaltensformung sorgfältig beachtet wurden: Beginnen Sie sehr einfach und machen Sie sehr kleine Schritte! So bewegen Sie sich langsam, aber unaufhaltsam auf das Ziel zu.

Beachten Sie ferner, daß die ersten Schritte kleiner waren als die späteren. Dies ist oft eine gute Idee, die sicherstellt, daß zunächst Erfolgserlebnisse gemacht werden. Später ist es dann möglich, schneller voranzukommen. In solchen Fällen wie diesen müssen Sie beweglich sein. *Seien Sie bereit, Ihren Plan zu verändern!* Was auf dem Papier geplant wurde, läßt sich vielleicht in der Praxis nicht durchführen. Vielleicht müssen Sie kleinere Schritte machen, vielleicht müssen Sie für längere Zeit auf einer Stufe stehen bleiben, oder Sie müssen auf eine frühere Stufe zurückgehen, wenn es Rückschläge gibt.

Für diese Schwierigkeiten gibt es eine Regel:

Gehen Sie nie einen Schritt weiter, bevor Sie nicht das Ziel der vorherigen Stufe erreicht haben. Der Plan zur Verhaltensformung in dem Beispiel hat möglicherweise eine Schwäche. Der Student könnte versucht sein, die dritte Stufe zu erreichen, nur weil sie für die dritte Woche vorgesehen war. Man sollte dies jedoch auf keinen Fall tun, bevor er nicht die zweite Stufe beherrscht.

Während es oft nützlich ist, als zusätzlichen Anreiz einen Zeitplan aufzustellen, kann diese willkürliche Zeitplanung den Fortschritt verzögern. Wir haben beispielsweise viele Studenten erlebt, die schneller vorankamen, als sie ursprünglich dachten. Andererseits haben wir viele Studenten gesehen, die, um ihren Zeitplan zu erfüllen, zu schwereren Aufgaben übergingen, noch ehe die leichteren beherrscht waren. Diese möglichen Probleme können bewältigt werden, wenn Sie einen neuen Schritt erst dann gehen, nachdem der vorherige gesichert ist.

AUFEINANDERFOLGENDE TEILSCHRITTE BEI DER VERHALTENSFORMUNG

Wir haben Situationen besprochen, in denen Sie Ihr Verhalten formen, indem Sie den Zeitaufwand für eine gewünschte Verhaltensweise vergrößern. Verhaltensformung kann in jeder Situation angewandt werden, in der Sie das Kriterium für das gewünschte Verhalten allmählich steigern können.

Die junge Frau, deren Ziel mehr Verabredungen waren, entschied sich für folgende Verhaltenskette:

1. dorthin gehen, wo Männer sind,
2. sie anlächeln,
3. mit ihnen sprechen usw. –

Der dritte Schritt könnte noch unterteilt werden in sprechen über »sichere« Themen (Schule, Wetter) – um dann fortschreitend überzugehen zu riskanteren Gesprächsthemen. Nachdem sie die ersten Schritte ihrer Verhaltenskette gemeistert hatte, entschloß sie sich, mehr Meinungsverschiedenheiten in das Gespräch zu bringen. Diese bereiteten ihr in Gesprächen oft Schwierigkeiten.

Ihre Grundrate zeigte, daß sie unabhängig vom Thema sehr wenig mit Männern sprach. Sie vermutete, daß es unangebracht wäre, gleich mit der Unterhaltung über gegensätzliche Standpunkte zu beginnen. Deshalb beschloß sie, als ersten Schritt nur über die Schule zu reden. Nachdem sie das ohne Mühe konnte, wollte sie allen ihren Mut zusammennehmen und einen Vorstoß zu spannenderen, aber für sie gefährlicheren Themen wagen, wie zum Beispiel, ob ein Film gut war oder nicht. Das war Stufe zwei. Auf Stufe drei wagte sie ein noch höheres Niveau gegensätzlicher Standpunkte – »Universitätspolitik«. Stufe vier bildeten persönliche Beziehungen und Sexualität, und Stufe fünf bestand aus den Themen, die für sie am allerschwierigsten waren: Nationalpolitik, Studentenproteste, Militär und andere ähnliche Gebiete.

Verhaltensformung in dieser Art hat zwei Vorteile:
1. man kann den Schwierigkeitsgrad so niedrig wählen, daß es leicht möglich ist, die Verstärkung zu erhalten.
2. *sie führt eher dazu, eine Situation in ihre bestimmten Komponenten* zu zerlegen. So sieht man zum Beispiel, daß es verschiedene Schwierigkeitsgrade innerhalb einer Unterhaltung gibt, oder daß zum Lernen verschiedene unterschiedliche Verhaltensweisen gehören. So kann man immer einen Teil zur Zeit üben, ohne sich mit allen Schwierigkeitsgraden auf einmal auseinandersetzen zu müssen.

Seien Sie darauf gefaßt, daß der Lernprozeß nicht immer glatt verläuft. Damit macht jeder seine eigenen Erfahrungen. Wichtig ist, an seinem Programm festzuhalten, weiter zu probieren, auch wenn es bereits die x-te Revision des ursprünglichen Planes ist.

Lern-Plateaus

Eine allgemeine Erfahrung bei der Verhaltensformung ist das sogenannte Lern-Plateau. Wochenlang machen Sie vorzügliche Fortschritte, dann plötzlich geht es nicht weiter. Die ganzen vorangegangenen Schritte schienen so leicht, aber jetzt, bei dem neuen Schritt, der gleich groß ist, ergeben sich solche Schwierigkeiten. *Der einfachste Weg, bei solch einem Stillstand weiterzukommen, ist der, daß man die Schritte verkleinert.* Wenn das nicht geht, fahren Sie mit Ihrem Programm noch eine Woche fort. Diese Lern-Plateau-Erfahrung ist so häufig, daß Sie darauf vorbereitet sein sollten, wie Sie ihr begegnen. Sie können vielleicht die Verstärkung erhöhen. Falls Sie dennoch damit nicht weiterkommen, kann es auch sein, daß Sie Ihre obere Grenze erreicht haben, und Sie sollten ans Aufhören denken.

Selbstbetrug

Es mag den Leser überraschen, daß *das Mogeln* als ein Problem bei der Verhaltensformung angesehen wird. Warum in aller Welt sollten Sie sich selbst betrügen wollen? Dennoch haben viele Studenten berichtet, daß die Versuchung, sich die Belohnung auch zu gewähren, ohne daß man das Pensum erfüllt hat, ein ernstes Problem darstellt. Eine Lösung für diese Schwierigkeit wäre, jemand anderen zu suchen, der einem die Belohnung austeilt. Eine leichtere Möglichkeit wäre, daß Sie weniger von sich verlangen und Ihr Ziel eben langsamer angehen.

Ein junger Mann, dessen endgültiges Ziel es war, 7 Dollar in der Woche zu sparen, begann damit, sich für das Sparen von 50 Pence (er steckte sie in die Sparbüchse) täglich zu belohnen, gerade weil er noch nie zuvor Geld gespart hatte. Als Verstärker benutzte er das Abendessen, das er nicht einnehmen durfte, wenn er vorher nicht die 50 Pence in die Sparbüchse gesteckt hatte. Nach drei Tagen ließ er das Sparen für einen Tag aus, aß aber dennoch zu Abend. Jetzt begann über zwei Wochen eine Periode, in der er öfter das Sparen ausließ, als daß er sparte, aber dennoch jeden Abend aß. Es wurde ihm klar, daß gerade das Mogeln ein Problem in der Verhaltensformung war. Daher schrieb er einen neuen Vertrag, in dem er nur 35 Cents am Tag sparen mußte – einen für den Anfang realistischeren Plan, und für ihn auch sicherer, die Verstärkung zu bekommen.

Dieser Selbstbetrug, den Verstärker zu nehmen, ohne das geforderte Verhalten zu zeigen, kommt bei der Selbstveränderung sehr häufig vor. Beinahe jeder beschwindelt sich irgendwann selbst. Sie sollten sich jedoch sorgfältig beobachten, denn wenn Sie sich öfter als hin und wieder einmal – sagen wir öfter als in 10 Prozent der Fälle – betrügen, deutet dies auf eine Schwierigkeit in Ihrem Plan hin. Sie sollten Ihr Programm so verändern, daß Sie die Verstärkung bereits für ein Verhalten bekommen, das Sie auch tatsächlich fertigbringen. Solange Sie eine vom Verhalten abhängige Verstärkung sicherstellen, arbeiten Sie auf Ihr Ziel hin, unabhängig davon, wie niedrig Sie anfangen und wie langsam Sie vorgehen.

Deshalb: geben Sie den Plan nicht auf, wenn Sie merken, daß Sie mogeln. Ändern Sie ihn.

WENN DER WILLE NACHLÄSST

Kapitel 13 enthält eine theoretische Analyse der Willenskraft. Praktisch kann man Willenskraft als Frage der Verhaltensformung sehen. Gewöhnlich halten wir Willenskraft für eine innerliche Angelegenheit. Der Leser weiß mittlerweile genug über die Beziehungen zwischen Verhalten und Umwelt, um zu verstehen, daß es viele Gründe gibt, warum Sie ein bestimmtes Verhalten nicht ausführen. Unserer Erfahrung nach liegt der Verlust der Willenskraft mitten im Veränderungsprogramm meistens daran, daß das Prinzip der Verhaltensformung nicht genügend beachtet wird. So könnte ein Student beispielsweise sagen: »Teufel auch, ich kann es nicht. Ich möchte 30 Minuten in der Bücherei bleiben können, aber ich kann mich nicht überwinden. Ich habe nicht genug Willenskraft. Außerdem ist die ganze Idee der Selbstveränderung Käse. Das Problem ist einfach, ob jemand genügend Willenskraft hat oder nicht. Ich gebe auf.«

In unserer Sprache könnte dies ein Problem der Schritte im Veränderungsplan sein. 30 Minuten in der Bücherei sind vielleicht ein zu großer Schritt gegenüber dem jetzigen Verhalten – der Student sollte zunächst bei 5 Minuten anfangen. Einigen Studenten, deren Grundrate nahezu bei Null lag, haben wir vorgeschlagen, als erste Annäherung lediglich zur Bücherei zu gehen und die Treppe hinaufzugehen, um dann wieder umzukehren und sich zu Hause dafür zu verstärken. Einigen Übenden ist es einfach zu peinlich, sich für so kleine Schritte schon zu belohnen. Sie beginnen gleich mit einem »respektablen« Niveau, das aber oft außerhalb ihrer Möglichkeiten liegt, und geben schließlich gekränkt wegen ihrer mangelnden »Willenskraft« den ganzen Plan auf.

Dieser Mangel an Willenskraft wird oft auf zwei Arten erfahren. Zunächst fangen Sie vielleicht gar nicht erst mit Ihrem Selbstveränderungsprogramm an. Sie würden sich schon wünschen, Ihr Ziel zu erreichen, aber irgendwie kriegen Sie es nicht fertig, anzufangen. Dies ist ein Problem der Verhaltensformung. Sie müssen einfach mit einem ganz kleinen Schritt anfangen. Danach haben Sie zwar angefangen, stellen nun aber fest, daß Sie keine Fortschritte machen. Auch das ist ein Problem der Verhaltensformung. Sie müssen viel kleinere Schritte machen.

Der wichtigste Punkt bei der Verhaltensformung ist der, daß Sie es sich leicht machen, anzufangen und weiterzumachen, indem Sie sich schon für eine Kleinigkeit, die Sie mehr als bisher tun, belohnen, so daß es Ihnen leicht fällt, das Zielverhalten auszuführen. Nachdem Sie dann ein bißchen Übung haben, ist es nicht so schwierig, einen kleinen Schritt weiterzugehen.

Die meisten Selbstveränderungspläne, besonders die, die auf Erlernen neuer, erwünschter Verhaltensweisen abzielen, erfordern Pläne nach dem Prinzip der Verhaltensformung. Verhaltensformung bedeutet, daß Sie von sich nicht gleich das endgültige neue Verhalten verlangen, ehe Sie sich verstärken, sondern daß Sie zunächst versuchen, nur einen kleinen Teil davon auszuführen, und daß Sie sich dafür schon die Verstärkung geben. Dann nähern Sie sich Ihrem endgültigen Ziel allmählich mittels aufeinanderfolgender Schritte an, indem Sie allmählich immer etwas mehr von sich verlangen, ehe Sie die Verstärkung bekommen. Die zwei Hauptregeln der Verhaltensformung sind:

1. Sie können niemals zu niedrig beginnen,
2. Ihre Zwischenschritte können niemals zu klein sein.

Übliche Probleme bei der Verhaltensformung sind: Lern-Plateaus, in denen Sie stecken bleiben und bei denen es Ihnen schwerfällt, weiterzumachen; Selbstbetrug, indem Sie sich den Verstärker gönnen, obwohl Sie das erforderliche Pensum in Ihrem Verhaltensschritt noch nicht ausgeführt haben; und Mangel an Willenskraft, indem Sie sich entweder überfordern, dadurch daß Sie zu hoch anfangen, oder daß Sie zu große Schritte machen.

LERNEN AM MODELL

Eigentlich ist bei jedem Aufbau von neuen Verhaltensweisen das Prinzip der Verhaltensformung anwendbar. Sie stehen jedoch noch dem Problem gegenüber, wo Sie den Ausgangspunkt ansetzen, also das Verhalten auszusuchen, das Sie *wirklich ausführen können*. Anhand Ihrer Grundratenerhebung können Sie, wie früher bereits diskutiert, Ihre Fähigkeiten für manche Aufgaben feststellen. Bei einigen anderen Problemen wissen Sie jedoch nicht, wie Sie anfangen sollen. Sie wissen nicht genau, welche Handlungen zuerst in einer Verhaltensabfolge kommen. In diesem Fall könnten Sie jemand anderen als Modell benutzen, um eine Idee für den »Ausgangspunkt« zu bekommen. Wir haben diese Taktik in Kapitel 5 diskutiert, bei der Besprechung der jungen Frau, die eine andere als Modell nahm, die erfolgreich beim Kennenlernen von neuen Leuten war. Das erste Verhalten des Modells war, lediglich entgegenkommend zu lächeln. Diese Studentin benutzte dann »entgegenkommend lächeln« als ersten Schritt in ihrem Veränderungsplan. Das Beobachten eines Modells ist dann besonders zweckmäßig, wenn Sie nicht sicher sind, welche Verhaltensweisen genau Sie auswählen sollen, um sie dann zu entwickeln.

Unvereinbare Verhaltensweisen

Auch wenn es scheint, daß Ihr Problem darin besteht, eine alte, unerwünschte Gewohnheit loszuwerden, haben Sie in Wirklichkeit intensiv damit zu tun, ein neues Verhalten auszusuchen. In diesen Fällen könnte bei Ihnen der Gedanke auftauchen, eine Form von Bestrafung anzuwenden. Aber dies dürfte ein falsches Vorgehen sein. Obgleich Sie fühlen, daß es Ihr Problem ist, zu häufig etwas zu tun, was Sie nicht möchten, *besteht für gewöhnlich der beste Weg, ein unerwünschtes Verhalten abzubauen, darin, daß Sie ein gegensätzliches, unvereinbares und erwünschtes Verhalten finden, das Sie mit positiver Verstärkung steigern können. Dabei verschwindet zwangsläufig das unerwünschte Verhalten.*

Eine junge Frau, die beunruhigt war, weil sie mit ihrem Vater zu häufig stritt, begann ihr eigenes Verhalten zu beobachten. Sie entdeckte eine Abfolge von Begebenheiten, die sich für gewöhnlich so abspielten: Der Vater machte ein paar Bemerkungen über einige Züge in ihrem Verhalten, die ihn zu beunruhigen schienen (zum Beispiel sie käme zu spät von Verabredungen zurück), und sie reagierte gewöhnlich mit einem finsteren Gesicht und der Antwort darauf, daß er sich gefälligst um seine eigenen Angelegenheiten kümmern solle. Dies regte ihn auf, und es kam zu einem erneuten bitteren Streit. Sie wußte, daß ihr Vater sie im Grunde sehr mochte, und daß er einfach Schwierigkeiten damit hatte, sich auf ihr Erwachsenwerden und die daraus resultierenden Vorrechte einzustellen.

Sie kam zu dem Schluß, daß sie eher auf friedliche Art über diese Themen miteinander reden könnten, wenn sie lächeln und ein paar freundliche Bemerkungen machen würde, wenn er wieder etwas über ihr Benehmen aufs Tapet brachte.

Anstatt sich vorzunehmen, die böse Miene und die schroffen Bemerkungen ihrem Vater gegenüber abzubauen, wollte sie freundliche Bemerkungen und Lächeln an deren Stelle häufiger werden lassen.

Immer wenn er etwas über ihr Benehmen sagte, lächelte sie und zeigte auf freundliche Art, daß sie nicht seiner Ansicht sei. (Natürlich verstärkte sie sich für ihr neues Verhalten.) Das neue, erwünschte Verhalten aufzubauen hatte in der Tat den Effekt, daß sich ihr Vater beruhigte, und sie kamen dazu, sich aufgrund freundschaftlicher Gespräche neu verstehen zu lernen.*

Dieser Versuch, nach und nach ein unvereinbares Verhalten zu steigern, ist besser, als ein unerwünschtes Verhalten durch Bestrafung oder Löschung zu bekämpfen.

Denken Sie an das Mädchen zurück, das immer nervös wurde, wenn es mit einem jungen Mann sprechen sollte. Sie empfand sich als schüchtern und neigte dazu, sich aus einer Unterhaltung zurückzuziehen. Sie hätte sich entschließen können, das »Zurückziehen von Konversation« als eine unerwünschte Verhaltensweise zu verringern, und sie hätte sich vornehmen können, daß sie sich für das »Zurückziehen« zu bestrafen hätte. Doch das wäre ein großer Fehler gewesen. Selbst wenn es möglich wäre, sich für das »Zurückziehen« zu bestrafen, ergäben sich daraus unglückliche Auswirkungen auf ihre gefühlsmäßige Problematik.

Sie wäre weiterhin aufgeregt, schüchtern und gehemmt, wenn ein Mann in der Nähe wäre, aber sie hätte keinerlei neue soziale Fertigkeiten gelernt, die notwendig wären, um ihr Ziel zu erreichen. Dieses würde die Wahrscheinlichkeit, daß sie zurückgewiesen und von ihrem Umgang mit Männern ent-

---

* Beachten Sie, daß dies ein Fall ist, wo es letztlich nicht ausschließlich darum geht, das eigene Verhalten zu verändern, sondern auch das Verhalten einer anderen Person. Die junge Frau fand, daß erstens ihr Vater sie nicht länger wie ein Kind behandeln solle, und daß sie zweitens aufhören sollte, mit ihm zu streiten. Aber sie sah den wichtigen Punkt ein, daß es zum Erreichen ihrer Ziele notwendig war, ihr eigenes Verhalten zuerst zu verändern.

täuscht würde, weiter erhöhen, und sie würde sich dadurch bestraft fühlen.

Diese Bestrafung, gekoppelt mit der selbstauferlegten Strafe, würde ihr Problem eher noch vergrößern, dadurch daß die negative emotionale Konditionierung in solchen Situationen noch gefestigt würde.

Der Einsatz unvereinbarer Verhaltensweisen hier würde bedeuten, *daß sie sich selbst für das Dabeibleiben und Sprechen belohnte*. Das Dabeibleiben und Sprechen selbst sollte natürlich in kleinen Schritten erfolgen, die ein Erfolgserlebnis ermöglichen. Wie dieses Beispiel zeigt, kann Ihnen die Art, wie Sie Ihr Problem definieren, dabei helfen, einen Weg zu finden, daß Sie sich eher positiv verstärken, als daß Sie sich bestrafen.

Die Auswahl einer Verhaltensweise, die mit einer anderen unvereinbar ist

Was genau ist eine »unvereinbare Reaktion«? Es ist ein Verhalten, das das Auftreten einer anderen Verhaltensweise ausschließt. Lächeln ist unvereinbar mit Stirnrunzeln, einfach deshalb, weil Sie nur ein Gesicht haben, und weil Sie nur einen Gesichtsausdruck zur Zeit haben können. Sitzen ist unvereinbar mit laufen. Schwimmen gehen ist mit im-Zimmer-bleiben unvereinbar. Höflich sein ist unvereinbar mit barsch sein usw. Sie können daran gut sehen, daß es für viele unerwünschte Verhaltensweisen einige damit unverträgliche Verhaltensweisen gibt. So haben Sie die Möglichkeit, die neuen Aktivitäten, die Sie am liebsten entwickeln wollen, auszuwählen.

Ein Student war in der Studentenpolitik engagiert und wurde ins Konzil der Studentenvereinigung gewählt. Während der Versammlungen bemerkte er, daß er zu viel sprach und viel von seinem Einfluß verlor, weil sich die anderen Mitglieder dadurch gestört fühlten. Er sagte, daß er das Gefühl hätte, »wie unter Zwang« zu sprechen. Zunächst versuchte er, nicht mehr soviel zu sprechen. Er hatte einigen Erfolg damit, aber nachdem er die Möglichkeit einer unvereinbaren Reaktion erwogen hatte, kam er zu dem Schluß, daß es besser daran täte, sich ein neues, aktiveres, positives und dem bisherigen Verhalten entgegengesetztes Verhalten auszuwählen. Darauf begann er, sich für »zuhören« zu verstärken. Damit tat er wirklich etwas Neues und unterdrückte nicht nur eine bisherige Tätigkeit. Dies bewirkte auch, daß er, wie gewünscht, ruhiger wurde, und hatte zugleich zur Folge, daß er besser zuhörte, was er immer mehr zu schätzen lernte.

Manchmal ist kein positives, erwünschtes Verhalten zu finden, das mit dem bisherigen Verhalten unvereinbar ist. Dann kann es nützlich sein, ein nicht zu vereinbarendes Verhalten zu suchen, auch wenn es selbst keinen besonderen Wert hat.

Ein Mann, den sein Fingerknacken störte, beschloß, immer wenn es ihm nach Fingerknacken zumute war, statt dessen eine Faust zu machen. Sein Zielverhalten war, *eine Faust zu machen, anstatt mit den Gelenken* zu knacken. Jedesmal, wenn er das fertigbrachte, verdiente er sich einen Verstärker.

Ein Mann, der ständig an seinen Nägeln kaute, beschloß, sich zu verstärken für das Berühren des Mundes mit dem Finger, ohne aber Nägel zu kauen. Die junge Frau, die manchmal ihre Haut blutig kratzte, führte statt dessen das Streicheln ein und verstärkte sich dafür.

Kann es in solchen Fällen geschehen, daß das neue Verhalten sich anstelle des bisherigen zu einer »nervösen« Gewohnheit entwickelt? Gewöhnlich nicht, denn das unerwünschte, »nervöse« Verhalten wurde jahrelang praktiziert und ist vielleicht unter ungewöhnlichen, z. B. aversiven Bedingungen erlernt worden. Sie müssen das neue, gegensätzliche Verhalten nur lange genug praktizieren, um ihr bisheriges Problem loszuwerden.

Einige Raucher haben die Technik versucht, andere Verhaltensweise anstelle des Rauchens zu setzen. Anstatt sich eine Zigarette anzuzünden, nahmen sie z. B. einen Kaugummi. Diese Technik ist selten effektiv, wenn sie sich ausschließlich auf die verstärkende Wirkung des Kaugummis verläßt, dessen Wert indes, verglichen mit einer Zigarette, ziemlich gering ist für jemanden, der den Tabak liebt. Es ist gewiß besser, eine alternative Verhaltensweise auszusuchen, aber das Kauen anstelle von Rauchen auch kräftig und schnell zu verstärken.

Machen Sie nicht den Fehler, sich allein auf das Ausführen einer mit dem unerwünschten Verhalten unvereinbaren Tätigkeit zu verlassen. *Sie muß verstärkt werden, sonst wird sie nicht weiterhin ausgeführt werden.* Wird sie jedoch nicht fortgesetzt, wird das unerwünschte Verhalten bald wieder auftauchen.

Um diesen Abschnitt noch einmal zusammenzufassen:

Versuchen Sie, wann immer es geht, auch wenn Sie sich ein unerwünschtes Verhalten abgewöhnen wollen, ein entgegengesetztes, unvereinbares Verhalten auszusuchen, das Sie durch positive Verstärkung auf Kosten des unerwünschten Verhaltens steigern.

Um ein unvereinbares Verhalten auszuwählen, stellen Sie sich folgende Fragen:

1. Gibt es ein genau entgegengesetztes Verhalten, das ich auch wirklich aufbauen will, während das unerwünschte Verhalten nachläßt?
2. Welche Verhaltensweisen würden die Ausübung des unerwünschten Verhaltens unmöglich machen?
3. Gibt es irgendeine bedeutungslose Handlung, die ich jedenfalls anstelle des unerwünschten Verhaltens ausführen könnte? Paßt sie in die Formel: ich will (das Verhalten, das anstelle des unerwünschten steht) tun, anstelle von (dem unerwünschten Verhalten, das ersetzt werden soll).

DIE HÄUFIGKEIT DER UNVEREINBAREN VERHALTENSWEISE ZÄHLEN

Wenn Sie in der Lage sind, ein unvereinbares, erwünschtes Verhalten auf Kosten des unerwünschten Verhaltens aufzubauen, sollten Sie die Grundrate kennen, einmal davon, wie oft Sie das entgegengesetzte Verhalten zeigen, und zum anderen, wie oft Sie das unerwünschte Verhalten ausführen. Wenn Ihr Plan enthält, daß Sie einfach eine neue Tätigkeit für eine bisherige einführen, zum Beispiel die Hände zusammenschlagen anstelle von Knöchelknacken, dann ist die Grundrate für das neue Verhalten wahrscheinlich gleich Null. Aber wenn das Verhalten früher schon gezeigt wurde – zum Beispiel hat die Frau, die so oft mit ihrem Vater stritt, ihn sicher auch einmal angelächelt –, dann wird die Grundrate über Null liegen. Wenn Sie beginnen, ein neues, unvereinbares Verhalten aufzubauen, ohne zu wissen, wie oft es in der Vergangenheit schon aufgetreten ist, arbeiten Sie im wesentlichen ohne Grundratenerhebung und können Fehler machen. *Daher empfiehlt es sich, solch eine unvereinbare Verhaltensweise sobald wie möglich auszuwählen und ihre Grundrate zu erheben,* während Sie noch mit der Grundratenerhebung für das unerwünschte Verhalten fortfahren.

Bis jetzt haben wir uns lediglich auf positive Verstärkung konzentriert. Es könnte Ihnen aber der Gedanke gekommen sein, *Selbstbestrafung* in Ihrem Veränderungsprojekt zu gebrauchen. Die theoretische Erklärung wurde dafür in Kapitel 3 gegeben. Wenn Ihnen die folgende Diskussion unklar erscheint, sollten Sie Ihr Gedächtnis dadurch auffrischen, daß Sie die betreffenden Stellen noch einmal lesen.

Warum Strafe allein unzureichend ist

Viele Veränderungspläne, die sich ausschließlich auf Strafe verlassen, funktionieren nicht. Es gibt mehrere Gründe dafür, daß das der Fall ist. Der erste ist, daß das unerwünschte Verhalten *gegen milde Strafe resistent ist.* Stellen Sie sich vor, daß Sie ein unerwünschtes Verhalten *abbauen* wollen. Sie fühlen sich nämlich schuldbewußt, depressiv, schlecht, behindert oder nervös, weil Sie es tun: kurz, Sie sind eigentlich schon dafür bestraft. *Trotzdem tun Sie es weiter.*

Die Folgerung ist klar: das Auftreten dieses Verhaltens ist schon ziemlich resistent gegenüber Strafe. Der Gebrauch von Strafe als einer Veränderungstechnik würde von Ihnen verlangen, daß Sie sich zusätzlich noch härtere Strafen zufügen müssen, was Sie wahrscheinlich nicht täten.

Sie können Ihre Lage dagegen sogar verschlechtern, denn eine Möglichkeit, Verhalten gegen Strafe resistent zu machen, besteht darin, es erst milde zu bestrafen und dann positiv zu verstärken. Wenn Sie in irgendeiner Form für das Verhalten verstärkt werden, den Verstärker aber nicht kennen, können Sie die Resistenz des Verhaltens erhöhen, indem Sie eine milde Strafe einführen, die von einer (unter Umständen nicht bewußten) positiven Verstärkung gefolgt wird.

Der zweite Grund, warum Sie Strafe vermeiden sollten, besteht darin, daß Strafe allein kein neues Verhalten lehrt. Strafe unterdrückt einzig und allein das Verhalten, dem sie folgt, aber das, *was dafür stattfindet*, wird durch die Verstärkungen bestimmt, die auf die verschiedenen Dinge, die Sie vielleicht unternehmen, erfolgen. In Ihrem Selbstveränderungsprojekt sollte ein Plan vorgesehen sein, wie Sie erwünschte Alternativen zu Ihrem Problemverhalten auswählen und verstärken. Sonst ist es unvollständig.

Der dritte Grund, Strafe zu vermeiden, besteht in den nach Strafreizen wahrscheinlich auftretenden negativen emotionalen Reaktionen, zum Beispiel Unlust, Angst, Ärger und Depression. Diese Gefühle werden mit den gerade dann, wenn sie ausgelöst werden, vorhandenen Reizen gekoppelt. Somit würde Strafe also die Anzahl der Situation erhöhen, die in Ihnen unangenehme Gefühle hervorrufen – ein unerwünschter Nebeneffekt. Wenn Sie dagegen positive Verstärker benutzen, werden diese wahrscheinlich zu positiven Gefühlen und Einstellungen gegenüber einem größeren Teil Ihrer Umwelt beitragen.

Sie sehen somit, daß Strafe allein eine unangemessene Strategie ist. Das trifft auf jede Form von Strafe zu: in einer gegebenen Situation aversive Reize hinzuzufügen oder positive Verstärker wegzunehmen. Hierzu ein Beispiel einer Situation, wo Strafe wirklich unangebracht wäre: Eine Studentin hatte drei Jobs und eine Menge Arbeit für ihr Studium. Ihr erster Vorschlag war, daß sie sich dafür bestrafen wolle, wenn sie das erwünschte Verhalten *nicht* ausführte, indem sie sich eine ihrer wenigen Freuden, die ihr blieben, entzog. Sie hatte es geschafft, sich Freitag nachmittags zwei Stunden freizuhalten, die sie meistens mit ihrem Freund am Strand verbrachte. In ihrem Plan wollte sie sich für exzessives Essen bestrafen, indem sie dieses wöchentliche Vergnügen aufgab. Wir waren mit dieser Idee gar nicht einverstanden. Ihr Leben brauchte eine Bereicherung, nicht eine weitere Verarmung an positiven Versterärkern.

Es wurde vereinbart, daß sie sich für ihre Diät durch weitere gesellschaftliche Aktivitäten belohnen sollte (wenn es nicht anders ginge, eben auf Kosten ihrer ausreichend bemessenen Studienzeit). Wenn sie ihren einmaligen, wöchentlichen Kontakt mit ihrem Freund auch noch verlieren würde, würde sie von ihrer anderen Freude, dem Essen, noch abhängiger werden. Ohnehin brauchte sie für ihr allgemeines Wohlbefinden einen weiteren Grundstock von angenehmen Ereignissen. Bestrafung hätte die erfreulichen Dinge in ihrem Leben noch weiter beschnitten, und sie hätte ihre Diät weniger wahrscheinlich durchhalten können.

In einigen Situationen scheint Selbstbestrafung die einzige Möglichkeit zu sein. Es widerstrebt uns, dieses Thema zu diskutieren, nicht weil wir Selbstbestrafung für prinzipiell falsch halten, sondern weil sie zu leicht zu Mißerfolg führen kann. Die meisten Menschen mögen sich nicht selbst bestrafen und geben wahrscheinlich jeden Plan auf, der Selbstbestrafung erfordert. Bei der Durchführung von Selbstbestrafung wird weniger oft von Erfolgen berichtet, als bei solchen Plänen, in denen Techniken der positiven Verstärkung angewandt wurden (Mahoe, 1970).

Selbst wenn Bestrafung als einzige *Alternative erscheint,* sollte nach anderen Strategien der positiven Verstärkung gesucht werden, besonders nach Verhaltensformung und Verstärkung unvereinbarer Reaktionen. Wenn Sie unerwünschtes Verhalten zeigen, wird es möglich sein, ein damit unvereinbares Verhalten positiv zu verstärken, anstatt das unerwünschte Verhalten zu bestrafen. Es kann möglich sein, kräftigere oder schneller folgende Verstärker als Ansporn zu benutzen. *Bevor Sie sich definitiv für den Gebrauch von Strafe entscheiden, sollten Sie immer nach unvereinbaren Verhaltensweisen suchen, die Sie statt dessen positiv verstärken können. Suchen Sie nach kräftigerer und unmittelbarer folgender Verstärkung; erwägen Sie Verhaltensformung in kleineren Schritten.*

Trotzdem gibt es einige Situationen, in denen Strafe notwendig sein könnte. Wenn Sie gegenwärtig alle positiven Verstärker erhalten, die Sie von Ihrer Umgebung bekommen können, sollten Sie sich vielleicht einige davon versagen, um Ihr Verhalten zu kontrollieren.

Eine junge Frau zum Beispiel, deren Leben sehr ausgeglichen und geordnet schien, sagte, daß es nichts gäbe, was sie wolle und nicht bekäme; es gab also nichts, womit sie sich belohnen konnte. Deshalb bestrafte sie sich selbst, indem sie sich das Baden versagte, wenn sie ihr Zielverhalten nicht ausgeführt hatte.

Es ist möglich daß das unerwünschte Verhalten selbst so stark verstärkend wirkt, daß Sie keine anderen, ebenso starken Verstärkungen dagegensetzen können. Nehmen wir zum Beispiel das Rauchen: Wenn Sie ein starker Raucher sind, wird Ihnen nach 24 Stunden ohne Zigaretten nichts so gut erscheinen wie eben eine Zigarette. Sie merken, daß Sie notwendigerweise ein paar Strafen einbauen müssen, um sich davon abzuhalten, eine Zigarette anzuzünden. In solchen Fällen kann eine Technik helfen, wie sie Nürnberger und Zimmerman (1970) gebrauchten.

In ihrem Raucher-Forschungsprojekt mußte jeder Teilnehmer einen Scheck an eine ihm verhaßte Organisation ausstellen. Für jemanden, der rechts steht, könnte das eine kommunistische Partei sein, oder für einen eingeschworenen Atheisten eine kirchliche Organisation. Jeder kann eine Liste von Organisationen angeben, die ihm sehr mißfallen, die er vielleicht haßt. Die Vereinbarung sah vor, daß der Scheck abgeschickt wurde, wenn jemand das unerwünschte Verhalten zeigte.

Hall und andere (1971) gingen ähnlich vor. Sie zerrissen Dollarnoten oder zogen 25 Cents pro Zigarette für die Wohlfahrt ein.

REGELN, DIE BEI SELBSTBESTRAFUNG ZU BEACHTEN SIND

1. Sich selbst einige positive Verstärker zu entziehen ist die einzige Art von Selbstbestrafung, die Sie anwenden sollten.
Wenn Sie sich bestrafen müssen, entziehen Sie sich lieber einen positiven Verstärker, als daß Sie sich negative Konsequenzen zufügen. Eine Frau könnte sich das tägliche Bad versagen, weil sie nicht genug studiert hat. Ein junger Mann könnte sich verbieten, das zu essen, was ihm schmeckt, weil er ein unerwünschtes Verhalten gezeigt hat. Die Art von Strafe, bei der Sie sich unangenehme Reize zufügen, sollten Sie in Ihrem Selbstveränderungsprogramm vermeiden. Schlagen Sie sich nicht und kneifen Sie sich nicht. Wenn Sie am Wochenende für gewöhnlich ins Kino gehen, könnten Sie von sich verlangen, daß Sie zuerst ein gewünschtes Verhalten zeigen, ehe Sie ein Recht auf den Kinobesuch haben. Einer unserer Studenten teilte seine Speisen in zwei Kategorien ein: Essen, das er ausgesprochen gerne hatte, und in Essen, aus dem er sich nichts Besonderes machte.

Wenn er nicht sein erwünschtes Verhalten zeigte, durfte er die leckeren Sachen nicht essen. Viele Menschen werden die allgemeine Kategorie – »Dinge, die mir Spaß machen« – einsetzen, indem sie von sich erst die Ausführung eines gewünschten Verhaltens verlangen, bevor sie sich das Vergnügen gestatten. Eine verliebte Studentin benutzte die täglichen Briefe ihres auswärts lebenden Freundes als Verstärker. Jeden Tag übergab sie die Briefe ungeöffnet einer Freundin. Wenn sie ihr Zielverhalten zeigte, bekam sie die Briefe ungeöffnet zurück, wenn nicht, sollte die Freundin den Brief öffnen und lesen.

Irgendeinen gewohnten positiven Verstärker sich zu versagen, bis Sie das Zielverhalten ausgeführt haben, kann als Strafe dienen. Der entscheidende Punkt ist der, *daß Sie sich ihn auch tatsächlich versagen müssen, wenn Sie Ihr Zielverhalten nicht durchführen.*

In Kapitel 7 führten wir zwei Fragen (15 und 16) an, die auf diese Strategie anzuwenden sind. Wenn Sie sich für die Technik der Selbstbestrafung entscheiden, werden Ihre Antworten darauf Sie mit einer Liste von positiven Verstärkern versorgen, die Sie sich entziehen können. *Falls Sie jedoch beabsichtigen, die Technik der Selbstbestrafung anzuwenden, dann vergewissern Sie sich, daß Sie in äußerst kleinen Schritten bei der Verhaltensformung vorgehen, so daß es sehr unwahrscheinlich wird, daß Sie sich bestrafen müssen.*

Es kann immer noch die Möglichkeit geben, Bestrafung ganz zu vermeiden. *Wann immer Sie an diese Form von Bestrafung denken – nämlich sich positive Verstärker zu entziehen –, fragen Sie sich, ob es nicht möglich ist, die positiven Verstärker zu erhöhen, anstatt sie zu verringern.*

Eine Hausfrau kam zu uns mit einem Interventionsplan, in dem sie sich einige erfreuliche Tätigkeiten vorenthalten wollte, wenn sie ihr Zielverhalten nicht ausführte. Sie wurde gefragt, warum sie nicht mehr Zeit für erfreuliche Dinge verwenden wolle, anstatt sich diese zu beschneiden.

»Aber das kann ich doch nicht«, antwortete sie. »Sie wissen doch, wie es ist als Hausfrau. Da muß man eine Menge Dinge erledigen, die einfach jedes Wochenende anfallen.«

»Was würde denn passieren, wenn Sie einige dieser Pflichten nicht erfüllten? Möglicherweise wäre der Küchenboden nicht so sauber wie sonst, weil Sie ihn nur alle zwei Wochen putzten. Oder die Kinder würden ihre angeschmutzten Sachen einen Tag länger tragen, das würde eine Menge weniger Wäsche bedeuten. Was für Pflichten üben Sie aus, die letztlich für die Gesundheit und das Glück Ihrer Familie doch nicht so wesentlich sind?«

Wie die meisten Hausfrauen, erledigte sie viele Dinge, die

im Grunde keinem so wichtig waren. Wir empfahlen ihr, daß sie eine Bestrafung ganz vermeiden solle. Anstatt sich selbst einiger positiver Verstärker zu berauben, konnte sie gutes Verhalten damit belohnen, daß sie einfach etwas weniger im Haushalt tat.

2. *Wenden Sie Selbstbestrafung nur an, wenn sie zu mehr positiven Verstärkern führt.*
Oftmals besteht die positive Verstärkung darin, daß Sie sich besser fühlen, weil Sie einen Veränderungsplan durchgeführt haben. Vielleicht haben Sie aufgehört zu rauchen, Nägel zu kauen, oder Sie haben die Häufigkeit erhöht, mit der Sie ein erwünschtes Verhalten durchführen. In diesen Fällen ist der positive Verstärker Ihr gutes Gefühl. Verstärkend können die erfreuten Reaktionen Ihrer Umwelt sein: Einer Ihrer Mitmenschen freut sich, weil Sie mit einem unangenehmen Verhalten aufgehört haben, oder es sind Ihnen neue positive Verstärker zugänglich, weil Sie etwas Neues dazugelernt haben.

Wenn Grund zu der Annahme besteht, daß sich diese neuen Verstärker schnell entwickeln, dann ist eine Selbstbestrafung für kurze Zeit tragbar. Die Bestrafung kann die Zeit überbrücken, bis die positive Verstärkung wirksam wird. Aber wenn nicht erwartet werden kann, daß diese sich von selbst entwickelt, dann bauen Sie am besten einige positive Verstärker zusammen mit der Bestrafung in Ihr Programm ein.

3. *Wenn Sie Bestrafung gebrauchen müssen, versuchen Sie sich einen Veränderungsplan auszudenken, in dem Strafe und positive Verstärkung zusammen angewendet werden.*
Stellen Sie sich vor, daß Sie ein unerwünschtes Verhalten dadurch bestrafen wollen, daß Sie sich Geld wegnehmen. Sie sollten dann Ihren Veränderungsplan so gestalten, daß Sie *zusätzliches* Geld erhalten, sobald Sie das unerwünschte Verhalten *nicht* zeigen. Sind Sie schwach, verlieren Sie, sind Sie erfolgreich, so gewinnen Sie dabei. Diese Doppelstrategie bietet die besten Möglichkeiten, wenn Sie Bestrafung in Ihrem Plan anwenden.

Früher erwähnten wir, daß unmittelbare Verstärkung notwendig wird, sobald Sie sich vom Rauchen, von Zuviel-Essen oder unerwünschtem Sexualverhalten zurückhalten. Einige Studenten haben herausgefunden, daß nur eine bestimmte Art von

Bestrafung stark genug ist, der verstärkenden Wirkung des unerwünschten Verhaltens zu begegnen. Eine gebräuchliche Form von Bestrafung ist der Verlust von Geld. Ein Student könnte einen Vertrag unterzeichnen, der ihn verpflichtet, sobald er eine Zigarette raucht, Geld zu zahlen. Ein älterer Student, der mit einem Kollegen zusammen arbeitete, den er nicht ausstehen konnte, unterzeichnete einen Vertrag, der ihn verpflichtete, diesem Arbeitskollegen 10 Dollar zu zahlen, wenn er eine Zigarette geraucht hatte. Das war ein so schrecklicher Gedanke, daß es ihm sehr schnell gelang, das Rauchen aufzugeben. Ein junger Mann, der verzweifelt versuchte, sich das Fingerknacken abzugewöhnen, unterzeichnete einen Vertrag, der ihm verbot, an dem Tag, an dem er mit den Knöcheln geknackt hatte, mit seiner Verlobten zu schlafen.

Für ein kombiniertes Programm von positiver Verstärkung und Bestrafung können Sie auch gut ein Spielmarkensystem nehmen. Stellen Sie sich vor, daß Sie jedesmal, wenn Sie das unerwünschte Verhalten zeigen, einen Punkt verlieren. Die Gewinne und Verluste müssen dabei natürlich nicht gleichgewichtet sein. Ein Mann, den wir kannten, gewann zum Beispiel einen Punkt für jede Stunde, in der er nicht rauchte, verlor aber 10 Punkte für jede gerauchte Zigarette.

ZUSAMMENFASSUNG

Selbstbestrafung ist nicht häufig eine angemessene Form der Intervention. Obgleich Bestrafung das ihr vorausgehende Verhalten unterdrückt, wird dadurch noch kein neues Verhalten gelernt. Bestrafung ruft zudem unerfreuliche emotionale Effekte hervor, die auf verschiedene Reize konditioniert werden könnten, die gleichzeitig mit der Bestrafung vorhanden sind.

Viele Veränderungspläne, die sich nur auf Selbstbestrafung verlassen, haben keinen Erfolg. Es gibt einige Situationen, in denen Selbstbestrafung notwendig sein kann: wenn es keinen positiven Verstärker gibt, den Sie erhalten können, oder wenn das unerwünschte Verhalten so stark verstärkend wirkt, daß eine unmittelbar entgegenwirkende Verstärkung notwendig ist, damit Sie das unerwünschte Verhalten nicht ausführen. Endhandlungen (den Verstärker konsumierendes Verhalten) ist ein typisches Beispiel für solch eine Situation.

Falls Sie sich für den Gebrauch von Bestrafung entscheiden, sollten Sie folgende Regeln beachten:

I. Nehmen Sie sich etwas Positives weg, anstatt sich etwas Negatives zuzufügen. (Versuchen Sie immer einen Weg zu finden, Verhalten dadurch häufiger werden zu lassen, indem Sie etwas Positives *hinzufügen*.) Verwenden Sie kleine Schritte in der Verhaltensformung.

II. Wenden Sie Bestrafung nur an, wenn Sie zu erhöhter positiver Verstärkung führt.

III. Erfinden Sie einen Plan, der Strafe mit positiver Verstärkung kombiniert.

Ihr eigenes Veränderungsprojekt: 8. Schritt

Sie sollten nun einen *Vertrag* machen – eine schriftliche Vereinbarung mit sich selbst –, in dem genau festgelegt ist, was Ihr Zielverhalten ist, und welche Verstärkung Sie für seine Durchführung erhalten werden. Ihr Verstärker sollte möglichst rasch auf das Zielverhalten folgen. Wenn das nicht geht, sollten Sie zur Überbrückung ein Symbolverstärkersystem benutzen. Achten Sie darauf, daß Sie nicht von Ihrem Verstärker übersättigt werden, daß Sie niemand anderen damit bestrafen, und daß Sie für jeden Plan einen eigenen Verstärker verwenden. Idealerweise sollte Ihr Plan es gestatten, daß die Gesamtzahl der positiven Verstärker, die Sie für gewöhnlich erhalten, ansteigt. Wenn Sie sich nicht selbst bekräftigen können, sollten Sie versuchen, jemanden zur Mitarbeit zu gewinnen.

Ihr Vertrag sollte die einzelnen Schritte in Ihrem Plan zur Verhaltensformung genau festlegen. Seien Sie flexibel und ändern Sie ihn, wenn es nötig wird. Seien Sie auf Probleme bei der Verhaltensformung vorbereitet, zum Beispiel Lernplateaus, Selbstbetrug und nachlassende Willenskraft.

Wenn Sie sich für *Selbstbestrafung* entscheiden, achten Sie darauf, daß Sie in Ihrem Plan die obengenannten Regeln berücksichtigen:

1. daß Sie die Form von Bestrafung benutzen, bei der Sie auf einen gewohnten positiven Verstärker verzichten;

2. daß Sie letztlich mehr positive Verstärker erhalten;

3. daß die Bestrafung mit positiver Verstärkung kombiniert ist.

Bevor Sie sich endgültig für Selbstbestrafung entscheiden, versuchen Sie, Ihr Problem so zu definieren, daß ein anderes, damit nicht zu vereinbarendes erwünschtes Verhalten aufgebaut wird, was Sie dann wiederum mit positiver Verstärkung erreichen können.

Legen Sie den Vertrag schriftlich fest, *aber beginnen Sie noch nicht mit der Ausführung, ehe Sie die Kapitel 9 und 10 gelesen haben.* Es kann sein, daß Sie danach Ihren Vertrag noch etwas verändern wollen.

Kapitel 9

Die Analyse und Kontrolle vorausgehender Ereignisse

1. Einige Selbstveränderungspläne verlangen, daß man die dem Verhalten vorausgehenden Ereignisse verändert.
   a) Wie man vorausgehende Ereignisse durch Selbstbeobachtung entdeckt.
   b) Aversive Reize als vorausgehende Ereignisse.
   c) Wie man vorausgehende Ereignisse entdeckt, nachdem man ein Selbstveränderungsprojekt begonnen hat.

2. Techniken, um vorausgehende Ereignisse zu kontrollieren.
   a) Wie man vorausgehende Ereignisse vermeidet.
   b) Der Zwei-Stufen-Prozeß: erstens, das Vermeiden von vorausgehenden Ereignissen; zweitens, das Lernen von wünschenswerten alternativen Verhaltensweisen.
   c) Ein Zwei-Stufenprozeß für Verhalten, das unmittelbar zur Befriedigung führt.
   d) Ein Zwei-Stufenprozeß für zwischenmenschliche Verhaltensweisen.
   e) Wie man die Verhaltenskette zwischen Impulsen und den unerwünschten Verhaltensweisen analysiert und in diese Kette Verzögerungen einbaut.
   f) Wie man eine Verhaltenskette, die letztlich zu einem unerwünschten Verhalten führt, durchbricht, zerreißt oder verändert.

3. Wie man die Kontrolle vergrößert, die ein vorausgehendes Ereignis über ein erwünschtes Verhalten hat.

4. Das Aufbauen von Reizgeneralisation.

Verhalten ist eingebettet in die Folge: vorausgehendes Ereignis – Verhalten – Konsequenz. Bisher haben wir uns vor allem mit dem Verhalten und seinen Konsequenzen beschäftigt, aber jetzt ist es an der Zeit, unsere Aufmerksamkeit den *vorausgehenden Reizen* zuzuwenden. Der wirkungsvollste Veränderungsplan ist häufig der, in dem Sie die Reize, die Ihrem Zielverhalten vorausgehen, kontrollieren.

FALL 15: Eine junge, verheiratete Frau berichtete zunächst, es sei ihr Wunsch, ihrem Mann keine »Entschuldigungen und Rationalisierungen« mehr zu bieten, wenn dieser ihr Verhalten in Frage stelle. Er bemerkte irgend etwas, was sie tat oder was sie nicht tat, und fragte sie, warum sie es täte. Häufig antwortete sie dann ausweichend oder entschuldigte sich geradezu. Sie begann mit einem Selbstveränderungsplan, der vorsah, dieses Verhalten zu beseitigen, indem sie statt dessen ehrlichere Antworten einsetzte. Aber der Plan klappte nicht so gut, und sie fragte um Rat. »Warum, glauben Sie, entschuldigen Sie sich immer bei ihm?« wurde sie gefragt. »Weil ich häufig, durch die Art, wie er fragt, genau weiß, wenn ich ihm die Wahrheit sage, würde er mir die Hölle heiß machen.« Es war nun klar, warum ihr Plan, die Wahrheit anstelle von Entschuldigungen zu setzen, nicht klappte: sie wurde dafür, daß sie die Wahrheit sagte, bestraft!

Wir nahmen an, daß ihr Mann durch sein Verhalten – seine Stimme, seinen Gesichtsausdruck – den Hinweisreiz dafür lieferte, daß sie sich entschuldigte. Sie stimmte dem zu. Dann arbeitete sie einen neuen Interventionsplan aus, der ihren Mann dazu bringen sollte, zwei Dinge zu tun: erstens, daß er sie nicht bestrafte dafür, daß sie die Wahrheit sagte, und zweitens, daß er nicht den Hinweisreiz dafür lieferte, bei ihr Entschuldigungen hervorzurufen. Sie erklärte ihm nun die Situation und bot ihm folgendes an: jedesmal, wenn sie fragen wollte, und er nicht die Stirn runzelte und nicht in diesem Tonfall spräche und sie auch nicht dafür bestrafte, daß sie ihm die Wahrheit sagte, wollte sie ihm dafür am Abend ein Lieblingsgericht kochen. Diese Belohnung kennzeichnete einen neuen Interventionsplan, in dem sie versuchte, das Verhalten ihres Mannes zu ändern, damit sie auch ihr eigenes ändern konnte.

Die Kontrolle der vorausgehenden Ereignisse unterscheidet sich nicht wesentlich von den Strategien, die früher diskutiert worden sind. Sie verlangt nur, daß der Eingriff an früherer Stelle der Verhaltenskette erfolgt. Ein interessanter Punkt, auf den wir in diesem Kapitel stoßen, ist der, daß das Verhalten anderer Leute häufig eine Rolle in Ihrer Verhaltenskette spielt, und Sie können häufig deren Verhalten ändern, indem Sie Ihr eigenes sorgfältig kontrollieren.

Wie man vorausgehende Ereignisse entdeckt

Viele Arten von Psychotherapie zielen darauf ab, die Menschen erkennen zu lassen, was ihrem Verhalten vorausgeht. Dies ist vielleicht eine wesentliche Stärke dieser Verfahren. Viele Menschen sind bemüht, sehr versteckte Auslösereize zu erkennen. Bei der psychoanalytischen Vorgehensweise könnten Sie z. B. versuchen, die Auslösereize Ihres unbewußten Verhaltens zu entdecken. Diese Art der Selbsterkennung kann oft dazu beitragen, sich zu ändern. Häufiger sind jedoch die vorausgehenden Schlüsselereignisse nicht so geheimnisvoll und können durch Ihre eigene sorgfältige Beobachtung aufgedeckt werden.

Inzwischen sollten Sie soweit geschult sein, daß Sie die Techniken und Einstellungen der Selbstbeobachtung beherrschen. Diese Fertigkeiten sind auch nützlich, wenn Sie die Auslöse- und Hinweisreize Ihres Verhaltens ausmachen wollen. Es gibt vier Arten von vorausgehenden Ereignissen, nach denen Sie suchen müssen: raum-zeitliche Umstände, soziale Gegebenheiten, das Verhalten anderer Leute und Ihre eigenen Gedanken.

Falls Ihr Problemverhalten ein unerwünschtes Verhalten ist, werden Sie damit beginnen, daß Sie dessen Auftreten in einer Grundratenperiode zählen. Sobald Sie diese Art von Beobachtung durchführen, können Sie ebenfalls beginnen, nach den Ereignissen zu suchen, die Ihrem Problemverhalten vorausgehen. Bei dieser Untersuchung geht es darum, herauszufinden, *wann* Sie das Problemverhalten zeigen – d. h., die vorausgehenden Bedingungen aufzudecken.

Eine Technik besteht darin, bei der Ausführung des kritischen Verhaltens anzufangen, und dann über die zeitlich weiter zurückliegenden Ereignisse nachzudenken. Sie könnten zu sich sagen: »Ich habe dieses Verhalten gezeigt. Unmittelbar zuvor war

ich in der Situation _____, ich hatte das Gefühl von _____, oder ich dachte _____
_____ . Unmittelbar *davor* war ich in der Situation _____ oder in dem emotionalen Zustand _____ , usw.«

Sie sollten nach Ereignissen schauen, die in relativ kruzer Zeit auftreten, vielleicht etwa 5 Minuten, und diese auch aufschreiben. *Fragen Sie sich:*

1. Welche raum-zeitlichen Umstände waren in den letzten paar Minuten gegeben?

2. In welchem sozialen Arrangement befand ich mich?

3. Welches Verhalten trat bei den anderen Leuten auf?

4. Was dachte ich oder sagte ich zu mir selbst?

Stellen Sie für jedes Problemverhalten eine Liste der vorausgehenden Ereignisse für diese vier Kategorien auf. Nachdem Sie diese Liste über eine Woche oder länger geführt haben, überprüfen Sie sie sorgfältig, und suchen Sie nach den Ereignissen, die zusammengefaßt werden können, damit Sie eine Kategorie von vorausgehenden Reizen bilden.

Um z. B. die physikalischen Auslöse- oder Hinweisreize zu entdecken, müssen Sie sich genau die physikalische Situation, die dem Problemverhalten unmittelbar vorausging, in Erinnerung rufen: den Raum, die Tageszeit, das Wetter. Diese vorausgehenden Reize sind oft am leichtesten zu entdecken. Achten Sie darauf, daß Sie auch ganz offensichtliche Situationen nicht übersehen: so mögen Sie herausfinden, daß Sie niemals lernen, wenn der Fernseher läuft, oder Sie könnten herausfinden, daß die unangenehmsten sozialen Interaktionen in den ersten zwei Stunden am Morgen stattfinden, wenn Sie gerade noch beim »Aufwachen« sind. Soziale Gegebenheiten, die als vorausgehende Ereignisse dienen, können ebenso entdeckt werden. Ein junger Mann, dessen Problem darin bestand, daß er nicht in angemessener Art mit Frauen umgehen konnte, stellte fest, daß dieses Problem nur auftrat, wenn er sich in einer größeren Gruppe oder auf einer Party befand. Solange er mit der anderen Person alleine oder in einer kleinen Gruppe zusammen war, fühlte er sich sehr wohl in der Lage, ein persönliches Gespräch zu führen.

Der Fall der verheirateten Frau, deren Mann die vorausgehenden Reize für ihre Entschuldigungen lieferte, ist ein Beispiel dafür, wie das Verhalten von anderen als ein vorausgehender

Reiz für das Problemverhalten dient. Einer unserer Studenten berichtete, daß er jedesmal, wenn er mit einer bestimmten Person redete (nämlich mit einer, die er häufig traf), sich »niedergeschmettert« fühlte und daß dies zu einem unerwünschten »defensiven« Verhalten führte. Dieses abwertende Verhalten der anderen Person war für ihn der Auslösereiz. Er stellte dies zum erstenmal fest, als er über seine Gedanken nachdachte, wenn er es mit dieser Person zu tun hatte. Er berichtete, daß er während jeder Unterhaltung so Gedanken hatte wie: »dieser arrogante Kerl« oder »er ist zu überlegen!« oder »ich bin besser vorsichtig. Ich gebe in dieser Unterhaltung kein gutes Bild ab.« Diese Gedanken führten ihn, sobald er sie einmal so klar festgehalten hatte, zu den möglichen Auslösereizen, und er war in der Lage, in dem Verhalten der anderen Person jene Ereignisse zu entdecken, die bei ihm das Gefühl des Abgewertet-seins hervorriefen und die die Hinweisreize für sein »defensives« Verhalten abgaben.

Viele Studenten berichten, daß sie aufgeregt werden, wenn sie Prüfungen machen müssen. Einige Leute werden aufgeregt in jeder Art von sozialer Situation, in der sie damit rechnen müssen, von anderen bewertet zu werden, wie z. B. Verabredungen mit Unbekannten oder eine erste Verabredung, oder eine Vorstellung bei der Arbeitssuche, oder ein Gespräch mit jemandem von höherem Rang oder Ansehen.

DIREKTE BEOBACHTUNG

In allen diesen Situationen wird der vorausgehende Reiz dadurch entdeckt, daß man die Ereignisse beobachtet, die auftreten, *bevor* Sie damit beginnen, das Problemverhalten auszuführen. Sie sollten sich am besten eine Karte wie im folgenden Beispiel anlegen.

FALL 16: Problemverhalten: »den anderen Leuten zu sagen, was ich von ihnen denke, was oft nicht gerade schmeichelhaft ist.«

Auftreten des Problem-verhaltens	Vorausgehende Ereignisse
Dienstag nachmittag: sagte zu John, daß er »dumm« sei. Das verletzte ihn.	Er sagte, daß er ganz froh sei über den Ausgang der Schul-wahlen.
Mittwoch abend: sagte zu Ellen, daß sie »spinnt«.	Sie sagte, daß ihrer Meinung nach die Wissenschaftler am meisten Streit in der Welt verursachten.
Freitag nachmittag: sagte zu Prof. X, daß er ein »autori-tärer alter Mann« sei.	Er sagte zu mir, daß ich meine Scheine machen müsse.
Samstag nacht: sagte zu dem Mädchen, mit dem ich mich verabredet hatte, daß sie »hoffnungslos durchschnitt-lich und doof« sei.	Sie sagte, daß sie sich darauf freute, verheiratet zu sein und eine Familie zu haben.
Samstag nacht: sagte zu John, daß er »dumm« sei.	Ich weiß nicht.

Nach zwei Wochen, in denen er diese Art von Beobachtun-gen gemacht hatte, war der junge Mann in der Lage, Katego-rien der vorausgehenden Ereignisse aufzustellen, die sein uner-wünschtes Verhalten hervorzurufen schienen: »Wenn Leute mit meiner persönlichen Anschauung nicht übereinstimmen, neige ich dazu, sie abzukanzeln.« Dies sagt nichts darüber aus, ob seine Ansicht gut oder schlecht ist. Es sagt aber aus, daß die Nicht-Übereinstimmung mit ihr die Reaktion auszulösen schien, »den Leuten zu sagen, was ich von ihnen halte«. Er war der Meinung, daß diese Reaktion nicht wünschenswert sei, weil sie oft die Leute ärgerte und sie von daher nicht länger daran interessiert waren, seiner privaten Anschauung zuzuhören.

Sobald Sie beobachten, daß das Problemverhalten aufgetre-ten ist, schreiben Sie nach Möglichkeit immer die vorausgehen-den Ereignisse auf. Falls das nicht möglich ist, schreiben Sie sie auf, sobald Sie einen Moment Zeit haben. Je länger Sie warten, desto wahrscheinlicher ist es, daß Sie sie vergessen, und das ver-hindert, daß Sie genaue Kategorien erstellen.

Manchmal ist die Unterbrechung, während der Sie die vor-ausgehenden Ereignisse aufschreiben, etwas unangenehm für Sie. Es scheint dann leichter zu sein, das Aufschreiben zu vergessen oder eine stille Stunde abzuwarten, in der Sie sie aufschreiben.

Unter solchen Umständen *muß Ihr erster Selbstveränderungs-plan enthalten, daß Sie sich gerade für das Aufschreiben der Ihrem Verhalten vorausgehenden Ereignisse verstärken.*

Es kann nützlich sein, andere Leute bei der Suche nach den vorausgehenden Ereignissen zu beteiligen. Dieselben Regeln, die wir auf Seite 173 f. besprochen haben, nämlich über Hilfe durch andere, können hier zur Anwendung kommen: vermeiden Sie, daß Sie deren Hilfe suchen und dafür bestraft werden, und belohnen Sie, wenn nötig, deren Mitarbeit. Viele Paare benutzen diese Technik, um ihre Schwierigkeiten dadurch auszubügeln. Nach einer längeren Phase von Rede und Gegenrede könnten Sie sich zusammensetzen und darüber diskutieren, »was schief läuft«. Die Frau könnte Anregungen geben, welches Verhalten ihres Mannes bei ihr unerwünschte Reaktionen hervorruft, und der Mann könnte seine Eindrücke schildern, wie ihre Verhaltensweisen für ihn als Hinweisreize für sein unerwünschtes Verhalten fungieren. Auch wenn Ihr Problem keine zwischenmenschliche Schwierigkeit darstellt, ist es möglich, den Rat anderer Leute zu suchen, die die Gelegenheit haben, Ihr Verhalten und dessen möglichen vorausgehenden Reize zu beobachten.

Wenn Sie nach den vorausgehenden Ereignissen suchen, könnten Sie gewissermaßen aus dem Lehnstuhl heraus gewisse Überlegungen anstellen, so eine Art Introspektion – als eine Möglichkeit, Klarheit über die wahrscheinlich vorausgehenden Reize zu gewinnen. Das ist vielleicht ganz gut, aber beschränken Sie sich nicht auf bloße Überlegungen. Der Lehnstuhl mag vielleicht der Ort sein, wo Sie zunächst Ihre Hypothesen über sich aufstellen, aber Ihr wichtigster Anhaltspunkt sollten Ihre Beobachtungen des täglichen Lebens sein. Der Vorgang könnte folgendermaßen ablaufen, daß Sie zunächst eine Serie von Einsichten und Beobachtungen machen, aufgrund derer Sie eine erste Idee haben, danach beginnen Sie, sich zu beobachten, um zu sehen, ob Sie diese Idee beibehalten können, und dann bemerken Sie, daß Sie davon abgehen müssen. Danach revidieren Sie Ihre Idee und beginnen mit einer neuen Beobachtungsphase.

Oftmals ist es ein unangenehmer Reiz, der zu einem unerwünschten Verhalten führt. Aufgrund einer früheren Lerngeschichte von Bestrafung, an die Sie sich vielleicht nicht mehr erinnern, haben einige vorausgehende Ereignisse aversive Reizkontrolle über Ihr Verhalten. Wie können Sie herausfinden, wann dies der Fall ist?

Es gibt ein paar Anzeichen dafür, ob ein vorausgehendes Ereignis eine aversive Reaktion hervorruft. Zum einen, wenn Sie sich etwa aufgeregt, ängstlich oder gespannt fühlen. Oder es könnten körperliche Anzeichen sein, also etwa Magengrimmen, schwitzende Handflächen, Kopfschmerzen oder Muskelverspannungen. Oder Sie fühlen sich »unsicher«. Vielleicht beobachten Sie, daß Verhalten, das für gewöhnlich reibungslos abläuft, weniger glatt und unregelmäßiger wird. Z. B. fangen Sie an zu stottern, oder Sie können nicht mehr klar denken, oder Sie benehmen sich ungeschickt bei Verhaltensweisen, die Sie für normal gut beherrschen. Am liebsten möchten Sie weglaufen, die Situation vermeiden, und Sie stellen fest, daß Sie sich sehr unglücklich fühlen würden, wenn Sie dablieben. Sie merken, daß Sie über einige Aspekte der Situation immer wieder nachdenken, daß Sie darüber beunruhigt sind, und trotzdem das Problem nicht lösen können. Aus Mücken werden Elefanten.

Situationen sind nicht einfach entweder positiv oder negativ. Sie werden feststellen, daß eine bestimmte Situation ihre zwei Seiten hat: einige Aspekte können Sie genießen, andere jedoch rufen Anzeichen von unangenehmen Gefühlen hervor, so wie sie oben beschrieben wurden. Menschen sind kompliziert, und manche vorausgehenden Ereignisse werden beides hervorrufen, wünschenswerte und unerwünschte Reaktionen.

Wenn Sie eines dieser Anzeichen bei sich feststellen, empfiehlt es sich, nach deren Auslösereizen zu suchen. Nehmen Sie eine Karte und notieren Sie darauf die Dinge, die *vor* den Anzeichen für einen unangenehmen Zustand auftreten. Einigen unseren Studenten gelang es, die vorausgehenden Ereignisse für ihre aversiven Reaktionen zu entdecken, anderen gelang es nicht. Es kann sein, daß Sie die Auslösereize nicht entdecken, wenn Sie intermittierend verstärkt werden, oder wenn Sie Ihr Vermeidungsverhalten so perfekt ausführen, daß Sie niemals mit diesen unangenehmen Reizen in Kontakt kommen. In diesem Fall können Sie zwei Strategien anwenden.

Die erste wurde schon erwähnt – nämlich fachliche Hilfe in Anspruch nehmen. Das Gespräch mit Beratern oder Therapeuten kann Ihnen oft helfen, die Kette der Ereignisse festzustellen. In der Therapie oder in Sensitivity-Gruppen treten oft *Beispiele* für Ihr Verhalten auf, und die anderen Gruppenmitglieder können Ihnen dabei helfen, diese zu identifizieren.

HERUMPROBIEREN

Bevor Sie jedoch diesen Schritt tun, können Sie auch *eine zweite Strategie benutzen – nämlich mit einem Interventionsplan zu beginnen, der die übliche Technik benutzt, sich einfach für erwünschtes Verhalten zu verstärken.* Wenn die Betrachtung der vorausgehenden Ereignisse wirklich wichtig wird, dann wird dies durch die Schwierigkeiten, auf die sie treffen, sehr bald offensichtlich werden. Diese Schwierigkeiten werden häufig – und das ist außerordentlich wichtig – den versteckten Auslösereiz *aufdecken.* Wenn Sie mit einem einfachen Plan beginnen, dann werden Sie schnell merken, welches besondere Ereignis diesem Plan zuwiderläuft.

Das erste Beispiel in diesem Kapitel beleuchtet diesen Verlauf. Der Frau in FALL 15 war nicht klar, daß ihr Mann ihr aversive Hinweisreize lieferte, solange sie nicht versuchte, sich zu ändern. Es wurde schnell offenbar, daß sein Verhalten in der Tat mit ihrer Selbstveränderung kollidierte, nämlich durch die Hinweisreize, die er ihr lieferte. Ehe sie das einfache Projekt begann, war ihr nicht bewußt, in welch entscheidender Weise seine vorausgehenden Verhaltensweisen *ihr* Verhalten beeinflußten.

Wenn Sie also einen Plan begonnen haben, der nicht funktioniert, und wenn Sie alle Anforderungen an einen guten Plan erfüllt haben, dann fragen Sie sich: »Was läuft meinem Plan zuwider? Was macht es mir schwer (oder unmöglich), das Zielverhalten auszuführen?« Das »Was« kann so ein vorausgehender Reiz sein: ein Teil der physikalischen oder der sozialen Umgebung, das Verhalten anderer, oder sogar Ihre eigenen Gedanken oder Gefühle.

Diese Art des »Herumprobierens« mit Ihrer Verhaltenskette

ist oft nötig, damit Sie die vorausgehenden Reize entdecken, die einen »automatischen« Einfluß haben. Sie werden sich dieser Mechanismen bewußt, wenn die automatische Abfolge geändert wird. Wenn Sie eine solche »Probier«-Strategie benutzen, wenden Sie die gleichen Techniken der Beobachtung und Aufzeichnung in dieser Phase der versuchsweisen Intervention an, die Sie auch während der Grundratenphase benutzt haben.

ZUSAMMENFASSUNG

Sie entdecken die vorausgehenden Reize für Ihr Verhalten durch Selbstbeobachtung. Die vorausgehenden Reize werden Aspekte Ihrer physikalischen oder sozialen Situation sein oder aus dem Verhalten anderer oder aus Ihren eigenen Gedanken und Gefühlen bestehen. Sobald das Problemverhalten auftritt, schreiben Sie die ihm vorausgehenden Reize auf. Nachdem Sie diese Daten eine Weile gesammelt haben, erstellen Sie für diese vorausgehenden Reize Kategorien. Wenn darunter einige Reaktionen sind, die wir auf Seite 206 aufgelistet haben, dann sind Ihre vorausgehenden Reize u. U. aversiv. Manchmal ist die beste Strategie, »herumzuprobieren«, mit einfacher Verstärkung für erwünschte Veränderungen anzufangen und zu beobachten, was Ihrem Plan zuwiderläuft.

WIE MAN VORAUSGEHENDE EREIGNISSE KONTROLLIERT

Lassen Sie uns voraussetzen, daß es Ihnen gelang, die vorausgehenden Reize für Ihr Verhalten zu entdecken, was nun?

DAS VERMEIDEN VORAUSGEHENDER REIZE

Einer der Gründe, warum eine sehr strenge Diät funktioniert – nämlich eine, in der jede Kleinigkeit an Nahrung, die Sie zu sich nehmen, von vornherein bestimmt ist –, ist der, daß derjenige, der die Diät durchführt, die dem Überessen vorausgehenden Ereignisse vermeidet. Wenn Sie außer zwei Stücken

Sellerie und einer Suppenschüssel nichts vor sich haben, dann vermeiden Sie die vorausgehenden Reize für das Überessen, wie es andererseits ein Teller Spaghetti oder ein Stück Kuchen gewesen wären. Chronische Alkoholiker, die erfolgreich mit dem Trinken aufgehört haben, haben dies dadurch erreicht, daß sie sich niemals dem einen Hinweisreiz für das Betrinken ausgesetzt haben: dem ersten Schluck.

Das Problem des unmittelbar *zu einer Befriedigung führenden Verhaltens,* wie des Überessens oder des Sich-Betrinkens, liegt darin, daß das Verhalten automatisch seine eigenen Verstärker hervorbringt. So ist es nicht möglich, das Verhalten von seinen Verstärkern zu trennen (Harris, 1969). Auch ist es sehr schwer, einen wirkungsvolleren Verstärker zu finden, den Sie benutzen können, um ein damit unvereinbares Verhalten zu belohnen: wenn Sie ein gewohnheitsmäßiger Vielfraß oder Raucher oder Drogenabhängiger sind, so ist fast nichts so verstärkend wie Ihre »Gewohnheit«. Für solche zur unmittelbaren Befriedigung führenden Verhaltensweisen ist vielleicht die vielversprechendste Art eines Selbstveränderungsplanes, die vorausgehenden Ereignisse zu vermeiden, durch die Zeit und Ort für Ihr zur Befriedigung führendes Verhalten festgelegt werden. Der Raucher vermeidet die Zigaretten, der Trinker vermeidet den Alkohol, der Vielfraß vermeidet die dickmachenden Nahrungsmittel. Jeder weiß, wenn er sich jenen Hinweisreizen aussetzt, wird er höchstwahrscheinlich das unerwünschte Verhalten wieder ausführen. Leute mit solchen Problemen können Selbstveränderungspläne ausarbeiten, in denen sie sich dafür verstärken, daß sie den Hinweisreiz vermeiden.

FALL 17 war ein übergewichtiger Mann mittleren Alters. Er wollte eine Diät beginnen, berichtete jedoch, daß dieses Vorhaben immer in einem Mißerfolg endete. Er begann, die vorausgehenden Reize aufzuschreiben, die seine Eßorgien hervorriefen, und stellte fest, daß, wenn er sich regelmäßig an seine normale Diät zu halten versuchte, jeweils eine Situation auftrat, in der er zuviel aß. Das war immer dann, wenn er und seine Frau bei jemand anderem zum Essen eingeladen waren, was mindestens alle zwei Wochen vorkam. Seine Freunde bereiteten gewöhnlich ein köstliches Mahl, und er überaß sich jedesmal. Er löste das Problem, indem er eine einfache Regel aufstellte, der seine Frau zustimmte: solange er nicht 20 Pfund an Gewicht verloren hätte, würden sie keine weitere Essens-einladung annehmen. Wenn jemand anrief, um sie zum Essen einzuladen, erklärte er, daß er gerade beim Abnehmen sei und daß, zumal der Gastgeber ein so exzellenter Koch sei, er sicherlich nicht würde widerstehen können. Deshalb müsse er leider ablehnen.

Das Problem bei dieser Art, den das Problemverhalten kontrollierenden Hinweisreiz zu vermeiden, liegt darin, daß Sie in Ihr altes Verhalten zurückfallen, sobald Sie sich dem Hinweis-reiz wieder aussetzen. Untersuchungen haben gezeigt, daß Leute, die Diät halten müssen, gewöhnlich ein ganzes Leben lang dazu verdammt sind, und daß Alkoholiker gut daran tun, dem Alkohol für immer zu entsagen. Etwa 14 Monate, nachdem FALL 17 seine 20 Pfund verloren hatte, stand er wieder vor unserer Tür und hatte 10 von den 20 Pfund wieder zugenommen. Er ging dann zu einer dauerhafteren Diät über, in der er für seine Bemühungen verstärkt wurde und dafür, daß er dauerhaft die am meisten dickmachenden Nahrungsmittel vermied.

Wenn Sie vernünftigerweise erwarten können, daß Sie das vorausgehende Ereignis dauerhaft vermeiden können, dann wird sich Ihr Verhalten dadurch verändern, daß Sie sich für das Vermeiden verstärken. Wenn Sie es nicht dauerhaft vermeiden können, müssen Sie vielleicht Ihr Verhalten von Zeit zu Zeit wieder verändern, wenn die Wiederbegegnung mit den vorausgehenden Reizen die alten unerwünschten Gewohnheiten wiederkehren läßt.

Es ist oft schwer, sich für das Vermeiden dieser Situationen zu verstärken. In der Tat ist die Zuhilfenahme einer wichtigen zwischenmenschlichen Verstärkung die einzige, erfolgverspre-chende Möglichkeit. FALL 17 brauchte die Unterstützung seiner Frau und ihre Ermutigung, um das Überessen zu vermeiden. Die anonymen Alkoholiker und die Synanon-Gesellschaft (für Drogenabhängige) benutzen dasselbe Prinzip: wirkungs-volle Verstärkung von anderen Leuten dafür, daß sie die problematischen vorausgehenden Reize vermeiden. Diese Techniken können nicht die physiologischen Gegebenheiten und das Verlangen nach Alkohol, Drogen, Tabak oder Essen verändern, aber sie können das Vermeiden dieser Reize verstärken.

Wenn es sich bei Ihrem Problem um unmittelbar zur Befriedigung führende Verhaltensweisen handelt, so wie Rauchen oder Überessen, so können Sie vielleicht einen Zwei-Stufenprozeß anwenden. Auf Stufe eins vermeiden Sie freiwillig das vorausgehende Ereignis. Z. B. gehen Sie nicht zu Parties, wo Sie heftig in Versuchung geraten zu rauchen, oder Sie konfrontieren sich nicht mit kalorienreicher Nahrung. Dann, auf der zweiten Stufe, bauen Sie neue Verhaltensweisen auf, so daß Sie zu Parties gehen können, oder daß Sie eine geringe Menge von hochkalorischen Nahrungsmitteln essen können. *Auf der Stufe eins erhalten Sie die Verstärkung dafür, daß Sie einfach die Versuchung, das vorausgehende Ereignis vermeiden. Auf der Stufe zwei erhalten Sie den Verstärker dafür, daß Sie in der Lage sind, dem vorausgehenden Reiz standzuhalten, ohne daß Sie Ihr altes unerwünschtes Verhalten zeigen.*

Ein Mann, der mehrmals vergeblich versucht hatte, mit dem Rauchen aufzuhören, analysiert die Situationen, in denen er wenige Tage, nachdem er das Rauchen »aufgegeben« hatte, wieder rückfällig wurde. Er fand heraus, daß er am ehesten wieder mit dem Rauchen anfing, wenn er bei der Arbeit eine Kaffeepause oder eine Mittagspause mit seinen Freunden machte, von denen mehrere rauchten. Ihre Zigaretten wirkten auf ihn so einladend, daß er eine schnorrte und damit wieder »rückfällig« wurde. Auf Stufe eins seines Planes vermied er zwei Wochen lang diese vorausgehenden Ereignisse und erklärte seinen Freunden sorgfältig, was er vorhatte. Für das erfolgreiche Vermeiden dieser Situationen verstärkte er sich. Am Wochenende war er nicht sosehr in Versuchung, weil er es mit seiner Frau verbrachte, die selbst nicht rauchte. Nachdem er zwei Wochen lang keine Zigarette angerührt hatte, ging er zu Stufe zwei über, auf der er die Belohnung nicht einfach dafür bekam, daß er nicht rauchte, sondern nur, wenn er beim Essen mit seinen Freunden nicht rauchte. Nachdem dies eine Woche lang gelaufen war, fügte er seinem täglichen Plan die Kaffeepausen hinzu und belohnte sich besonders dafür, daß er in den Kaffeepausen nicht rauchte. Nun war es seine Aufgabe, besonders wachsam gegen die verführerischen, vorausgehenden Reize zu bleiben und sich dafür zu verstärken, daß er nicht rauchte, wenn diese Reize auftraten. Er konnte angeben, wann ein vorausgehender Reiz auftrat, weil er plötzlich merkte, wie sehr er sich eine Zigarette wünschte. Die morgendliche Tasse Kaffee, ein Essen, ein paar Minuten Entspannung, ein anderer Raucher, eine Party – dies waren oft die verführerischen vorausgehenden Ereignisse, mit denen er fertigwerden mußte.

In gewisser Hinsicht ist es leichter, das Rauchen aufzugeben, als das Zuviel-Essen aufzugeben, weil Sie das Rauchen gänzlich aufgeben können, nicht jedoch das Essen (Harris, 1969). Einer, der zuviel ißt, kann jedoch ebenso einem Zwei-Stufen-Selbstveränderungsprozeß folgen. In der ersten Etappe müßten Sie sich darauf konzentrieren, Ihre Eßgewohnheiten unter sofortige Kontrolle zu bringen, z. B. müßten Sie jegliche hochkalorische Nahrung vermeiden, und Sie müßten darauf verzichten, im Restaurant oder bei Freunden zuhause zu essen. Zugleich müßten Sie versuchen, durch vermehrte körperliche Tätigkeit und/oder verminderte Kalorienzufuhr Ihr Körpergewicht zu reduzieren. Dies ist ein schwieriger Prozeß, und Sie müssen soviele Techniken wie möglich anwenden, durch die Sie Verstärkung bekommen: und zwar unmittelbare Verstärkung, wirksame Verstärkung, die Mithilfe anderer Leute, Verhaltensformung und die Einschränkung der kontrollierenden Reize (siehe Seite 222).

In der zweiten Etappe ist Ihre Aufgabe, neues Eßverhalten aufzubauen (Fester, Nurnburger und Levitt, 1962), so daß es Ihnen gelingt, das Gewicht zu halten. Die meisten Leute, die mittels einer harten Diät abgenommen haben, nehmen wieder zu, weil sie ihre Eßgewohnheiten, nämlich Zuviel-Essen, nicht geändert haben. Sie sollten lernen, mit Bedacht zu essen, und Sie brauchen nicht zu warten, bis Sie abgenommen haben, um mit dieser zweiten Etappe anzufangen. Ein guter Plan schließt ein, daß Sie zur selben Zeit, in der Sie Ihr jetziges Gewicht *verringern*, Ihr neues, wünschenswertes Eßverhalten *aufbauen*. Bei dieser Gelegenheit können Sie lernen, die richtigen Speisen in der richtigen Menge zur richtigen Zeit zu essen. Oft ist das Überessen mit anderen Verhaltensweisen verbunden, wie z. B. fernsehen, lesen, ausgehen, so daß diese vorausgehenden Ereignisse zu diskriminativen Reizen werden – d. h. Hinweisreizen für das Überessen. Um dieses Verhaltensmuster zu durchbrechen, müssen Sie Ihre Eßzeit ausschließlich auf das Essen beschränken: tun Sie nichts anderes während des Essens (Harris,

1969). Konzentrieren Sie sich aufs Essen, schmecken Sie es bewußt, essen Sie langsam. Führen Sie keine neue Nahrung zu Ihrem Mund, bevor der letzte Bissen nicht hinuntergeschluckt ist. Legen Sie zwischen jedem Bissen die Gabel oder den Löffel nieder. Und trinken Sie nicht, bevor Ihr Mund nicht leer ist (Stuart, 1967, 1971).

Sie können sogar das Essen als Verstärker benutzen, um diese neuen, wünschenswerten Verhaltensweisen aufrechtzuerhalten. Z. B. suchen Sie sich eine Lieblingsspeise aus und benutzen Sie sie dazu, sich dafür zu verstärken, daß Sie Ihre Diät genau eingehalten haben, aber achten Sie darauf, wieviel von diesem Verstärker Sie zu sich nehmen. Am Ende eines jeden Tages dürfen Sie sich eine kleine Portion von Ihrem Lieblingsessen als Verstärker gönnen, falls Sie Ihre Diät eingehalten haben.

Der Hauptgedanke dabei ist, neue wünschenswerte Eß-*Verhaltensweisen* aufzubauen, die es Ihnen erlauben, zu essen, ohne wieder dick zu werden. Sie können dies erreichen, indem Sie erstens: vermeiden, sich zu überessen, wenn die alten, diskriminativen Reize – die Hinweisreize – auftreten und zweitens: indem Sie eine ganze Reihe von angemessenen, neuen Eß-Verhaltensweisen lernen. Wie alle anderen Verhaltensweisen muß auch dieses Verhalten ausgeformt und verstärkt werden. Die Technik, die wir vorgeschlagen haben, nämlich der Zwei-Stufenprozeß, sieht vor, daß Sie strikt die Hinweisreize vermeiden und während dessen neues Verhalten aufbauen. Dieses Prinzip kann außer auf Probleme mit einem unmittelbar zur Befriedigung führenden Verhalten ebenso gut auf alle anderen Arten von Problemen angewandt werden.

Zwischenmenschliche Probleme

Fall 18 betraf zwei Frauen, die zusammen arbeiteten. Im Laufe eines Jahres hatte sich ihre Beziehung so sehr verschlechtert, daß jede von ihnen schon ärgerlich wurde, wenn sie die andere sah. Immer wenn sie miteinander sprachen, waren Ärger und verletzte Gefühle die unausweichliche Folge. Sie mußten jedoch eng zusammenarbeiten, und deshalb entschloß sich eine von ihnen, ein Zwei-Stufen-Veränderungsprogramm anzufangen. Die erste Stufe sah vor, die vorausgehenden Reize für beide von ihnen zu kontrollieren.

Stufe 1: Sie richtete eine »Abkühlungsperiode« ein, in der sie einfach nicht mit der anderen sprach, außer wenn es unumgänglich notwendig war. Wenn sie sprach, so versuchte sie, ihre Bemerkungen auf die gemeinsame Arbeit zu beschränken, und versuchte, entweder neutral oder leicht freundlich zu sein. Das hatte tatsächlich Erfolg. Nach ein paar Wochen hatte sich ihr Verhältnis so weit entspannt, daß sie über eine Dauer von zwei Monaten mit gelegentlichen kurzen und relativ ruhigen Interaktionen auskamen. Sie schienen gegenseitig keinen Ärger mehr hervorzurufen.

Dies ist ein Beispiel dafür, wie zu Anfang ein Auslösereiz vermieden wird – in diesem Fall das Sprechen mit der anderen Person –, und zwar so lange, bis andere, wünschenswertere Verhaltensweisen sich entwickelt haben. Bevor sich jedoch nicht einige neue Verhaltensweisen entwickelt hatten, waren diese Frauen noch gefährdet. Schließlich würde ihre Arbeit doch einmal erfordern, daß sie sich über wesentlichere Dinge unterhielten, und sie könnten dabei vielleicht wieder schrittweise zu ihrem alten Verhalten zurückkehren: sich gegenseitig zum Ärger reizen.

Stufe 2: Die Frau, die mit der Abkühlungsperiode begonnen hatte, trat nun in ein zweites Stadium ein, in der sie 1. auf keine »Ärger auslösende« Bemerkung der anderen einging, 2. indem sie die andere für freundlichere Bemerkungen verstärkte (falls die andere Frau sagte, »ich bin nicht sicher, ob das was taugt, was Sie tun«, so würde sie nicht darauf reagieren, aber wenn jene sagte, »das haben Sie offenbar sehr gut gemacht«, so würde die erste Frau darauf antworten, »na, vielen Dank. Das ist sehr freundlich, daß Sie das sagen.«). Und 3. würde sie ihrerseits die andere Frau für deren gute Arbeit loben und sie auch für eine weniger gute Arbeit nicht kritisieren.

Wenn der vorausgehende Reiz für Ihr unerwünschtes Verhalten das Verhalten einer anderen Person ist, dann ist es oft möglich, daß Sie deren Verhalten ändern, indem Sie sie für eine andere Reaktion verstärken.

Genau das tat die Frau im obigen Beispiel. Ebenso verfuhr die jungverheiratete Frau, deren Ehemann immer die vorausgehenden Reize für ihre Entschuldigung lieferte.

Häufig entwickeln sich zwischenmenschliche Probleme dadurch, daß eine Person anfängt, die andere zu bestrafen. Bestraft werden aber bringt Leute dazu, sich zu rächen, so daß sich ein Teufelskreis herausbildet, in dem eine Bestrafung zur nächsten führt und jede Person zu neuen Bestrafungen herausfordert, solange, bis die Beziehung zerstört ist. Eine Möglichkeit, diesen Teufelskreis zu durchbrechen, besteht darin, daß Sie erkennen, daß es sich bei den verstärkenden Reaktionen des anderen ebenso um Verhalten handelt: *Sie können die andere Person dafür verstärken, daß sie Sie verstärkt!*

Ebenso können Sie sich selbst verstärken, daß Sie jemand anderen verstärken. Sie können andere Personen verstärken, indem Sie ihnen Aufmerksamkeit schenken oder indem Sie etwas sagen, was für sie belohnend ist. Wenn Sie in einer problematischen persönlichen Beziehung stecken, dann können Sie sich fragen: »Welche Arten von Auslöse- oder Hinweisreizen liefere ich der anderen Person? Könnte ich deren wünschenswertes Verhalten verstärken?«

Ihr Veränderungsplan könnte enthalten, daß Sie dem, was der Partner gut macht, Aufmerksamkeit schenken und daß Sie sie dadurch verstärken. Danach verstärken Sie sich selbst für dieses Verhalten.

Zwei Mädchen wohnten über ein halbes Jahr zusammen und, obwohl sie sich sehr mochten, hatten sie sich angewöhnt, in einer Art und Weise zu streiten, die ihre Beziehung für beide wenig erfreulich machte. Der Teufelskreis sah so aus: Anne tat etwas, was Betty als sehr arrogant empfand. Betty kanzelte daraufhin Anne ab. Das wiederum ärgerte Anne, und sie griff daraufhin Betty an. Aus Annes Sicht war Betty »virtuos im Abkanzeln«. Aus Bettys Sicht war Anne arrogant. Jede schien unserer Meinung nach teilweise recht zu haben. Anne war arrogant, und Betty schien sie gerne herunterzuputzen. Zu entscheiden jedoch, wer hier »recht« hatte, war nicht unsere Aufgabe und *hätte auch keinesfalls viel geholfen.* Die zwei arbeiteten ein gegenseitiges Übereinkommen aus, nach dem Betty Annes arrogante Ausbrüche ignorieren und Anne nicht auf Bettys »abkanzeln« achten sollte. Beide vereinbarten, daß sie es der anderen sagen wollten, wenn ihnen etwas besonders gefallen hätte. So also kamen sie überein, einander neue Auslösereize und neue Verstärker zu liefern.

Für gewöhnlich haben die Verhaltensweisen der anderen, die als vorausgehende Reize für Ihr Verhalten dienen, bereits Reizkontrolle erlangt, *bevor* Sie überhaupt merken, daß hier ein Problem besteht. Sie werden feststellen können, daß Sie auf einen gut eingeschliffenen Hinweisreiz reagieren, ohne nachzudenken, ob der vorausgehende Reiz nun eine gemeine Bemerkung oder ein Teller mit Essen ist. Eine wirksame Technik, diesen fast automatischen Ablauf zu unterbrechen, ist die, bevor sie reagieren, eine Pause einzulegen. Ein Mann, der die Angewohnheit hatte, aggressiv auf Bemerkungen von anderen zu reagieren, die er dumm fand, arbeitete einen Plan aus, aufgrund dessen er sich dafür verstärkte, daß er ein paar Sekunden Pause machte, bevor er in aggressiver Art antwortete. Innerhalb dieser paar Sekunden würde ihm häufig etwas einfallen, das weniger grob war. Leute, die eine Diät einhalten mußten, hatten oft damit Erfolg, daß sie sich zwangen, zwischen jedem Bissen eine Pause einzulegen, Messer und Gabel hinzulegen und einfach ein paar Sekunden dazusitzen, bevor sie weiteraßen. Ebenso entsteht eine Pause zwischen dem Impuls zu essen und dem Verhalten, das zur Befriedigung führt, wenn man keine fertigen Nahrungsmittel im Hause hat (Stuart, 1967). Natürlich können Sie sich auch für diese Pausen verstärken. Diese Technik, die vorausgehenden Ereignisse zu kontrollieren, wird unterstützt durch 1. sorgfältige Beobachtungen, 2. die Bildung von Kategorien für vorausgehende Reize und 3. eine *Kennzeichnung* dieser Kategorien.

Kommen wir noch einmal zu dem jungen Mann, der immer die Leute abwertete, die nicht mit seiner persönlichen Anschauung übereinstimmten. Einfach dadurch, daß Sie in der Lage sind, das Auftreten eines vorausgehenden Reizes festzustellen, kann es Ihnen gelingen, Kontrolle über Ihre Antworten auf diesen Reiz zu gewinnen. Allein die *Kennzeichnung* der vorausgehenden Reize bewirkt eine Pause und ein alternatives Verhalten. Wenn z. B. jemand diesem jungen Mann in seiner Anschauung widersprach, konnte er zu sich sagen, »dies ist nun ein Beispiel für eine Nicht-Übereinstimmung mit meiner persönlichen Anschauung, was gewöhnlich als vorausgehender Reiz wirkt, daß ich andere Leute abkanzle..., vielleicht warte ich besser einen Moment.«

Die Pause selbst ist ein neues Verhalten, das als vorausgehender Reiz für ein wünschenswerteres Glied in der Verhaltenskette wirken kann.

An früherer Stelle sprachen wir von dem politisch interessierten Studenten, der auf den Universitäts-Treffen mehr zuhören als sprechen wollte. Im ersten Stadium seines Programmes verwandte er die Technik, sich selbst für Stillhalten und Zuhören zu verstärken, und zwar immer für einen weiteren Satz, ehe er selbst etwas sagte.

Diese spezielle Technik beruht auf einer *Verlängerung der Ereigniskette zwischen dem ersten vorausgehenden Reiz und Ihrem Verhalten* (Ferster et al., 1962). Für den jungen Politiker bestand die ursprüngliche Verhaltenskette im Auftreten eines Gedankens, der unmittelbar von dem Verhalten des Sprechens gefolgt wurde. Seine neue Technik brachte eine Verlängerung dieser Kette, indem eine Pause eingeführt wurde. Diese Pause erlaubte die Entwicklung eines neuen Verhaltens: nämlich Zuhören.

Eine andere Strategie, um vorausgehende Reize zu kontrollieren, ist, *die Kette der Ereignisse zu verändern, die das unerwünschte Verhalten hervorrufen.*

Die Unterbrechung der Ereignisketten

Viele Verhaltensweisen sind das Ergebnis einer ziemlich langen Kette von Ereignissen. Ein vorausgehender Reiz bewirkt ein Verhalten, das wiederum zu einer bestimmten Konsequenz führt, die nun ihrerseits zum vorausgehenden Reiz für ein anderes Verhalten wird und so weiter. Das Endverhalten, das vielleicht eine unerwünschte Tätigkeit ist, ist das Ergebnis einer langen Reihe von vorausgehendem Reiz-Verhalten – neuem vorausgehendem Reiz – neuem Verhalten. Je näher Sie dem Endverhalten in dieser Kette kommen, je größer ist der Impuls, das endgültige, aber vielleicht unerwünschte Verhalten auszuführen, so daß es Ihnen sehr schwerfällt, zu widerstehen.

Das wird ganz besonders für Verhalten gelten, das unmittelbar zur Befriedigung führt, wo am Ende der Kette das Verhalten steht, das den Verstärker konsumiert und das auf diese Weise sehr stark ausgebildet wird. In solchen Fällen ist es eine gute Strategie, die Verhaltenskette frühzeitig zu unterbrechen.

Bergin (1969) hat die klinische Anwendung solcher Techniken beschrieben. Ferster und Mitarbeiter (1962) haben diese Methode zur Selbstkontrolle angewendet.

In solchen Situationen ist das Verhalten am Ende der Kette gewöhnlich das, das Sie als das Problem-Verhalten erkennen. Zum Beispiel könnten Sie zu sich sagen: »Das Problem ist, daß ich zu viel trinke.« Aber der Akt des Trinkens ist eingebettet in eine Verhaltens-Folge, die mehrere Schritte einschließt: den Erhalt des Alkohols, sich einen Drink zurechtmachen, sich möglicherweise hinsetzen und dann trinken. Manchmal ist es möglich, durch die Analsye der Ereigniskette, die zuletzt in das Endverhalten mündet, ein früheres, schwaches Glied in der Kette herauszufinden. Eine Unterbrechung an dieser Stelle kann das Auftreten des Endverhaltens verhindern.

Annon (1971) berichtet von einem Fall, der die vorausgehenden Kettenglieder völlig untereinander austauschte. Ein Trinker hatte es dahingebracht, daß er jeden Abend einen halben Liter Wodka trank, bevor er zu Bett ging, und das über einen Zeitraum von mehreren Jahren. Ohne diesen Alkohol konnte er nicht mehr einschlafen. Er analysierte die Komponenten der gewöhnlichen Ereigniskette, die zum Trinken führte: Heimkommen, Fernsehen anmachen, zum Kühlschrank gehen, Eis ins Glas geben, das Glas vollgießen, ins Bad gehen, sich ausziehen, duschen, ins Bett gehen, sich noch mehr Gläser eingießen, usw.

Der Mann brachte seine Kette in eine andere Reihenfolge: zum Beispiel setzte er das Duschen gleich nach dem Nachhausekommen an, schob den Gang zum Kühlschrank auf, bis er ausgezogen war, und ersetzte den Wodka im Glas durch Cola. Dieser Austausch verringerte die Wahrscheinlichkeit, mit der er Wodka trank, da die Kontrolle der vorausgehenden Ereignisse zu einem großen Teil unterbrochen wurde.

WIE MAN DIE KETTE DER EREIGNISSE VERÄNDERT

FALL 19 war eine Frau, deren Problemverhalten ihr exzessiv häufiges Wasserlassen war. Sie berichtete, daß sie durchschnittlich dreizehnmal am Tag ins Bad ging. Dies störte sie sehr, weil es für sie persönlich und im Umgang mit anderen oft sehr peinlich war. Sie war bei einem Arzt gewesen, der kein medizinisches Problem fand. Während sie Grundhäufigkeiten sammelte, wurde ihr klar, daß zwei voneinander unabhängige vorausgehende Ereignisse zum Wasserlassen führten: Einmal ging sie nie ins Bad (auch nicht zum Gesichtwaschen), ohne gleichzeitig auf die Toilette zu gehen. Zum anderen ging sie schon beim ersten geringfügigen Blasendruck zur Toilette. Um die Kontrolle, die das Betreten des Badezimmers auf ihr Wasserlassen ausübte, zu unterbrechen, gebrauchte sie einen einfachen Plan: Sie wollte sich dafür verstärken, daß sie ins Bad ging und ein Verhalten ausführte, das Toilettenbenutzung nicht einschloß, und wieder herausging. Zum Beispiel ging sie ins Bad, wusch ihre Hände und ging wieder heraus. Oder sie kämmte sich oder nahm Lippenstift und ging wieder heraus. Auf diese Weise durchbrach sie die unvermeidliche Verbindung zwischen Ins-Bad-gehen (das vorausgehende Ereignis) und Die-Toilette-benutzen (das darauffolgende Verhalten).

Um die Kontrolle zu unterbrechen, die das erste Anzeichen von Blasendruck als vorausgehendes Ereignis auf das Wasserlassen ausübte, wandte sie die *Technik der Pausen* an. Vom ersten Gefühl vom Blasendruck an verlangte sie von sich, noch fünf Minuten bis zum Wasserlassen zu warten. Diese einfache Pausentechnik reichte aus, zumal sie während dieser Zeit für gewöhnlich schon mit irgend etwas anderem beschäftigt war. Dies verlängerte weiterhin die eigentliche Verzögerung von fünf Minuten und machte in ihrem Fall eine planmäßige Verhaltensformung überflüssig.

Diese Frau also machte zwei gesonderte kontrollierende, vorausgehende Ereignisse für ihr problematisches Verhalten aus und setzte zwei getrennte Interventionstechniken dagegen ein.

Der kritische Punkt bei dieser Art von Vorgehen ist der, ob man in der Lage ist, die Ereigniskette, die zu dem endgültigen unerwünschten Verhalten führt, zu analysieren.

Nehmen wir als Ihr Problem an, daß Sie zwischen den Mahlzeiten zu viel essen. Die Aussage »Naschereien zwischen den Mahlzeiten« definiert das kritische Verhalten und die Situation: Sie nehmen zwischen den Mahlzeiten Nahrung zu sich. Welches ist die Verhaltenskette, die zu diesem letzten Schritt führt? Zunächst könnten Sie sich vielleicht etwas gelangweilt fühlen, oder Sie haben einfach im Moment nichts zu tun. Als nächstes gehen Sie in Richtung Küche. Als Drittes machen Sie den Kühlschrank auf und suchen sich etwas zu essen. Schließlich essen Sie. Wenn dies Ihre Verhaltenskette ist, könnten Sie sie unterbrechen, mit einem Interventionsplan, der irgendein Verhalten verlangt, anstelle des Gangs in die Küche. Es kann dies *jedes andere* Verhalten sein: zum Beispiel könnten Sie telefonieren, und Sie werden dafür verstärkt. Jedesmal, wenn Sie die Kette durchbrechen, bekommen Sie Ihren Verstärker.

Sie können nicht immer vermeiden, daß Sie sich langweilen, oder daß Sie nichts zu tun haben, also können Sie realistischerweise den Schritt eins nicht ausschalten. Sie sollten die Kette aber bei Schritt zwei unterbrechen. Wenn Sie rauchen, sobald Sie sich gespannt fühlen zum Beispiel, wären Sie sehr wahrscheinlich auch nicht in der Lage, alle Gelegenheiten, in denen Sie sich gespannt fühlen, zu umgehen; aber sie können ändern, was Sie als nächstes tun, nachdem Sie merken, daß Spannung in Ihnen aufkommt.

ZUSAMMENFASSUNG

Es gibt mehrere Techniken, die vorausgehenden Ereignisse zu kontrollieren. Sie können sie einfach vermeiden. Falls dies nicht geht, können Sie einen Zwei-Stufen-Prozeß anwenden, indem Sie diese vorausgehenden Ereignisse zunächst vermeiden und danach ein wünschenswertes, alternatives Verhalten aufbauen, das Sie immer dann ausführen, wenn das vorausgehende Ereignis auftritt. Das ist ganz besonders wichtig bei Verhaltensweisen, die unmittelbar zur Befriedigung führen. Eine ähnliche Strategie kann eingeschlagen werden, wenn es darum geht, zwischenmenschliche Beziehungen zu verbessern. Sie können andere dafür verstärken, daß sie Sie verstärken, und können sich dann wiederum dafür verstärken, daß Sie das getan haben! Sie können die vorausgehenden Ereignisse kontrollieren, indem Sie Pausen einbauen zwischen dem ersten Schritt und dem endgültigen Verhalten, und dadurch die Unterbrechung, eine andere Anordnung oder eine Änderung in dieser Verhaltenskette bewirken.

Da das Hauptthema unserer Diskussion war, wie Sie Ihr unerwünschtes Verhalten loswerden können, haben wir uns in erster Linie mit Methoden beschäftigt, die die Kontrolle, die bestimmte Reize über Ihr Verhalten haben, durchbricht oder ausschaltet. Manchmal jedoch können Sie auch genau das entgegengesetzte Vorhaben wählen. Wenn Sie ein erwünschtes Verhalten häufiger zeigen wollen, ist eine Möglichkeit – neben den bekannten Techniken der Verhaltensformung, positiven Verstärkung und so weiter –, daß Sie vorsätzlich Reizkontrolle aufbauen. Das bewirkt mit einiger Wahrscheinlichkeit, daß Sie das erwünschte Verhalten in Gegenwart dieser besonderen vorausgehenden Ereignisse ausführen.

Oft wollen Sie sicherstellen, daß Sie das Verhalten auch wirklich ausführen können, wenigstens unter *einigen* Bedingungen. Indem Sie vorsätzlich versuchen, Reizkontrolle über Ihr erwünschtes Verhalten zu errichten, können Sie mit größerer Gewißheit Ihr Verhalten irgendwo durchführen. Diese Technik ist besonders dann angebracht, wenn Sie Veränderungen auf lange Sicht anstreben. Zum Beispiel wollen Sie ein Arbeitsverhalten im Rahmen Ihres Studiums über einen Zeitraum von mehreren Jahren aufbauen, oder Sie wollen lernen, für Ihr ganzes weiteres Leben mit Bedacht zu essen.

Ein vorausgehender Reiz gewinnt dann Reizkontrolle über ein Verhalten, wenn er vorhanden ist, während das Verhalten durchgeführt und verstärkt wird; nicht aber, wenn er vorhanden ist und das Verhalten zwar durchgeführt, nicht jedoch verstärkt wird. Wir haben das zuerst in Kapitel 3, Seite 69, diskutiert. Goldiamond (1965) hat dazu ausgezeichnete und anschauliche Fälle dargestellt.

Nehmen wir an, Sie wollen Ihre *Konzentration beim Lernen* erhöhen. Wenn Sie sich bemühen, die Kontrolle zu verstärken, die ein bestimmter vorangehender Reiz über das Verhalten des Sich-Konzentrierens hat, dann müssen Sie es so einrichten, daß Sie zunächst, *wenn Sie in dieser Situation sind, sich konzentrieren und dafür auch verstärkt werden.* Es bedeutet weiterhin, daß Sie *kein anderes Verhalten in dieser Situation ausführen, das eventuell verstärkt wird.* Diese zweite Anmerkung ist sehr wichtig. Wenn Sie sie nicht beachten, dann kann der gleiche Reiz zum Hinweisreiz für mehr als ein Verhalten werden, und diese rivalisierenden Verhaltensweisen könnten mit dem Zielverhalten kollidieren. So sollten Sie lernen, sich bei der Arbeit zu konzentrieren, indem Sie an einem Platz studieren, wo Sie nie etwas anderes tun als studieren, und Sie sollten diesen Arbeitsplatz sofort verlassen, sobald Sie nicht mehr konzentriert sind. Wenn Sie an einem bestimmten Tisch arbeiten und feststellen, daß Sie sich nicht mehr konzentrieren können, sollten Sie sofort vom Tisch aufstehen und sich erst dann wieder daransetzen, wenn Sie sich wieder konzentrieren können. Verstärken Sie sich natürlich für dieses Vorgehen und formen Sie dieses Verhalten mit Hilfe kleiner Schritte aus.

Wenn Sie keinen bestimmten Platz haben, den Sie sich für Ihr Verhalten reservieren können, so können Sie trotzdem eine besondere *Anordnung* der Hinweisreize herstellen. Ein Mann hatte nur einen Tisch, an dem er Briefe schrieb, von dem aus er fernsah, an dem er aß und an dem er viele andere Dinge tat. Wenn er sich jedoch konzentrieren wollte, zog er den Tisch so weit von der Wand, daß er sich auf die andere Seite setzen konnte. Auf diese Weise war das Anders-herum-sitzen ausschließlich mit konzentrierter Arbeit assoziiert.

Eine Frau, die abmagern wollte, ging ähnlich vor. Sie fand, daß es ihr zunächst einfach nicht möglich war, alle Schritte, die man ihr vorschlug, einzuhalten, um die Verhaltenskette, die letztlich zum Überessen führte, zu durchbrechen.

So fing sie an, für eine Mahlzeit am Tag sich immer an einen bestimmten Platz zu setzen. Während sie aß, konzentrierte sie sich darauf, alle nötigen Verhaltensweisen auszuführen, um neues Eßverhalten zu erwerben. Auf diese Weise erlangte das Sitzen auf diesem Platz Reizkontrolle über die Verhaltensweisen, mit denen sie sich neue Eßgewohnheiten erwarb. Ferster und Mitarbeiter (1962) stellen ähnliche Fälle und theoretische Analysen dar.

Dieselbe allgemeine Technik kann angewandt werden, wenn das Ziel darin besteht, ein Verhalten *zu beseitigen.*

Die Überlegung ist folgende: Wenn ein Verhalten fest an ein vorausgehendes Ereignis gekoppelt werden kann, dann kann dieses vorausgehende Ereignis in der Folge systematisch in seiner Reichweite eingeschränkt werden, bis zu dem Punkt, an dem es nicht mehr wahrscheinlich ist, daß das Verhalten überhaupt auftritt.

Nolan (1968) berichtet von einer Raucherin, deren Übereinkunft mit sich selbst ihr nur gestattete, zu Hause in einem bestimmten »Rauch-Sessel« zu rauchen. Der Stuhl wurde so hingestellt, daß keine andere Verstärkung als das Rauchen selbst eintreten konnte: Sie schaute dabei in die dem Fernseher entgegengesetzte Richtung, der Stuhl war überhaupt nicht bequem usw. Nachdem sie sich daran gewöhnt hatte, nur in diesem Stuhl zu rauchen, verfrachtete sie ihn sogar in den Keller. Unter diesem Plan ließ ihr Rauchen bemerkenswert schnell nach. Ähnliche Vorgehensweisen zur Erlangung von Reizkontrolle über Nägelkauen und Haareausreißen werden von Kanfer und Phillips (1970, Seite 434) empfohlen. Goldiamond (1965) berichtet, wie dadurch auch das »Schmollverhalten« einer Klientin so weit eingegrenzt werden konnte, daß es nur noch auf einem bestimmten »Schmoll«-Stuhl auftrat.

Um zusammenzufassen: Die Kontrolle eines *bestimmten* vorausgehenden Ereignisses über ein Verhalten zu erhöhen kann versucht werden, wenn Sie entweder ein erwünschtes Verhalten aufbauen, oder wenn Sie ein unerwünschtes Verhalten beseitigen wollen.

Das gegenteilige Vorgehen soll nun diskutiert werden: wie man die *Reihe* der wirkungsvollen auslösenden Ereignisse *erweitert*.

WIE MAN REIZGENERALISATION ERREICHT

Natürlich wollen Sie nicht Ihr Leben lang ein erwünschtes Verhalten nur in Gegenwart einer bestimmten Reizanordnung ausführen können. Sie wollen sich sicher in verschiedenen Situationen konzentrieren können, und Sie wollen immer, wenn Sie essen, bedacht essen (das heißt, nicht zu viel), und Sie wollen Ihre soziale Fertigkeit im Umgang mit vielen Leuten anwenden. Kurz, Sie wollen Ihr neuerworbenes Verhalten von einer einzigen Situation zu einer Vielzahl von Situationen *verallgemeinern oder generalisieren. Reizgeneralisation wird der Vorgang genannt, durch den ein Verhalten, das in Gegenwart eines vorausgehenden Ereignisses erlernt wurde, nun in Gegenwart eines anderen ähnlichen Reizes ausgeführt wird.*

Rufen wir uns die junge Frau in Erinnerung, die lernen wollte, mit ihren Professoren zu sprechen, und deren Fall am Anfang von Kapitel 8 dargestellt wurde. Nachdem sie das Verhalten, mit Professor A zu sprechen, aufgebaut hatte, erweiterte sie mit Vorbedacht ihre Fähigkeit, genauso mit anderen Professoren zu sprechen. Sie verwendete Reizgeneralisation.

Je ähnlicher die neue Situation der ursprünglicheren ist, desto leichter wird es sein, ihr neues Verhalten auf diese neuen Situationen zu übertragen, das heißt, zu generalisieren. Deshalb werden Sie sich überlegen müssen, wie ähnlich andere Situationen jener sind, in der Sie das erwünschte Verhalten schon ausführen können. Sie sollten die Generalisierung damit beginnen, daß Sie Ihr Zielverhalten in der Situation, die der ursprünglichen Situation am ähnlichsten ist, ausführen.

Eine Frau mittleren Alters litt an einer starken Angst, vor Gruppen zu sprechen. Nachdem sie einige Verfahren verwendete, die wir im nächsten Kapitel empfehlen, entwickelte sie die Fähigkeit, vor einer Gruppe von drei oder vier Freunden zu sprechen. Sie wollte jetzt diese Fähigkeit auf neue Gruppen generalisieren. Sie fand, es wäre am leichtesten, wenn diese »neue« Gruppe wenigstens zwei der Freunde aus der alten Gruppe einschlösse. Diese Situation sei der am ähnlichsten, in der sie ihr Verhalten zuerst durchgeführt hatte. Sie richtete es ein, daß so eine Möglichkeit auftreten konnte. Als die Gelegenheit kam, führte sie ihr Zielverhalten aus und verstärkte sich dafür.

Nachdem Sie einmal ein Verhalten entwickelt haben und es in bestimmten Situationen ausführen können, sollten Sie schrittweise allmählich zu anderen Situationen übergehen. Sie können sehen, daß dieser Prozeß der Verhaltensformung sehr ähnlich ist. Bei der Verhaltensformung werden die *Verhaltensweisen* schrittweise ausgeweitet; bei der Übung zur Generalisation werden die *Situationen*, in denen das Verhalten auftritt, allmählich erweitert.

1. Schreiben Sie die möglichen vorausgehenden Ereignisse für jede Ihrer Problemverhaltensweisen auf.
2. Beobachten Sie sich genau im Hinblick auf diese vorausgehenden Ereignisse, um Ihre Hypothese zu verifizieren (oder zu falsifizieren).
3. Errichten Sie Kategorien für vorausgehende Ereignisse, die sehr eng mit dem problematischen Verhalten zusammenhängen, und fügen Sie diese Ihrem Registrier-System hinzu.
4. Schreiben Sie einen Interventionsplan, indem Sie mindestens zwei der in diesem Kapitel diskutierten Prinzipien einbauen. *Wenden Sie diesen Plan jedoch noch nicht an.*
5. Versuchen Sie, diesen Plan mit dem, den Sie nach der Lektüre von Kapitel 8 schrieben, zusammenzubringen. Beseitigen Sie alle widersprüchlichen Aussagen in dem Vertrag. *Wenden Sie auch diesen Vertrag noch nicht an,* ehe Sie nicht das nächste Kapitel gelesen haben.
6. Lesen Sie Kapitel 10.

Kapitel 10

Emotionale Schwierigkeiten (Angst)

1. Emotionen, unsere inneren Gefühle, sind erlernte Reaktionen, erlernt durch klassische Konditionierung.

2. Systematische Desensibilisierung ist eine Technik zum Abbau unangenehmer emotionaler Reaktionen. Diese werden ersetzt durch Gefühle, die mit ihnen unvereinbar sind.

3. Positive Verstärkung hat einen konditionierenden Effekt; um Verhalten *und* emotionale Reaktionen zu verändern, sollte man bei den Selbstveränderungsprogrammen soviel wie möglich positive Verstärkungstechniken benutzen.

4. *In-vivo*-Desensibilisierung:
   Technik, bei der man sich einem gefürchteten Reiz allmählich in entspanntem Zustand nähert.
   a) *In-vivo*-Techniken können mit positiver Verstärkung kombiniert werden.
   b) Um eine *in-vivo*-Desensibilisierung durchführen zu können, muß man eine Rangreihe der gefürchteten Reize erstellen;
   neues Verhalten in deren Gegenwart zeigen;
   sich dabei in entspanntem Zustand befinden.

5. Systematische Selbst-Desensibilisierung:
   Man nähert sich dem gefürchteten Reiz allmählich *in der Vorstellung*. Dabei befindet man sich in entspanntem Zustand. Das erfordert:

a) wiederum eine Rangreihe der gefürchteten Ereignisse in der Vorstellung;
Erlernen von tiefer Muskelentspannung;
sich der Hierarchie entsprechend die gefürchteten Situationen nacheinander vorzustellen und den Zustand tiefer Entspannung beizubehalten;
b) Detaillierte Anweisungen für das Aufstellen der Rangreihe, für das Beibehalten der Entspannung und für das Vorgehen anhand der Rangliste werden gegeben.

6. Allgemeine Regeln sowohl für die *in-vivo-* als auch die systematische Desensibilisierung werden gegeben.

Emotionale Reaktionen sowie sichtbares Verhalten können eine Quelle für Unzufriedenheit mit sich selbst sein:
Sie können zum Beispiel ängstlich sein, obwohl Sie es nicht sein wollen, oder unangemessen verwirrt oder verlegen, oder traurig, oder zu oft verärgert. Es ist nicht das beobachtbare Verhalten, das Ihnen mißfällt, sondern die Art, wie Sie sich dabei fühlen. Tatsächlich denken Menschen an ihre Probleme eher in Begriffen ihres subjektiven Erlebens als in Begriffen über die Art ihres Verhaltens. Anderen können Sie vielleicht davon berichten, aber direkt beobachten können nur Sie selbst.
Jahrzehntelang konzentrierte sich die Psychiatrie ausschließlich auf das Verstehen der gefühlsmäßigen Störungen und deren Behandlung. Die Psychotherapie nahm früher an, daß jedem inadäquaten Verhalten eine gefühlsbedingte Störung zugrunde liege; das heißt, daß eine Verhaltenskorrektur nur möglich wäre, indem das zugrundeliegende Problem aufgelöst wird.
Heute sehen Psychologen Verhalten und gefühlsbedingte Reaktionen als miteinander verflochten. Die meisten Ereignisketten enthalten beide Komponenten. Stellen Sie sich zum Beispiel zwei Menschen vor, die einander lieben und die einander vom entgegengesetzten Ende eines offenen Feldes aus erblicken. Sie könnten einander mit ausgestreckten Armen entgegenlaufen (ihr beobachtbares Verhalten), während sie innere Gefühle von Freude und Liebe erleben. Viele Umwelt-Gegebenheiten rufen

beides hervor – *eine Verhaltensreaktion und eine emotionale Reaktion.*

Erinnern wir uns an die Hausfrau, die sich häufig bei ihrem Mann entschuldigte. Sein Stirnrunzeln löste bei ihr beides aus: einerseits das *Gefühl* von Angst, andererseits das *Verhalten* ihrer Rechtfertigung; beides schien gleichzeitig aufzutreten. In anderen Situationen treten die Reaktionen nacheinander auf. Viele Nägelkauer zum Beispiel berichten, daß ihr Kauverhalten als Reaktion auf einen Hinweisreiz, wie zum Beispiel Lesen, auftritt, und dann danach das innere Gefühl der Unlust auftritt, wenn sie feststellen, daß sie ihre Nägel abgekaut haben.

Die meisten unserer persönlichen Probleme sind weder rein durch das Verhalten noch ausschließlich durch Gefühle bedingt, sondern meistens durch beides. Staats (1970) hat diese Zusammenhänge detailliert beschrieben.

Die meisten lerntheoretisch orientierten Psychologen glauben heute, daß *emotionale* Reaktionen gelernt – und verlernt – werden aufgrund von lerntheoretischen Gesetzen, die sich allerdings etwas von den Gesetzen der *operanten* Verhaltensweisen unterscheiden. Weil diese Prinzipien sich unterscheiden, muß ein Selbstveränderungsprogramm besondere Aufmerksamkeit auf die emotionalen Reaktionen verwenden, die gelernt werden. Bevor wir besprechen, wie wir beides in Einklang bringen können, müssen wir noch einmal die Prinzipien durchgehen, nach denen neue emotionale Reaktionen gelernt werden.

EMOTIONALE REAKTIONEN

Emotionale Reaktionen sind meistens erlernt nach den Prinzipien des *respondenten* Verhaltens. Diese Prinzipien wurden in Kapitel 3 erwähnt, aber der größte Teil jenes und des darauf folgenden Kapitels beschäftigte sich mit den Prinzipien *operanten* Verhaltens. Um die Wirkungsweise *respondenter* Verhaltensweisen aufzuzeigen, schlugen wir in Kapitel 3 vor, daß Sie ein Experiment durchführen sollten, worin jemand Sie erschreckt. Ihre Reaktion auf den Reiz, der Sie erschreckt, würde

Spannung sein, Sie würden aufspringen *und* zugleich eine innere, gefühlsmäßige Reaktion empfinden. Sie würden sich erregt fühlen, unangenehme Empfindungen haben, und fühlten sich leicht geängstigt.

Diese gefühlsmäßige Reaktion auf erschreckende Reize zeigt die Reizkontrolle, die ein Auslösereiz auf das emotionale Empfinden ausübt.

Die automatischen, reflexhaft ablaufenden Aktivitäten unseres Körpers sind größtenteils von Auslösereizen kontrolliert. Der Kniesehnen-Reflex ist dafür ein einfaches Beispiel. Die Aufrechterhaltung solcher Reaktionen hängt nicht von ihren Konsequenzen ab, wie das bei den operanten Verhaltensweisen der Fall ist. Statt dessen werden sie als respondente Verhaltensweisen bezeichnet, weil sie als direkte *Antwort* auf einen bestimmten Auslöser erfolgen. Der Grund, warum diese Art von Reaktionen so wichtig ist, ist der, daß viele, wenn nicht die meisten *emotionalen Reaktionen nach den Prinzipien erlernt wurden, nach denen die gesamte Klasse der respondenten Reaktionen abläuft.*

KLASSISCHE (respondente) KONDITIONIERUNG

Einige Reaktionen beruhen auf Reflexen und werden nicht gelernt. Ein Baby braucht zum Beispiel nicht zu lernen, Speichel zu produzieren, wenn Milch in seinen Mund kommt; der Speichel fließt automatisch, Milch im Mund ist die auslösende Bedingung, die Kontrolle über die Speichel-Absonderung hat.

Produziert das Baby ebenfalls automatisch den Speichel, wenn es die Flasche sieht? Nein. Speichelproduktion auf den Anblick der Flasche hin ist nicht angeboren; sie ist gelernt. Dieser Lernprozeß heißt *respondente oder klassische Konditionierung.*

Wir beginnen mit einer Verbindung zwischen Auslösereiz und Verhalten, die im Organismus angelegt ist. Das Baby beginnt also Speichel abzusondern, sobald sich Milch in seinem Mund befindet. Nehmen wir an, es sieht jedesmal kurz davor die Flasche, was sehr wahrscheinlich ist, falls es nicht gestillt wird. Da es für ein paar Sekunden die Flasche sieht, bevor automatisch Milch in seinem Mund die Speichelabsonderung erregt, ruft eine einfache Assoziation von Flasche und Auslösereiz den

Speichelfluß hervor, und es wird sich – falls das mehrmals auftritt – dadurch eine konditionierte Reaktion ausbilden. Die Flasche wird dann Speichelfluß hervorrufen.

Klassische (oder respondente) Konditionierung ist ein Prozeß, bei dem ursprünglich neutrale Reize (Flasche) durch die Verbindung mit Auslösereizen (Milch), die ihrerseits Reizkontrolle über eine bestimmte Reaktion ausüben, nun selbst Kontrolle über diese bestimmte Reaktion erlangen.

Zunächst haben Sie einen Auslösereiz – nennen wir ihn A_1 –, der eine Reaktion auslöst. Wenn nun diesem Reiz A_1 immer ein anderer Reiz vorausgeht, nämlich A_2, dann wird A_2, nachdem ein paarmal eine solche Verbindung aufgetreten ist, nun seinerseits die gleiche Reizkontrolle über die Reaktion entwickeln, die A_1 ausübt. Falls die Antwort auf den Auslösereiz eine gefühlsmäßige Reaktion ist, dann wird durch diesen Prozeß von klassischer oder respondenter Konditionierung der neue Auslösereiz, A_2, die Fähigkeit erlangen, diese emotionale Reaktion auszulösen, *auch wenn nun A_1 nicht auftritt.*

DIE KONDITIONIERUNG VON GEFÜHLEN

Die meisten Gefühle stehen unter Reizkontrolle; so können sie mit anderen Auslösereizen verbunden werden, die zwar neutral waren, bevor sie mit den anderen Reizen verbunden worden waren, nun jedoch, nach einer Reihe von Verknüpfungen mit diesen Auslösern, also nach der Konditionierung, Reizkontrolle über die emotionalen Reaktionen erhalten haben.

Vor einigen Jahren zeigten schon John Watson und Rosalin Raynor (1920), wie eine emotionale Reaktion so mit einem vorher neutralen Reiz verknüpft werden kann, daß nun dieser die emotionale Reaktion auslöst.

Ein plötzliches lautes Geräusch ist von den ersten Lebenstagen an ein adäquater Reiz für eine Furchtreaktion. Um diese mit einem ursprünglich neutralen Reiz zu verbinden, gingen Watson und Raynor so vor: sie boten einem Baby zuerst ein weiches, pelziges Kaninchen dar. Kurze Zeit später machten sie hinter dem Kind ein unerwartet lautes Geräusch. Das Baby reagierte auf dieses erschreckende Geräusch automatisch mit Furcht. Nach einigen Versuchsdurchgängen, in denen das Kaninchen immer kurz vor dem Furcht auslösenden Geräusch dargeboten wurde – so daß Furcht noch in Gegenwart des Kaninchens empfunden wurde –, wurde das Kaninchen zu einem konditionierten Reiz. Der Anblick des Kaninchens allein genügte, um Furcht auszulösen, selbst wenn der Lärm nicht auftrat. So wurde der ursprünglich neutrale Reiz zu einem furchtauslösenden Reiz.

Ähnlich können emotionale Reaktonen auf viele neue Reize in Ihrem Leben übertragen werden. Da jeder Mensch neue Erfahrungen macht, besteht immer die Möglichkeit, daß Verbindungen entstehen zwischen konditionierten emotionalen Reaktionen und neuen Reizen, so daß dann diese neuen Reize die ursprüngliche Reaktion auslösen werden.

Ist einmal eine konditionierte Reaktion ausgebildet, so kann jederzeit ein neuer Reiz mit dem konditionierten Reiz verknüpft werden, so daß dieser neue Auslösereiz ebenfalls Reizkontrolle über die emotionalen Reaktionen erhält.

Dieser Prozeß wird Konditionierung höherer Ordnung genannt.

Phobien, Angst und Vermeidungsverhalten

Zu den besten Beispielen für konditionierte emotionale Reaktionen gehören jene starken, sozial unangemessenen Ängste, die wir Phobien nennen. Zum Beispiel kann jemand eine solche Angst vor Katzen haben, daß er ein Haus nicht betritt, bevor er sich vergewissert hat, daß darin keine Katze ist. Einige fürchten sich in einem solchen Maß vor Höhen, daß sie nicht wagen, in einem Hochhaus den Fahrstuhl zu benutzen. Einige haben so sehr Angst vor Sexualität, daß sie keine Freude dabei empfinden können, selbst wenn es für sie angemessen wäre und sie es gerne wollten. Einer kann Regenwürmer dermaßen fürchten, daß er nicht in der Lage ist, sein Haus zu verlassen.

Das alles sind Beispiele für *Phobien*: starke Ängste, die von den meisten als irrational angesehen werden und die diejenigen, die sie haben, oft stark in ihrer normalen Lebensführung behindern. Diese Art von starken Ängsten kann als das Ergebnis eines Konditionierungsprozesses angesehen werden. Der Mann mit der Angst vor Regenwürmern ist zum Beispiel das Opfer einer Reihe von Konditionierungsvorgängen, in deren Verlauf seine Furcht, die für einige Umstände sicherlich angemessen war, durch Assoziation mit dem Reizauslöser Regenwurm verknüpft wurde, für den diese Furcht sicherlich unangemessen ist. Obwohl die Furcht irrational ist, ist sie doch stark beeinträchtigend für denjenigen, der unter ihr leidet.

Manchmal sind es eine Reihe von Erlebnissen, die konditionierte Angst auslösen, manchmal genügt auch ein einziges sehr unangenehmes Erlebnis, um eine konditionierte emotionale Reaktion auszubilden.

Eine sehr verbreitete Furcht unter Studenten ist die Angst vor Prüfungssituationen. Einige Studenten werden in der Prüfung sehr nervös, mitunter so stark, daß sie tatsächlich Wissen vergessen, dessen sie sich eigentlich mit Leichtigkeit hätten erinnern können. Eine andere, verbreitete Furcht betrifft Sexualität: Trotz aller Reden von der sexuellen Befreiung gibt es doch noch sehr viele Menschen, die bei der Konfrontation mit sexuellen Reizen sehr verwirrt und ängstlich reagieren. Eine dritte, häufig auftretende Quelle von Angst und Beunruhigung sind soziale Situationen, zum Beispiel in der Interaktion mit Leuten, die uns irgendwie bewerten, oder wenn wir fremden Menschen vorgestellt werden.

In allen diesen Situationen löst der Reiz emotionale Reaktionen aus. Wenn Sie zum Beispiel eine Prüfung ablegen sollen, werden Sie erleben, daß Sie aufgeregt sind. Viele Menschen versuchen, mit diesen unerfreulichen, konditionierten emotionalen Reaktionen fertig zu werden, indem sie Situationen vermeiden, in denen diese Reaktionen ausgelöst werden könnten. Sie könnten zum Beispiel alles versuchen, um Prüfungen zu vermeiden. Das kann so weit gehen, daß sie die Schule verlassen müssen. Ebenso kann eine Frau, die in der Gegenwart von Männern Angst empfindet, ganz einfach die Gesellschaft von Männern vermeiden. Aber wer ein Vermeidungsverhalten entwickelt hat, wird in den meisten Fällen feststellen, daß dies keine harmonische Beziehung zur Umwelt ist. Das Vermeidungsverhalten jedoch einfach aufzugeben hieße, die gefürchteten Gefühle, die unter der Kontrolle des konditionierten Reizes stehen, aushalten zu müssen. Logischerweise könnten Sie die Situation wieder zurechtrücken, indem Sie versuchen, den Reizauslöser wieder zu »re-konditionieren«, so daß die Situation nun eine andere Reaktion als Angst auslöst. Solch eine Technik wurde von Joseph Wolpe und seinen Mitarbeitern entwickelt (Wolpe, 1969). Diese Technik, die *systematische Desensibilisierung*, ist sorgfältig untersucht worden. Es konnte gezeigt werden, daß sie bei der Beseitigung von unerwünschten gefühlsmäßigen Reaktionen bemerkenswerten Erfolg hat.

DESENSIBILISIERUNG

Systematische Desensibilisierung ist eine klinische Technik, die hauptsächlich von Verhaltenstherapeuten angewandt wird. An späterer Stelle werden wir ihre Bedeutung für die Selbstveränderung diskutieren, zuerst jedoch wollen wir uns noch einmal die Theorie und das Vorgehen bei der Systematischen Desensibilisierung in Erinnerung rufen.

Desensibilisierung ist im Grunde eine Technik zum Wiederaufbau adäquater Reaktionen (also eine Re-konditionierung).

Durch frühere Konditionierungsvorgänge ist der Patient unangemessen sensibel für bestimmte Reize geworden. Sicher werden alle Leute ein wenig aufgeregt sein, wenn sie eine wichtige Prüfung ablegen müssen, aber nur die wenigsten geraten in Panik; die meisten unberührten jungen Mädchen werden sich vor ihrer Hochzeitsnacht etwas ängstlich fühlen, aber einige haben besonders große Angst davor und fühlen sich nachgerade unglücklich.

Manche Menschen sind bei Prüfungen oder in sexuellen Situationen derart nervös, daß ihre Angst ernsthaft ihre Handlungsfähigkeit beeinträchtigt oder sie sogar unmöglich macht.

Durch die Desensibilisierung soll erreicht werden, daß die Reize, die früher eine unerfreuliche emotionale Reaktion auslösten, nun statt dessen eine andere, angemessene emotionale Reaktion bewirken.

Desensibilisierung erfolgt nach einer standardisierten Technik. Als erstes versucht der Verhaltenstherapeut in einer Reihe von Explorationsgesprächen, die angstauslösenden oder Aufregung verursachenden Situationen herauszufinden.

Nachdem man eine oder mehrere Kategorien von angstauslösenden Reizen festgestellt hat, können die einzelnen Elemente dieser Kategorien diskutiert werden.

Angenommen, eine Frau hat eine unbegründete Angst vor Schlangen. Nicht alle Schlangen sind gleich stark angsterregend:

Große, gefährliche Schlangen werden mehr Angst auslösen als kleine, harmlose Schlangen. Als erstes werden diese unterschiedlichen Auslösereize aufgelistet. Danach werden sie in eine Rangreihe gebracht, je nachdem, wieviel Angst sie auslösen: angefangen bei den harmlosesten bis hinauf zu den am meisten gefürchteten Reizen. Als drittes werden dann der Patientin Entspannungstechniken beigebracht, so daß sie in der Lage ist, sich selbst in eine tiefe Entspannung zu versetzen.

Nun kann der letzte und schwierigste Schritt angegangen werden: Angefangen mit der am wenigsten Angst auslösenden Situation soll der Patient nun die *Angst* vor dem Auslösereiz durch eine *tiefe Entspannung* ersetzen. Der Patient tut das, indem er sich den angstauslösenden Reiz vorstellt, während er in tiefer Entspannung ist. Wenn er sich entspannen kann, während er sich den am wenigsten angsterregenden Reiz vorstellt, geht er eine Stufe in seiner Rangliste höher zu dem nächsten, etwas mehr angstauslösenden Reiz. Mit diesem Prozeß, der etwas der Verhaltensformung ähnelt, fährt er nun fort, bis er alle aufgelisteten, angstauslösenden Reize hinter sich gebracht hat – auf jeder Stufe die Angst durch tiefe Entspannung ersetzend.

Wir haben uns schon mit einer ähnlichen Technik auseinandergesetzt. Erinnern wir uns an das junge Mädchen (aus dem Anfang des 8. Kapitels), das Angst davor hatte, mit ihren Professoren zu sprechen. Auch sie benutzte die Technik der Desensibilisierung, indem sie allmählich die Häufigkeit und Intensität des Zusammentreffens mit ihrem Professor durch sorgfältig abgestufte Begegnungen mit ihm erhöhte. In diesem Fall durchlief das Mädchen ihre Stufenleiter der Verhaltensformung anhand von realen Situationen, indem sie immer ein wenig länger mit ihrem Professor sprach.

Hieran zeigt sich der größte Unterschied zwischen ihrer Vorgehensweise und der klinischen, systematischen Desensibilisierung. Bei der systematischen Desensibilisierung wird die Hierarchie (die systematische Steigerung in der Verhaltensformung) *in der Vorstellung erarbeitet.*

Techniken mit positiver Verstärkung in der realen Lebenssituation schließen ebenfalls Elemente einer Re-Konditionierung ein.

Kehren wir zu der Studentin zurück, die Angst vor ihren Professoren hatte. Wäre es möglich gewesen, ihre Angst bei den Professoren zu messen, hätten wir ein Nachlassen der Angst feststellen können, als sie schrittweise die Länge der Unterhaltungen anwachsen ließ. *Das Wesentliche dabei war*, daß sie *Sich-wohlfühlen* mit dem Reiz »*Sprechen mit Professoren*« verband. *Jedes Mal, wenn Sie Ihre reale Lebenssituation so einrichten, daß Sie dafür verstärkt werden, daß Sie eine Aufgabe angehen, die bislang für Sie angstauslösend war, verstärken Sie damit erstens das neue Verhalten, und zweitens re-konditionieren Sie die emotionale Reaktion auf den gegenwärtigen Auslösereiz.*

Wie wir früher schon beobachten konnten, kann ein Reiz *sowohl* eine emotionale Reaktion hervorrufen *und* Verstärker-Eigenschaften haben *und* zugleich Hinweisreiz für neues Verhalten sein (Staats, 1970). Es ist wichtig, daß Sie sich folgendes merken: wenn *irgendeine* dieser Funktionen sich ändert, ändern sich *alle*. Wenn Sie folglich Veränderungspläne erstellen, können Sie von vornherein erwarten, daß positive Verstärkung auch positive Gefühle in Verbindung mit den Auslösereizen Ihres Verhaltens hervorrufen wird. Diese positiven Gefühle sind die Erklärung dafür, warum Sie so oft Dinge tun wollen, für die Sie belohnt werden, und warum Sie sogar die Umstände mögen, unter denen Sie diese Verhaltensweise durchführen.

FALL 20: Ein junger Mann und seine Frau hatten eine Reihe von Streitigkeiten über seinen Mangel an Hilfsbereitschaft bei der Hausarbeit. Sie machte die ganze Hausarbeit neben einer Ganztagsbeschäftigung und meinte, daß er da etwas mehr helfen müsse. Er stimmte dem sofort zu, gab aber zu bedenken, daß er Hausarbeit bisher nur als Strafe erlebt hatte. Seine Mutter hatte ihn damit bestraft, daß er Hausarbeiten verrichten mußte, was er sonst nie zu tun brauchte. Sie können sehen, wie sich das auf ihn ausgewirkt hat: da Hausarbeit für ihn Strafe bedeutete, hatte die Hausarbeit eine für ihn unangenehme emotionale Färbung angenommen – kurz, er haßte sie. Das Paar arbeitete einen Vertrag aus, nach dem sie ihn dafür, daß er Hausarbeiten ausführte, durch besondere Zuwendung und zusätzliches Geld für sein Hobby, seine Haustiere, verstärkte. Sie versuchten es mit Verhaltensformung, so daß seine ersten Versuche wenig Anstrengung erforderten.

Wir verloren für fünf Monate den Kontakt zu diesem Paar, dann trafen wir sie zufällig auf dem Campus wieder, Händchen haltend. Sie waren hocherfreut über die Auswirkungen ihrer Vereinbarung, denn der junge Mann erledigte jetzt genau seinen Anteil an der Hausarbeit. »Das Erstaunlichste daran ist,« so berichtete er, »daß ich es jetzt nicht nur erledige, sondern daß es mir gar nichts mehr ausmacht. Es klingt blöde, aber Kehren zum Beispiel macht mir jetzt fast Spaß. Es ist so eine Art von ruhiger, entspannender Beschäftigung jeden Tag. Es ist überhaupt nicht mehr unangenehm.«

Das ist ein Beispiel für eine emotionale Re-Konditionierung. Wenn man Bedingungen so verändert, daß der junge Mann für mehr Mitarbeit im Haushalt positiv verstärkt wird, nimmt nicht nur die Häufigkeit dieses Verhaltens zu, sondern auch seine gefühlsmäßige Einstellung zur Hausarbeit ändert sich. Er liebte Hausarbeit zwar nun nicht gerade, aber sie veränderte sich von einer verhaßten Tätigkeit zu einer, die sogar Gefühle von Entspannung hervorzurufen vermochte.

Man kann häufig erwarten, daß eine Intervention mittels positiver Verstärkung zu angenehmeren Gefühlen führt. Erinnern wir uns an die in diesem Buch besprochenen Fälle! Sie können feststellen, daß jeder dieser Fälle zweifellos unangenehme emotionale Reaktionen erlitt, die sein Problemverhalten begleiteten. Wenn man das Problemverhalten direkt verändert, wird man oft auch gleichzeitig die dazugehörigen Gefühle verändern können.

Diese Änderung vollzieht sich aufgrund einer emotionalen Neukonditionierung, die sich durch die Verbindung von angenehmen (verstärkenden) Reizen mit den reizauslösenden Bedingungen und mit dem Verhalten selbst ergibt.

Wir empfehlen, daß Selbstveränderungspläne auf Verstärkung für verändertes Verhalten basieren sollen, wann immer es angebracht erscheint. Einige emotionale Schwierigkeiten werden sich jedoch mit diesem Vorgehen nicht lösen lassen. Wir wollen diese Einschränkungen diskutieren und die Rolle der Desensibilisierung in der Selbstveränderung später erläutern. Für den Augenblick wollen wir die Vorteile betrachten, die sich aus der Anwendung einer Strategie in Real-Situationen mit positiver Verstärkung ergeben.

Da Desensibilisierung eine Verhaltensformung in vorgestellten aufsteigenden Schwierigkeitsgraden bedeutet, konnte naturgemäß festgestellt werden, daß das Verhalten in der realen Situation hinter dem Fortschreiten auf der Skala der imaginierten Situationen zurückbleibt (Bandura, 1969). Es erscheint daher wirkungsvoller, mit einer Technik zu arbeiten, die sich mit Real-Situationen befaßt – falls das möglich ist –, oder systematische Desensibilisierung als einen ersten Schritt zu benutzen. Zum anderen ist die Vorstellung nie so vollkommen wie die Wahrnehmungen in der Wirklichkeit, und all die Beobachtungen, Gerüchte, Geschmacksnuancen und der Hintergrund der Lebenserfahrung sind nicht vollkommen in der Vorstellung oder Erinnerung festgehalten. Die Menschen unterscheiden sich sehr stark in ihrer Fähigkeit, eine Szene in ihrer Vorstellung hervorzurufen und sie festzuhalten, und manchen gelingt es überhaupt nicht. Sogar wenn es sehr gut geht, werden im Wiedererleben die Reize nie in ihrer ganzen Vielfalt erlebt werden, wie das im wirklichen Leben der Fall wäre. Das ist ein Nachteil, weil die Gesamtheit der Reize, die die unerwünschten Gefühle kontrollieren, wiederhergestellt werden sollte.

Es gibt einen dritten Grund, warum Techniken für Realsituationen der Vorzug zu geben ist: sie ermöglichen, daß zugleich mit der Re-Konditionierung neue Verhaltensweisen gelernt werden können. Stellen wir uns eine junge Frau vor, die immer Angst vor Männern hatte. Während ihre Freundinnen schon damals in der Schule den Umgang mit Jungen lernten, hatte sie sich wegen ihrer Angst zurückgehalten. Auch wenn sie ihre Angst plötzlich loswerden könnte, würden ihr trotzdem die jahrelangen praktischen Erfahrungen im Handhaben solcher

Beziehungen fehlen, den ihre Altersgenossinnen ihr schon voraus haben. Sie würde sich in gänzlich neuen Situationen befinden, in denen sie sich nicht zu verhalten wüßte. Sie wüßte beispielsweise nicht, wie sie einen Mann auf freundliche Art und Weise dazu bringen könnte, sein Temperament etwas zu zügeln, oder sie hätte nicht gelernt, »nett« zu sein, ohne albern zu wirken. Zum Attraktiv-sein gehört viel mehr als nur nicht-ängstlich zu sein. Als Folge davon würde sie ihre Angst wieder erlernen, da es sehr leicht denkbar wäre, daß sie wieder von Männern aufgrund ihres bestehenden Mangels an zwischenmenschlichen Fertigkeiten zurückgewiesen würde. Dies legt nahe, daß sie nicht nur lernt, ihre Furcht zu überwinden, sondern außerdem anfängt, die neuen nötigen Verhaltensweisen zu lernen und auszuüben.

Zusammenfassung

Es gibt drei Gründe, warum wir für eine Technik der Selbstveränderung in Real-Situationen eintreten:

1. Die tatsächlichen Verhaltensänderungen können unter Umständen hinter den in der systematischen Desensibilisierung erreichten Veränderungen zurückbleiben.
2. Ihr Ziel ist es, einige Aspekte ihrer Lebenssituation zu ändern. Daher ist es am wirkungsvollsten, auch in dieser zu üben.
3. Manchmal müssen Sie nicht nur lernen, eine Angst zu verlieren; Sie müssen darüber hinaus auch ein neues Verhalten erlernen.

Wann man Systematische Desensibilisierung anwendet

Es gibt jedoch Umstände, in denen eine Form der Desensibilisierung die Technik der Wahl ist. Dazu gehört erstens, wenn Sie zwar wissen, wie das gewünschte Verhalten auszuführen ist, aber die gegebene Situation Gefühle in Ihnen hervorruft, die die Ausführung dieser Verhaltensweise verhindern. Zum Beispiel kann ein fleißiger Student viele Stunden damit verbracht haben, sich sorgfältig auf eine Prüfung vorzubereiten; auch arbeitet er nach einer guten Arbeitstechnik. Wenn er jedoch in die

Prüfung geht, wird er so nervös, daß er fast alles »vergißt«, was er gelernt hat. In diesem Fall kann er sich überlegen, daß er nur seine Angst überwinden müsse, alles andere würde dann schon gut gehen. Hier wäre Systematische Desensibilisierung oder Desensibilisierung in der Real-Situation zusätzlich angemessen, wenn das *einzige Problem* darin besteht, eine bestimmte Angst auszuschalten.

Eine jungverheiratete Frau klagte: »Ich sehe nicht, wie Verhaltensänderung bei mir helfen soll, weil ich nichts Neues zu lernen brauche. Alles, was ich will, ist, daß ich meine Ängste überwinde. Wenn mein Mann mit mir schlafen will, möchte ich das eigentlich auch sehr gerne; aber wenn dann der entscheidende Augenblick kommt, dann werde ich so nervös, daß ich nicht weitermachen kann.« Das ist ein anderes Beispiel dafür, daß das gewünschte Verhalten zur Verfügung steht, jedoch durch die Angst unterdrückt wird. Auch in diesem Falle scheint eine Desensibilisierung dieser Angst angemessen.

Eine weitere Notwendigkeit, systematische Desensibilisierung anzuwenden, ergibt sich da, wo es nicht möglich ist, die Technik der Verhaltensformung in der realen Situation anzuwenden. Stellen Sie sich die Studentin vor, die gerne häufiger und länger mit ihren Professoren reden möchte und die nun keinen hilfsbereiten Professor gekannt hätte, um das zu üben. Sie wäre also nicht in der Lage gewesen, Techniken der Verhaltensformung und der positiven Verstärkung anzuwenden. Wenn Sie ihr tägliches Leben nicht so einrichten können, daß Sie über eine Skala der Verhaltensformung aufsteigen können, dann kann die Desensibilisierung dazu verwandt werden, Ihre Angst auch auf den schwierigeren Stufen, die Sie bis jetzt noch nicht durchgeführt haben, zu verringern.

ZUSAMMENFASSUNG

Es gibt zwei Situationen, in denen es die beste Möglichkeit für Ihre Selbstveränderung ist, eine Form der Desensibilisierung zu verwenden:

1. wenn Ihr einziges Problem darin besteht, eine unerwünschte Spannung oder Angst zu beseitigen, und nicht gleichzeitig ein wünschenswertes Verhalten aufgebaut werden muß;

2. wenn Sie Ihre Umgebung nicht so einrichten können, daß Sie erwünschtes Verhalten ausformen oder durchführen könnten, ohne zu viel Angst auf sich nehmen zu müssen.

Wenn Ihre Angst Desensibilisierung erfordert, gibt es vier grundlegende Vorgehensweisen. Die erste besteht darin, positive Verstärkung für das allmähliche Beherrschen einer gefürchteten Situation zu geben, was ausführlich im Verlauf dieses Buches behandelt worden ist und nicht weiter erläutert zu werden braucht. Die restlichen drei sind

1. *in-vivo* Desensibilisierung,
2. Selbstdesensibilisierung
3. klinische Behandlung.

Der Rest des Kapitels ist der genauen Erklärung dieser Vorgehensweisen gewidmet.

DESENSIBILISIERUNG IN DER REAL-SITUATION (IN-VIVO-DESENSIBILISIERUNG)

In-vivo (vom Lateinischen »im Leben«)-*Desensibilisierung, dieser Ausdruck ist gewöhnlich einer Verfahrensweise vorbehalten, bei der man sich allmählich an einen wirklichen gefürchteten Reiz annähert, während man sich im Zustand der Entspannung befindet.* Vielen Menschen gelang es, sich zu entspannen oder einen anderen Gefühlszustand zu erreichen, der mit Angst unvereinbar ist, und sich dann stufenweise bis zu der am meisten gefürchteten Situation vorzuarbeiten.

FALL 2: Studentin höheren Semesters. Sie schrieb: »Vögel machen mir große Angst, und zwar unter nahezu allen Bedingungen. Manchmal mache ich dann einen ziemlich dummen Eindruck – ich möchte zum Beispiel nicht in den Zoo gehen, weil dort so viele Vögel sind, sowohl frei umherfliegend als auch in Käfigen –, und häufig rufen sie bei mir unnötige Angst und Zittern hervor. Mein Leben wäre mit weniger Ängsten viel angenehmer.«

»Hier ist meine Hierarchie von mehr *selbstsicheren* Verhaltensweisen, die wir für eine Neukonditionierung verwenden können.«

A. Wenn *ein oder zwei* Vögel sich in einer Entfernung von etwa
15 m befinden:
1. herumdrehen und den Vogel ansehen
2. einen Schritt auf den Vogel zugehen
3. zwei Schritt auf den Vogel zugehen
4. so weitermachen, bis ich auf 5 m an den Vogel herangegangen
bin
5. mit Schritt B beginnen

B. Wenn *mehr als zwei* Vögel sich in einem Abstand von 15 m befinden:
1. umdrehen und die Vögel ansehen
2. zwei Schritte auf sie zugehen
3. vier Schritte auf sie zugehen
4. so weitermachen, bis ich auf 5 m an die Vögel herangekommen
bin

Dann wiederholte sie den Vorgang, indem sie jetzt von einer
Entfernung von 10 Metern zu einem einzigen Vogel ausging,
danach zu einer Gruppe von Vögeln. Als nächstes wiederholte
sie den Vorgang aus einer Entfernung von 5 Metern.

Auf den letzten Stufen in ihrer schwierigen Hierarchie wollte
sie in einer Entfernung von 3 Metern zu dem gefürchteten Reiz
beginnen und sich bis auf einen Meter an die Vögel heranwagen, danach allmählich sekundenweise die Zeit verlängern, die
sie sich in deren Nähe aufhalten konnte.

Zuerst hatte sie Schwierigkeiten, diese mutigen und nicht
ängstlichen Gefühle beizubehalten, berichtete dann aber, daß
ihre Angst außerordentlich nachließ, sobald ihr Freund ihr die
Hand hielt. Das ging so lange gut, bis ihr Freund – vermutlich
weil ihm der Vorgang zu langweilig erschien – ihr einen »spie-
lerischen Stoß« gab und sie sich plötzlich den Vögeln erschrek-
kend nahe sah. Das warf sie ungefähr um drei Wochen zurück,
(und auch ihre Verliebtheit kühlte dabei etwas ab).

Die Studentin berichtete, daß sie keine systematischen Verstärkungen anwendete, um ihre Annäherung an die Vögel aufzubauen. Sie verließ sich ganz auf die immanente Belohnung,
also ihre innere Befriedigung darüber, sich in der Nähe der Vögel aufhalten zu können. Als sie schon ziemlich nahe herangekommen war, kam sie nicht weiter: es war ihr nicht möglich,
näher heranzugehen und dabei entspannt zu bleiben. An diesem
Punkt führte sie ein Symbolverstärker-System ein: für jede
weitere Stufe in ihrer Hierarchie konnte sie eine bestimmte An-

zahl von Punkten erreichen, die sie dann am Abend zum »Kauf« von bestimmten Sonderrechten verwenden konnte, wie zum Beispiel zusätzliche Verabredungen, »Schundromane«-lesen usw. In diesem Fall war sie darauf bedacht, ihre positiven Verstärkungen insgesamt zu erhöhen, so daß sie etwas davon hatte, wenn sie den Vögeln näher kam.

Beim letzten Bericht sagte sie, daß sie zwar Vögel immer noch nicht leiden könne, aber daß sie sie nicht mehr nervös machten.

Indem Sie bei einer in-vivo-Desensibilisierung jeden Schritt in der Hierarchie aufwärts positiv verstärken, schaffen Sie Anreize dafür, sich auch in solche Situationen zu begeben, in denen weitere Desensibilisierung eintreten kann.

WIE MAN IN-VIVO-DESENSIBILISIERUNG MIT VERSTÄRKUNG VERBINDET

Häufig ist Verstärkung notwendig, um die Verhaltensschritte zu festigen, die das Re-Konditionieren verlangt. Bei der Vogelphobie wurden zwei Arten von Verstärkung benutzt. Eine davon war das schon erwähnte Symbol-Verstärkersystem, das die Patientin einsetzte, um die letzten, schwierigeren Stufen des Annäherungsverhaltens zu unterstützen. Aber eine frühere, weniger offensichtliche Verstärkerart war die Anwesenheit ihres Freundes. Ursprünglich hatte das Mädchen sich entschlossen, ihn miteinzubeziehen, weil seine Anwesenheit sie ruhiger machte. Aber seine Begleitung hatte auch verstärkenden Wert für das Annäherungsverhalten.

Oft hat der Reiz, den Sie benutzen, um eine Entspannung oder eine andere unvereinbare Reaktion herbeizuführen, selbst auch Verstärker-Wert. Einer unserer Studenten berichtete von seiner Angst vor dem Fliegen, die ihn wiederholt bei Flügen beunruhigte und bestürzte. Er verschaffte sich ein bißchen Erleichterung dadurch, daß er die Auslösereize »Flugzeug« mit einer leichten sexuellen Erregung verband. Auf dem Platz im Mittelgang des Flugzeuges war es ihm möglich, sich auf die Beobachtung der Stewardessen zu konzentrieren, wann immer er das Aufkommen von Angst spürte. Dadurch, daß er sich ganz konzentrierte und bestimmte Phantasien zur Hilfe nahm, konnte er eine leichte sexuelle Erregung erlangen. Diese beiden

Techniken verhinderten das Aufkommen von Angst und bewirkten sogar eine angenehme Neu-Konditionierung des Stimulus »Flugzeug«. Die Verstärkung, bestehend aus der leichten sexuellen Erregung, die er durch seine Aktivität herbeiführen konnte, verstärkte sein desensibilisierendes Verhalten.

Andere Situationen können beides bewirken, Verstärkung und eine neue Reaktion, die mit Angst unvereinbar ist. Das folgende ist ein Beispiel für die Anwendung von »Neugierverhalten« als einer Reaktion, die beiden Kriterien genügt. Ein junger Mann (Jurastudent) litt unter einer außergewöhnlich starken Angst vor »kranken Körpern«. Es wurde eine *in-vivo-Strategie* ersonnen, im Rahmen derer er an anatomischen und Geburtshilfekursen teilnahm, um seine Angstreaktion durch die zuwiderlaufende Wißbegier zu ersetzen. Nach seiner Aussage verband er mit seinem Plan »die zweifache Hoffnung, sich einmal mit allen Situationen vertraut zu machen und sich gleichzeitig von allen Befürchtungen vor widerwärtigen Dingen zu befreien, während er als Drittes gleichzeitig seinen Wissensdurst damit befriedigte« (Bringman, Kriche und Balance, 1969, Seite 3).

Dieser Student war der Dichter Johann Wolfgang von Goethe, und seine *in-vivo*-Desensibilisierung fand während seines berühmten Aufenthaltes an der Universität Straßburg zwischen 1770–1771 statt. Obwohl Goethe natürlich nicht die Sprache der Verhaltensmodifikation benutzte, muß seine kluge Technik bemerkenswert erfolgreich gewesen sein. Er schrieb später ausführlich über seine anatomischen Studien.

Zusammenfassend läßt sich sagen, daß wir Fallbeispiele vorgestellt haben, die drei Reaktionen benutzen – Entspannung, sexuelle Erregung und intellektuelle Neugier –, die mit Angst unvereinbar sind und verstärkende Eigenschaften haben.

Sie brauchen sich jedoch nicht auf die unvereinbaren Reaktionen selbst zu verlassen, um Verstärkung zu bekommen. So wie das Mädchen mit der Vogelphobie Symbolverstärker benutzte, können verschiedene Formen der Verstärkung Sie für Ihre *in-vivo*-Schritte motivieren.

Rehm und Marston (1968) berichteten von einem ausgezeichneten Forschungsprogramm über *in-vivo*-Desensibilisierung mit Studenten, die alle soziale Ängste hatten. Jeder Student stellte seine eigene Hierarchie von gefürchteten Situationen auf und versuchte dann, sich diesen Situationen im wirklichen Leben auszusetzen. Zwei Formen von Verstärkung wurden für diese Verhaltensweisen benutzt: das Lob der Versuchsleiter bei den wöchentlichen Treffen mit den Studenten, und die positiven Selbstbeurteilungen und das eigene Lob des Studenten in der aktuellen Situation. Wie eine Reihe von Tests zeigte, verbesserten sich die *in-vivo*-desensibilisierten Studenten wesentlich mehr als eine Kontrollgruppe, die nur wöchentliche Sitzungen mit nicht-direktiver Beratung oder mit sogenannter unterstützender Therapie hatten.

ZUSAMMENFASSUNG: DER PROZESS DER IN-VIVO-DESENSIBILISIERUNG

Um eine *in-vivo*-Densibilisierung durchzuführen, gibt es einige technische Schritte, die Sie gehen müssen.

1. Erstellen Sie eine Rangliste der angsterregenden Situationen, wobei die einzelnen Reize so angeordnet sein müssen, daß sie, von einem kaum Angst erregenden Reiz ausgehend, bis zu einem stark Angst erregenden Reiz reichen. Sie müssen die Liste auf einem sehr niedrigen Niveau anfangen und die Abstände zwischen den einzelnen Stufen ganz klein machen.

2. Sie müssen das neue Verhalten durchführen und dafür sorgen, daß Sie dafür positiv verstärkt werden.

3. Sie müssen sicher sein, daß Sie in der Lage sind, sich zu entspannen, oder in einem Zustand sind, der mit Angst unvereinbar ist, während sie in der Hierarchie voranschreiten.

Eine *in-vivo*-Desensibilisierung in dieser Weise durchzuführen wird jedoch nicht immer möglich sein, weil die Umwelt nicht stillsitzt, während Sie ihren Plan durchführen.

Genau wie das Mädchen, deren Freund sie aus Spaß auf die Vögel zuschubste (Fall 21), werden Sie nicht immer in der Lage sein, die Ereignisse zu kontrollieren. Desensibilisierung erfordert, daß das neue, erwünschte Gefühl immer stark genug ist, um das Auftauchen der alten Furcht zu unterbinden. Das bedeutet, daß Sie beides kontrollieren müssen: die Reize, die die erwünschten Gefühle hervorrufen, und die, die unerwünschte Gefühle hervorrufen. Manchmal könnten Sie das im täglichen Leben nicht verwirklichen. In diesen Fällen ist Selbst-Desensibilisierung in der Vorstellung angezeigt.

Der Vorteil der Desensibilisierung in der Vorstellung liegt darin, daß Sie das Auftreten des gefürchteten Reizes regulieren können. Wenn Sie in der Lage sind, sich zu entspannen, können Sie die gefürchtete Bedingung stufenweise in Ihrer Vorstellung hervorrufen, und Sie werden wahrscheinlich weniger leicht durch ein Geschehen außerhalb Ihrer Kontrolle zu weit nach oben in Ihrer Hierarchie gebracht. Diese Kontrolle war ein prinzipieller Punkt für die Entwicklung dieser klinischen Technik.

Aber Desensibilisierung *wurde* als klinische Technik entwickelt, die sorgfältig von hauptberuflichen Psychiatern und Psychologen gehandhabt und ausgeübt werden sollte. Kann sie nun wirksam als ein Selbstveränderungsverfahren angewendet werden? Die Antwort ist noch nicht geklärt. Die vorläufigen Ergebnisse sind jedoch ermutigend (Migler und Wolpe, 1967; Migler, 1968; Melamed und Lang, 1967; Kahn und Baker, 1968; Rardin, 1969).

Weil die Erfahrung mit Selbst-Desensibilisierung noch begrenzt sind, können wir noch nicht ihre genauen Grenzen aufzeigen oder die besondere Art von Problemen nennen, bei denen sie besonders angemessen erscheint. Unserer Meinung nach können Bemühungen mit Selbst-Desensibilisierung wahrscheinlich nicht schädlich sein, selbst wenn sie versagen. Trotzdem sollte der Leser sich an die Selbst-Desensibilisierung wie an ein Experiment heranwagen. Es sollte nicht weitergeführt werden, wenn die Angst-Reduktion nicht einigermaßen gleichmäßig verläuft, *und sie sollte sofort abgebrochen werden, wenn man feststellt, daß die Angst zunimmt.*

Man kann um fachgemäße klinische Desensibilisierung nachsuchen, und eine solche Behandlung sollte unternommen werden, wenn es sich darum handelt, Ängste abzubauen, die sich nicht leicht mit Selbst-Desensibilisierung oder mit den schon umrissenen Techniken beheben lassen. Der einzige Nachteil, der aus einer Selbst-Desensibilisierung entstehen kann, ist der, daß Sie den Mut verlieren und keine Lust mehr haben, eine fachgemäße Desensibilisierung in Angriff zu nehmen. Obwohl die Selbst-Desensibilisierung noch in den Kinderschuhen ihrer Entwicklung steht, ist klinische Desensibilisierung eine gut erforschte und vertrauenswürdige Technik, und eine Angst, die nicht mit Selbst-Desensibilisierung angegangen werden kann, kann sehr gut durch einen erfahrenen Verhaltenstherapeuten behoben werden.

Obwohl wir die Selbst-Desensibilisierung als eine experimentelle Technik vorstellen, stellt sie ein äußerst interessantes Verfahren dar und berechtigt zu Hoffnungen. Einige Studenten könnten die Möglichkeiten ihrer Anwendung ergründen wollen. Daher geben wir einen Überblick über die Techniken, die im wesentlichen den Vorschlägen von Kahn und Sandler (1966) und Paul (1966) folgen.

SCHRITTE DER SELBST-DESENSIBILISIERUNG

Es gibt vier Schritte bei der Selbst-Desensibilisierung. Die ersten zwei sind im wesentlichen gleich mit denen, die in der *in-vivo*-Desensibilisierung angewendet werden.

1. Auflisten der angsterregenden Situationen und
2. sie in hierarchsich angeordnete Kategorien bringen.
3. Der dritte Schritt ist ein Selbsttraining zu tiefer Entspannung.
4. Der vierte Schritt besteht in der stufenweisen Neu-Konditionierung.

Aufbau der Hierarchie: Die Hierarchie ist eine Rangliste von Situationen, die das unerwünschte Gefühl hervorrufen. Schreiben Sie jede der Situationen auf eine getrennte Karte, und ordnen sie die Karten dann so, daß die beunruhigendste Situation am Ende des Stapels liegt und die am wenigsten beunruhigende obenauf. Einige Leute fühlen sich schon durch das Aufstellen der Liste erleichtert. Sie erfahren eine gewisse Erleichterung ihrer Angst. Andere berichten von gegenteiligen Effekten. Wenn das Erstellen der Hierarchie starke Gefühle des Unbehagens hervorruft, ist das ein Hinweis dafür, daß die Selbst-Desensibilisierung abgebrochen und eine klinische Behandlung aufgenommen werden sollte.

Beispiel: Stellen Sie sich vor, Ihr Problem bestünde darin, daß Sie bei Prüfungen nervös werden. Es gibt verschiedene Arten von Prüfungen, von unwichtigen kleinen Quizzen bis zu alles entscheidenden Prüfungen für Ihr Abschlußexamen. Prüfungmachen ist dann die Kategorie für die Situationen. Innerhalb dieser Kategorie könnten Sie dann Verhalten und Situationen aufschreiben und in eine hierarchische Ordnung bringen wie etwa die folgende:

eine Prüfung machen – die nicht viel bedeutet –
eine Prüfung machen – wenn ich nicht vorbereitet bin –
eine Prüfung machen – die überraschend kommt –
eine Prüfung machen – bei der mich der Professor immer beobachtet –
eine Prüfung machen – ein Zwischenexamen machen –
eine Prüfung machen – die über meine Abschlußnote für einen Kurs entscheidet –

Jede Hierarchie, die Sie aufstellen, muß durch eine besondere *Kategorie* von angsterregenden Situationen gekennzeichnet werden. Die Kategorie wird aus solchen Items (das heißt, den aufgelisteten Situationen) gebildet, die miteinander in Beziehung zu stehen scheinen.

Die meisten Autoren schlagen für die Hierarchie 10–20 Items vor. Folgen Sie der Grundregel der Verhaltensformung: mit dem einfachsten Item anfangen und sich versichern, daß die Schritte dazwischen klein sind! Fügen Sie Schritte hinzu oder lassen Sie welche weg, wenn nötig.

Manchmal drücken Sie Ihre Hierarchie sinnvollerweise *in Zeitabständen von dem Angst erregenden Ereignis aus*. Wir beschreiben hier eine Beispiel-Hierarchie, empfohlen von Paul (1966) für Angst beim Sprechen vor der Klasse.

Schritt 1: Allein im Zimmer, über Reden lesen; eine Woche, bevor Sie eine Rede halten müssen.
Schritt 2: Eine Woche vorher, in oder nach der Stunde über die bevorstehende Rede diskutieren.
Schritt 3: Im Publikum sitzen, wenn jemand anders eine Rede hält (eine Woche vor Ihrer Rede).
Schritt 4: Die Rede in einer Arbeitsatmosphäre aufschreiben.
Schritt 5: Allein im Zimmer Ihre Rede üben.
Schritt 6: Anziehen am Morgen, an dem die Rede gehalten werden muß.
Schritt 7: Aktivitäten, kurz bevor Sie aufbrechen, um die Rede zu halten.
Schritt 8: Am Tag der Rede in die Schulstunde gehen.
Schritt 9: Den Raum betreten.
Schritt 10: Warten, während eine andere Person noch vorträgt.

Schritt 11: Vor die Zuhörer hintreten.
Schritt 12: Die Rede halten (die Gesichter sehen usw.)

Andere Ängste können nach *räumlicher Entfernung* aufgelistet werden. Höhenangst ist ein gängiges Beispiel. Eine hierarchische Liste solcher Ängste würde mit der Anzahl der Stockwerke oder der Höhe des Berges stetig ansteigende Items umfassen.

Andere Fälle können komplizierter und ihre Kategorien weniger klar umrissen sein.

Zum Beispiel: eine Frau mit einer phobischen Angst benannte ihre umfassende Kategorie *»Unfälle«;* die Hierarchie umfaßte folgende Items (Evans 1971)[*].

1. Ich beuge mich in einen Schrank und stehe dann zu plötzlich auf und stoße mir den Kopf an der Schranktür.
2. In einem Bürogebäude sehe ich ein Schild zur Vermeidung von Betriebsunfällen.
3. Die Person, die vor mir geht, stolpert und fällt fast, fängt sich aber und geht, ohne Schaden zu nehmen, weiter.
4. Ich höre das Quietschen von Autoreifen, als ein Auto, das ich nicht sehen kann, in einer nahegelegenen Straße heftig bremst.
5. Ich sitze vorm Fernsehen; die Heldin der Geschichte läßt ein Feuer unbeobachtet und verursacht dadurch ein schlimmes Feuer in ihrem Haus.
6. Ich blättere eine Zeitschrift durch; ich sehe einen Abschnitt, überschrieben mit »Was tun Sie in Notfällen?«, und es gibt Bilder, wie ein Verband angelegt wird und Mund-zu-Mund-Wiederbelebung durchgeführt wird.
7. Ich schneide Gemüse, und das Messer rutscht aus und verletzt mich leicht am Finger; ich sehe, wie das Blut allmählich meinen Finger hinunterläuft und dann die Schneide des Messers hinuntertropft.
8. Ich unterhalte mich mit einer Frau, die ich nicht kenne, und sie erwähnt, daß ihr Mann kürzlich die Leiter hinuntergefallen ist und sich den Arm gebrochen hat.
9. Ich gehe durch den Notfall-Eingang im Städtischen Krankenhaus. Ich sehe draußen einen Krankenwagen fahren, aber es ist niemand da. Hinter der Glastür kann ich Bahren sehen, aber sie sind leer.

---

[*] Persönliche Mitteilung von Jan M. Evans. Mit Erlaubnis nachgedruckt.

10. In der Morgenzeitung sehe ich Bilder eines schweren Autounfalls auf der Ausfallstraße.

11. Das Kind meines Nachbarn fährt im Vorgarten mit seinem Dreirad. Ich sehe aus dem Küchenfenster und erlebe, wie es vom Dreirad fällt und sich das Knie aufschlägt.

12. Ich höre Radio und höre eine Nachricht, daß ein Zug in Schottland entgleist ist und daß viele Leute verletzt sind; sonst gibt es keine näheren Einzelheiten.

13. Im Park sehe ich ein Kind ausrutschen und in den Teich fallen. Ein Parkaufseher ist in der Nähe und rettet das Kind aus dem Wasser, es ist naß und friert, es ist sonst aber unverletzt.

14. Ich bin dabei, die Straße zu überqueren; ein Fahrrad kommt sehr dicht vorbei und stößt mit mir zusammen. Mein Bein ist leicht verletzt.

15. Ich gehe zur Bushaltestelle und sehe eine Menschenmenge, die sich auf der Straße versammelt hat. Jemand ist von einem Auto überfahren worden. Ein Ambulanzwagen ist da mit offenen Türen, und das Opfer ist auf eine Bahre gelegt worden. Blut ist auf der Straße, und die Leute weinen.

Zusammengefaßt: Sie können Hierarchien ebensogut für sehr komplizierte wie auch für sehr einfache Gefühle konstruieren. Denken Sie daran, mit den Items zu beginnen, die gerade noch das unerwünschte Gefühl hervorrufen, und bewegen Sie sich in abgestuften Schritten zu den immer unangenehmer werdenden Items.

Dann können Sie anfangen, tiefe Entspannung anzuwenden. Wenn Sie möchten, können Sie die Entspannung auch schon praktizieren, solange Sie noch die Hierarchie aufstellen.

Tiefe Muskelentspannung: Der nächste Schritt im Desensibilisierungsprozeß ist, Entspannung zu lernen. Es ist Ihr Ziel, tiefe Muskelentspannung am ganzen Körper hervorzurufen und erkennen zu lernen, wenn Ihnen das gelungen ist, das heißt, wann Sie sich tief entspannt fühlen. Dieser Zustand kann, wie viele andere umfangreichen Ziele, nicht auf einmal erreicht werden. Sie werden deshalb einer abgestuften Lernprozedur folgen. Zuerst werden Sie lernen, Ihre Arme zu entspannen; dann Ihr Gesicht, Hals, Schultern und den oberen Rücken; dann Ihre Brust, den Bauch und den unteren Rücken; dann Hüften, Oberschenkel und Waden; danach Ihren ganzen Körper.

Es mag zuerst zwanzig bis dreißig Minuten dauern, aber während Sie lernen, wird die Zeit, die Sie dafür brauchen, abnehmen. Die Grundidee ist, eine Gruppe von Muskeln zuerst anzuspannen und dann zu entspannen, so daß die Muskeln nun tiefer entspannt werden können als vor ihrer Anspannung. Dies nennt man die Spannungs-Entspannungs-Methode.

Sie sollten Ihre Aufmerksamkeit auf jedes Muskelsystem konzentrieren, während Sie die verschiedenen Muskelgruppen durcharbeiten. So können Sie lernen, wie sich jede Gruppe anfühlt, wenn Sie gut entspannt ist. Nach einiger Übung werden Sie vielleicht gar nicht mehr die Muskeln zuerst anspannen müssen, um sich zu entspannen.

Um tiefe Entspannung zu erreichen, gehen Sie so vor: Wählen Sie einen etwas zurückgezogenen Ort, ruhig, ohne Störungen und ablenkende Reize. Setzen Sie sich bequem hin und achten Sie darauf, daß Sie vom Stuhl gut gestützt werden, so daß Sie beim Sitzen nicht Ihre eigenen Muskeln benutzen müssen. Vielleicht möchten Sie Ihre Augen schließen. Dann kommt folgende Prozedur, wie sie in einem Handbuch für Desensibilisierung (Paul, 1966) aufgeführt ist*:

1. Machen Sie eine Faust mit Ihrer bevorzugten Hand (meistens rechts). Spannen Sie die Muskeln Ihrer (rechten) Hand und des Vorderarmes an; spannen Sie sie an, bis sie zittern. Fühlen Sie, wie sich die Muskeln durch Ihre Finger ziehen und durch den unteren Teil des Vorderarmes ... Halten Sie die Spannung für 5–7 Sekunden ... dann ... entspannen Sie ... lassen Sie die Hand einfach fallen. Achten Sie auf die Muskeln Ihrer rechten Hand und des Vorderarmes, wie Sie sich entspannen. Bemerken Sie, wie sich diese Muskeln anfühlen, wenn die Entspannung Sie durchströmt (20–30 Sekunden). Spannen Sie die Muskeln der (rechten) Hand und des Vorderarmes noch einmal an. Beobachten Sie die beteiligten Muskeln (5–7 Sekunden) ... Entspannen Sie sich: Beobachten Sie nur diese Muskeln und spüren Sie, wie sie sich anfühlen, wenn die Entspannung sich ausbreitet, wie Sie sich mehr und mehr entspannen. Jedes Mal, wenn Sie dies tun, werden Sie sich mehr entspannen können, bis Arm und Hand ohne jede Spannung sind, warm und entspannt.

Fahren Sie mit dieser Prozedur fort, bis »Ihre Hand und Ihr Vorderarm völlig entspannt sind, ohne das geringste Gefühl

---

* Übernommen von Gordon L. Paul: Insight versus desensitization in psychotherapy. Stanford, California: Stanford University Press, 1966, pp 117–118. Nachgedruckt mit Erlaubnis der Herausgeber und Autoren.

von Anspannung (durchschnittlich sind 2–4 Male erforderlich).«

2. ... Spannen Sie den (rechten) Bizeps, wobei Sie Ihre Hand und den Unterarm auf dem Stuhl lassen. Gehen Sie in derselben Weise wie oben vor ... indem Sie die rechte Hand als Bezugspunkt nehmen,, das heißt, gehen Sie weiter, ... wenn der Bizeps genauso entspannt ist wie ihre Hand und Ihr Unterarm.

Nun fügen Sie die anderen Muskelgruppen hinzu, eine nach der anderen.

Fahren Sie mit anderen größeren Muskelgruppen (wie sie unten aufgelistet sind) in derselben Art und Weise fort. (Achten Sie darauf, genau wahrzunehmen, wie sich jede Muskelgruppe anfühlt, wenn Sie tief entspannt sind.) Fühlen Sie, wie Entspannung und Wärme Ihre Muskeln durchfluten; beobachten Sie weiterhin die Muskeln, so daß Sie sie später wieder entspannen können. Benutzen Sie immer die vorhergehende Muskelgruppe als Bezugspunkt für Ihr weiteres Vorgehen.

3. Ihre andere (linke) Hand und Ihren Unterarm – fühlen Sie die Muskeln über den Knöcheln und am unteren Teil des Armes.

4. Der andere (linke) Bizeps

5. Stirnrunzeln (Muskeln am vorderen Kopf und oben auf dem Kopf anspannen). Diese Muskeln prickeln mitunter, wenn sie entspannt werden.

6. Nase kräuseln – dabei fühlen Sie die Muskeln über den Wangen und über der Oberlippe.

7. Mundwinkel zurückziehen – dabei fühlen Sie die Muskeln der Kinnbacken und der Wangen.

8. Die Muskeln am Kinn und an der Kehle zusammenziehen – Sie können die zwei Muskeln vor der Kehle spüren.

9. Brust-Muskeln und Muskeln über dem Rücken zusammenziehen – fühlen Sie, wie die Muskeln zwischen den Schulterblättern ziehen.

10. Ziehen Sie die Unterleibsmuskeln zusammen – machen Sie den Unterleib hart.

11. Spannen Sie die Muskeln des rechten Oberschenkels an – fühlen Sie einen Muskel auf der Oberseite und zwei auf der Unterseite des Schenkels.

12. Ziehen Sie die rechte Wade zusammen – fühlen Sie die Muskeln an der Unterseite.

13. Drücken Sie die Zehen herunter und wölben Sie den rechten

Fuß hoch – fühlen Sie den Druck, als wenn etwas unter der Sohle hochdrückt.

14. Machen Sie dasselbe mit Ihrem linken Oberschenkel
15. Mit Ihrer linken Wade
16. Mit Ihrem linken Fuß.

An diesem Punkt werden alle Hauptmuskelgruppen gleichzeitig entspannt sein.

Für die meisten Muskelgruppen werden zwei Versuche genug sein. Prüfen Sie, ob Sie irgendwo noch Spannung in Ihrem Körper spüren. Wenn ja, gehen Sie zurück und wiederholen Sie den Spannungs-Entspannungs-Zyklus für diese Muskelgruppe. Oft hilft es ... tief einzuatmen und den Atem zu halten während der Anspannung – und auszuatmen während der Entspannung. Sollte eine Muskelgruppe nach vier Versuchen nicht reagieren, so fahren Sie mit der nächsten Gruppe fort und kommen später noch einmal auf diese Muskelgruppe zurück.

Wenn Sie vom zu langen Anspannen Krämpfe bekommen, so verkürzen Sie die Spannungsintervalle um einige Sekunden und spannen Sie die Muskeln nicht zu stark an.

Wenn Sie die Entspannungsperiode beenden wollen, so zählen Sie rückwärts von vier bis eins. Sie sollten sich dann entspannt, wach und ruhig fühlen (Paul, 1966).

Sie können die Muskelentspannung am Tage zwischen den Desensibilisierungssitzungen durchführen. Manche Leute entspannen sich gerne, bevor sie schlafen gehen.

Die Desensibilisierung eines Items. Nachdem Sie eine Hierarchie erstellt haben und sich tief entspannen können, können Sie mit der Desensibilisierung beginnen. Das Vorgehen, das wir empfehlen, ist übernommen von Paul (1966, Kahn und Sandler 1966) und zuletzt von Wolpe (1969).

Sie desensibilisieren sich, indem Sie sich eine Situation lebhaft und bis ins Detail vorstellen, während Sie vollständig entspannt bleiben. Vergegenwärtigen Sie sich das Item, das Sie desensibilisieren wollen, indem Sie auf Ihre Karte sehen, wo Sie es aufgeschrieben haben. Die Desensibilisierung kann am besten an dem Platz ausgeführt werden, an dem Sie Ihre Entspannung geübt haben.

Versuchen Sie, sich die Situation vollständig vorzustellen, bis ins kleinste Detail. Wenn zum Beispiel Ihr Item verlangt, sich vorzustellen, Sie würden mit einem Fremden bekannt gemacht: Stellen Sie sich vor, wie die Person aussieht, der Ausdruck ihres oder seines Gesichtes, was sie oder er sagt, wie Sie reagieren, die Einzelheiten der physischen Situation. Vielleicht müssen Sie sich die verschiedenen Komponenten der Situation vorstellen, indem Sie sich jeweils ausschließlich auf die vorgestellten Geräusche oder das zu Sehende und zu Tastende oder andere Einzelheiten konzentrieren.

Es ist sehr wichtig, daß Sie ein *lebhaftes* Bild von jedem Item erhalten. Es muß nicht so klar sein wie im Kino, aber es sollte so klar wie in einer sehr lebhaften Erinnerung sein. Manchmal werden Ihre Vorstellungsbilder lebhafter werden mit zunehmender Übung. Eine gute Möglichkeit, die Lebhaftigkeit eines Items zu prüfen, ist der Vergleich mit der Vorstellung einer Szene, die Sie gut kennen und sich sehr gut vorstellen können – zum Beispiel wie es aussieht, sich anfühlt, riecht und sich anhört, wenn Sie auf Ihrem Bett in Ihrem Zimmer liegen. Stellen Sie sich zuerst die Szene in Ihrem Zimmer vor. Vergleichen Sie dann Ihr Item aus der Hierarchie, das Sie sich gerade vorstellen. Es sollte ganz bildhaft und lebendig sein (Paul, 1966).

Es sollte Ihnen gelingen, die Vorstellungen nach Ihrem Willen zu beginnen oder sie zu beenden.

Wenn einer der folgenden Punkte nicht erreicht werden kann, so ist das ein Zeichen dafür, daß die Selbst-Desensibilisierung unterbrochen und eine andere Technik gewählt werden sollte: Sie müssen in der Lage sein,

1. sich ein lebhaftes Bild vorzustellen,
2. die Bildvorstellung nach eigenem Willen zu beginnen, und
3. die Bildvorstellung nach eigenem Willen abzubrechen.

Während des Entspannungstrainings werden Sie gelernt haben, was für ein Gefühl es ist, völlig entspannt zu sein.

Wenn Sie dasselbe fühlen können, während Sie sich ein Item vorstellen, so können Sie zum nächsten Item übergehen (Kahn und Sandler, 1966).

Verstehen wir uns richtig: *Dies ist keine Mutprobe.* Sie sollten nicht tapfer Ihre Angst ertragen, während Sie sich ein Item vorstellen. Gemeint ist vielmehr das Gegenteil. Verlassen Sie ein Item erst, wenn Sie dafür völlig desensibilisiert sind. Während Sie sich das Item detailliert vorstellen, sollten Sie sich weiterhin völlig entspannen und sich wohl fühlen. *Wenn Sie die Desen-*

sibilisierung für ein Item erreicht haben, so wiederholen Sie dieses Item noch einmal, bevor Sie zum nächsten übergehen.

Wie viele Sitzungen erforderlich sein werden, hängt von verschiedenen Faktoren ab. Wenn Sie relativ einfache Situationen bearbeiten, so können Sie vielleicht zwei oder drei in einer einzigen Sitzung schaffen. Schwierigere Items können jeweils mehrere Sitzungen erfordern (Kahn und Sandler, 1966).

Die Desensibilierungs-Sitzung. Nehmen Sie sich 15 oder 30 Minuten pro Sitzung Zeit. Zuerst entspannen Sie sich. Wenn Sie entspannt sind, beginnen Sie mit dem ersten Item oder in einer späteren Sitzung mit einem Item, das Sie schon erfolgreich bewältigt haben. Nehmen Sie sich ungefähr 10 Sekunden pro Item. Wenn Sie das erste Item dreimal wiederholen können und dabei entspannt bleiben, so können Sie mit einem neuen beginnen. Zwischen jeder 10-Sekunden-Periode, während derer Sie sich das Item vorstellen, nehmen Sie sich 30 Sekunden oder mehr Zeit, einfach um zu entspannen. Dann kommt ein neues Item. Arbeiten Sie daran wieder 10 Sekunden lang, entspannen Sie sich 30 Sekunden lang – wiederholen Sie das Item usw. Wiederholen Sie jedes Item mindestens zwei Mal (Paul, 1966).

Wenn Probleme auftauchen

Es ist sehr wichtig, folgendes zu beachten:

Wenn das Bild schwächer wird oder nicht klar werden will, oder wenn Ihre Angst zunimmt oder Ihre Entspannung abnimmt – dann sollten Sie sofort aufhören, an diesem Item innerhalb dieser 10-Sekunden-Periode zu arbeiten, und sich völlig entspannen. Wenn eines dieser Ereignisse eintritt, so konzentrieren Sie sich darauf, sich eine Minute lang oder länger zu entspannen, bis Sie wieder völlig entspannt sind, wie Sie es vorher waren. Dann wiederholen Sie das Item, diesmal aber nur 3–5 Sekunden lang. Wenn Sie immer noch ängstlich werden, die Entspannung oder die Bildvorstellungen schlechter werden, so kehren Sie wieder zurück zu dem vorhergehenden Item, das Sie schon bewältigt haben.

Wenn Sie dieses jetzt wieder erfolgreich geschafft haben, so gehen Sie weiter zu dem Item, bei dem es die Schwierigkeiten gab. Stellen Sie es sich nur 5 Sekunden lang vor. Wenn das geht, versuchen Sie es für 10 Sekunden; dann versuchen Sie es zwanzig Sekunden lang. Können Sie auch dabei entspannt bleiben, so gehen Sie zum nächsten Item der Hierarchie über (Paul, 1966).

Wenn dieses Vorgehen bei einem sehr schwierigen Item nicht funktioniert, so überlegen Sie sich neue Items für Ihre Hierarchie. Kahn und Sandler (1966) schlagen die Methode des Einfügens von Zwischenschritten vor. Versuchen Sie, herauszubekommen, welcher Aspekt dieses Item schwierig macht. Dann überlegen Sie, wie Sie diesen Aspekt weniger schwierig machen können. Nehmen wir ein Beispiel: eine Person desensibilisiert sich für Prüfungsangst. Eines ihrer Items verlangt die Vorstellung einer Zwischenprüfung, für die sie nicht genug vorbereitet ist. Hier könnte man sich Unterschiede in der Güte der Vorbereitung ausdenken, indem man von »gut vorbereitet« über »mittelmäßig« bis »schlecht« vorbereitet geht. Wenn die Schwierigkeit bei einem der ersten Items der Hierarchie auftaucht, sollten Sie sich für die anderen noch einfachere Situationen ausdenken. Beginnen Sie mit der Situation, die das erste geringfügige Anzeichen von Nervosität auslöst.

Wenn Sie die ganze Hierarchie bearbeitet haben, wiederholen Sie sie ein letztes Mal, um sicher zu sein, daß Sie sich auch für alles desensibilisiert haben.

ZUSAMMENFASSUNG (Selbst-Desensibilisierung)

Um eine systematische Selbst-Desensibilisierung durchzuführen, müssen Sie

1. eine Hierarchie erstellen, in der die Items nach dem Grad ihrer angsterregenden Wirkung geordnet sind;

2. die Spannungs-Entspannungs-Methode zur tiefen Muskelentspannung durchführen, bis Sie eine vollständige Entspannung erreichen;

3. schrittweise durch die Hierarchie gehen, indem Sie mit dem am wenigsten Angstauslösendem beginnen und dabei Spannung systematisch durch Entspannung als Ihre Reaktion auf die vorgestellten Situationen ersetzen.

KOMBINATION VON SELBST-DESENSIBILISIERUNG MIT IN-VIVO-TECHNIKEN

Desensibilisierung und *in-vivo*-Techniken können kombiniert werden. Ein Mädchen, dessen Problem akute Prüfungsangst war, arbeitete einen genialen Plan aus. Sie fürchtete, daß die Desensibilisierung der Angst in der Vorstellung zu sehr hinter der nervenaufreibenden Realität, Prüfungen zu machen, zurückbleiben könnte. Sie entschloß sich, Desensibilisierungs-Serien auszuarbeiten, sie aber mit der Entspannung in wirklichen Prüfungssituationen zu verbinden. Zusätzlich zu ihren Selbst-Desensibilisierungs-Sitzungen begleitete sie Freunde zu deren Prüfungen. Sie saß ganz still im Prüfungsraum und machte ihre Entspannungsübungen inmitten aller Auslösereize einer realen Prüfungssituation.

Systematische Selbst-Desensibilisierung kann gut in Situationen angewandt werden, in denen man die Umwelt nicht so verändern kann, daß eine *in-vivo*-Desensibilisierung angewendet werden kann. Zum Beispiel kann jemand, der auf der *in-vivo*-Hierarchie einige Schritte hinter sich gebracht hat, in denen er gelernt hat, mit Fremden zu sprechen, oft nicht so einfach kontrollieren, wie viele Minuten er mit einer Person spricht. Er kann Systematische Desensibilisierung benutzen, um Situationen in der Vorstellung durchzuarbeiten. Wenn diese Situationen dann im realen Leben auftauchen, ist er darauf besser vorbereitet. Sie sollten diese Techniken so kombinieren, wie es Ihnen zweckmäßig erscheint.

WIE MAN SELBST-VERSTÄRKUNG ZUSÄTZLICH EINSETZT

Selbst-Desensibilisierung kann auch mit Verstärkungs-Techniken kombiniert werden.

FALL 22: Ein junger Mann litt an Angst vor Menschenansammlungen. Soziale Situationen berührten ihn sonst kaum; sowie aber eine größere Zahl von Menschen beteiligt war, fühlte er sich »in der Falle«. Er durchschritt seine Desensibilisierungs-Hierarchie ziemlich gut. Er fand es jedoch schwierig, nachdem er einmal einige Erleichterung in seinen Alltags-Problemen erzielt hatte, die Sitzungen weiter durchzuführen. Er überlegte sich, daß er ja auch eines Tages gern ins Kino oder zu einem Fußballspiel gehen wollte oder daß er plötzlich und zufällig einmal in eine dichte Menschenmenge geraten könnte. Er arbeitete einen Plan aus, in dem er positive Verstärkung einsetzte: nur wenn er eine weitere Desensibilisierungs-Sitzung an diesem Tag geschafft hatte, durfte er sich die Tagesschau im Fernsehen anschauen.

WIE MAN GLEICHE INTERVALLE BEI DER VERHALTENSFORMUNG HERSTELLT

Eine Hierarchie ist eine Art Stufenleiter für die Verhaltensformung, gleichgültig, ob man sie dabei in der Vorstellung durchgeht oder *in vivo*. Um glatt und regelmäßig auf dieser Hierarchie vorangehen zu können, ist es wichtig, die Abstände zwischen den einzelnen Stufen ungefähr gleich groß zu halten. Wie können Sie das erreichen?

Wolpe und Lazarus (1966) schlugen eine numerische Beurteilungsskala vor. Diese Skala mißt Ihre subjektiven Einheiten von Unbehaglichkeit (»subjektive units of discomfort«, abgekürzt, *sud*). Indem Sie ihre Reaktionen auf die einzelnen Items auf dieser *sud*-Skala einschätzen, bekommen Sie auch ein Gefühl dafür, in welchem Maße jedes Item Unbehagen bei Ihnen hervorruft. Gleichzeitig können Sie die Skala benutzen, um in etwa gleich große Intervalle zwischen den Items zu schaffen.

Wenn Sie eine vorläufige Hierarchie errichtet haben, so können Sie jedes Item einzeln auf der *sud*-Skala einstufen. Hier ist der genaue Vorgang: ein Wert von Null bedeutet, daß das entsprechende Item, wenn Sie mit ihm in der Wirklichkeit konfrontiert würden, überhaupt keine emotionale Reaktion in Ihnen hervorrufen würde. Ein Wert von 100 bedeutet, daß Sie bei diesem Item in Panik geraten würden, »ausflippen« – kurz sich entsetzlich erschrecken würden. Wir zeigen hier einen Ausschnitt aus der *sud*-Skala einer Hierarchie eines Mannes mit Angst vor Schlangen:

sud	Item	
2	1	der Buchstabe »S«
10	2	Schwarz-Weiß-Foto einer Schlange
19	3	lebende Schlange im Zoo-Käfig
...	...	
65	18	ich sehe eine freilebende Schlange in einiger Entfernung
90	19	eine Schlange sieht mich aus einem Meter Entfernung an
95	20	eine Schlange berührt meine Haut

Beachten Sie den Vorteil der Skala. Der Mann kann selbst sehen, daß der Schritt von Item 18 zu Item 19 wahrscheinlich extrem schwierig sein wird. Hier ist ein größerer Sprung als zwischen den ersten drei Items zusammen. Er kann daraufhin erkennen, daß er, bevor er zu Item 19 übergeht und damit große Schwierigkeiten erleben würde, kleine Zwischenschritte zwischen 18 und 19 einfügen muß. Eine Faustregel könnte sein: kein Item sollte mehr vom vorhergehenden entfernt liegen als 5–10 sud-Punkte über dem vorausgehenden Item.

AUFZEICHNUNG

Die sud-Skala hat neben der Vorhersage zukünftiger schwieriger Stellen einen zweiten Vorteil: sie kann Ihnen anzeigen, wie groß Ihr Fortschritt ist. Wie bei jeder anderen Selbstveränderungstechnik ist es wichtig, Aufzeichnungen zu machen, den Fortschritt festzuhalten und die Quellen von Mißerfolgen ausfindig zu machen. Wenn Ihre Hierarchie aus zwanzig Items besteht, und Sie davon 10 bewältigt haben, so könnten Sie vielleicht denken, daß Sie 50 Prozent erledigt haben. Aber stellen Sie sich vor, zwischen Item 10 und 11 gäbe es 25 sud-Punkte. Das bedeutet, daß Sie noch lange nicht die Hälfte geschafft haben. Wenn Sie aber eine sud-Analyse der Hierarchie vor Beginn der Desensibilisierung machen, so stellen Sie Ihre Items in gleichen Abständen auf und können sicher sein, daß sie sich über Ihre Fortschritte nicht täuschen.

Die sud-Skala erlaubt noch eine nützliche Anwendung. Es ist schwierig, Ihre Items intuitiv der Schwierigkeit nach einzuschätzen. Ein Item ist zum Beispiel auf 60 sud-Punkten eingeschätzt worden, während ein anderes, das, intuitiv beurteilt, niedriger zu liegen scheint, auf 65 *sud*-Punkte geschätzt wird. Dies ist nicht ungewöhnlich und zeigt normalerweise, daß Sie verschiedene Ängste in einer Hierarchie unterbringen wollen. »Eine lebendige Schlange im Zoo in ihrem Käfig sehen« zum Beispiel kann Teil einer Schlangenphobie sein, aber auch Teil einer Angst, gefangen zu sein, der sich das Individuum nur schwach bewußt ist. Solche Überlagerungen können durch diese anscheinenden Widersprüche oder Unregelmäßigkeiten in den *sud*-Beurteilungen aufgezeigt werden.

Wenn es Ihnen nicht gelingt, gleichmäßig ansteigende und sich nicht widersprechende *sud*-Beurteilungen abzugeben, so sollten Sie die Selbst-Desensibilisierung abbrechen. Dies ist wahrscheinlich ein Zeichen für komplexe, miteinander verwobene Kategorien. *Die Desensibilisierung sollte dann von einem Fachmann übernommen werden.*

Ein letzter Punkt bleibt zum Problem der Aufzeichnung bei der Veränderung von emotionalen Schwierigkeiten:

Auch *sud*-Skalen stellen nur subjektive Beurteilungen dar und sind kein Maß für Ihr wirkliches Verhalten. Obwohl eine *sud*-Skala sehr nützlich ist, kann sie nicht völlig die direkte Beobachtung und das Aufzeichnen Ihres Verhaltens ersetzen. Wenn Sie also Fortschritte in Ihrem realen Verhalten machen, nach oder während der Desensibilisierung, so sollten Sie die Häufigkeit Ihres angemessenen Verhaltens ebenso festhalten wie in jedem anderen Selbstveränderungsprogramm.

KLINISCHE DESENSIBILISIERUNG

Wie wir schon früher erwähnt haben, kann die klinische Systematische Desensibilisierung, ausgeführt von Fachleuten, sehr hilfreich sein, auch dann, wenn Selbst-Desensibilisierung fehlgeschlagen ist. Klinische Desensibilisierung ist eine angenehme und effektive Technik für Verhaltensprobleme, die von besonders unangenehmen Gefühlen begleitet sind. Sie kann auch in leichteren Fällen sehr von Vorteil sein. Manchen Lesern gelingt die Selbstdesensibilisierung, manchen nicht. Das Fehlschlagen sollte einen jedoch nicht davon abhalten, um klinische Behandlung nachzusuchen.

Es gibt mehrere Anzeichen dafür, daß fachmännische Hilfe gesucht werden sollte. Diese sind:

1. Unangenehme Ängste während der Aufstellung der Hierarchien.
2. Sich überlappende Hierarchien, angezeigt durch Widersprüche in den *sud*-Beurteilungen der Items.
3. Es kann kein lebhaftes Bild erzeugt werden.
4. Der Beginn oder die Beendigung des Bildes können nicht kontrolliert werden.
5. Die Unfähigkeit, sich in der Hierarchie so weit zu desensibilisieren, daß die gesteckten Ziele erreicht werden.

Dieser letzte Punkt könnte allerdings daraus resultieren, daß einer der Zwischenschritte nicht erreicht worden ist: Entspannung zu erreichen, Hierarchien aufzubauen usw.

Durch die Lektüre von Kapitel 8, 9 und 10 sollten Sie ausreichend vorbereitet und in der Lage sein, ihre eigenes Veränderungsprogramm aufzustellen und anzuwenden.

IHR EIGENES SELBSTVERÄNDERUNGS-PROJEKT: 10. SCHRITT

ZU KAPITEL 10:

1. Suchen Sie sich aus Ihren problematischen Verhaltensweisen eine heraus, die eine emotionale Komponente hat.
2. Machen Sie einen *in-vivo*-Desensibilisierungsplan, damit Sie die auslösenden Reize neu konditionieren können. Schließen Sie auch einen Verstärkerplan mit ein, falls Ihnen das angemessen erscheint.
3. Machen Sie für dieselbe emotionale Reaktion einen Plan zur Systematischen Selbst-Desensibilisierung. Bauen Sie die Item-Hierarchie auf. Stellen Sie die *sud*-Skala auf.
4. Üben Sie Tiefentspannung so lange, bis Sie sie einmal am ganzen Körper erfahren haben.
5. Schreiben Sie auf, ob die *in-vivo*- oder die Systematische Selbst-Desensibilisierung für Ihr spezielles Problem die bessere Methode ist.

1. Sie sind nun gerüstet, einen gültigen, detaillierten Interventionsplan zur Selbstveränderung zu erstellen. Gehen Sie noch einmal die Pläne durch, die Sie getrennt für Kapitel 8, 9 und 10 gemacht haben. Vielleicht möchten Sie Elemente aus den einzelnen Plänen zusammenfügen; vielleicht möchten Sie auch einen völlig neuen Plan erstellen. Nehmen Sie den, der Ihnen für Ihr Problem am angemessensten erscheint, ob es nun ein sehr einfacher oder ein komplizierterer Plan ist. Schreiben Sie einen oder mehrere Punkte auf, in denen Sie Ihren Vertrag mit sich selbst begründen.

2. *Beginnen Sie mit dem Plan.*

Kapitel 11

Erfolgskontrolle:
Analyse der Daten

1. Das Zählen des Zielverhaltens, nachdem mit der Intervention begonnen wurde. Der beste Weg, die Daten zu überprüfen, ist, ein Diagramm zu erstellen.

2. Beispiele von Diagrammen, die zeigen, daß der Plan klappt, und von Diagrammen, die zeigen, daß er nicht klappt.

3. Definitionsänderung des problematischen Verhaltens.
   a) Entscheiden, ob man neue Grundhäufigkeiten sammeln soll.
   b) Mit der alten Kategorie fortfahren, während man Grundhäufigkeiten über das neue Verhalten sammelt.
   c) Ein unvereinbares Verhalten wird eingesetzt, während man fortfährt, das unerwünschte Verhalten zu zählen.

4. Einer der häufigsten Gründe für Schwierigkeiten bei der Selbstveränderung.

Gelingt Ihnen die Selbstveränderung? Dies scheint eine einfache Frage zu sein, die sich kurz mit »ja« oder »nein« beantworten läßt. Manchmal können Sie das tatsächlich eindeutig und zutreffend sagen. Der Student, der nie wieder raucht, oder der junge Mann, der zum ersten Mal in seinem Leben eine Freundin hat, oder der Übergewichtige, der in kurzer Zeit zehn Pfund verliert – diese Selbstveränderer wissen, daß sie Erfolg haben, sie brauchen keine komplizierten Verfahren, um ihre Fortschritte richtig einzuschätzen. Sie kennen sie, weil sich durch sie ihre Situation von der Grundratenerhebung zur Interventionsphase schlagartig verändert hat. Sie messen die Häufigkeit des Zielverhaltens *vor* der Intervention und ebenso *während* des Programms. Unterschiede in der Häufigkeit zeigen an, daß eine Veränderung stattgefunden hat.

Häufiger allerdings stellt sich der Fortschritt eher allmählich als so dramatisch ein: während Sie Ihre Reaktionen schrittweise ausformen, während Sie auf Lernplateaus stoßen und diese überwinden, und während Sie ganz ungewöhnliche Phasen in Ihrem Leben durchmachen, verändert sich Ihr Verhalten nach und nach. Oftmals erinnern Sie sich genau, wie es vor einer Woche war, wie Sie sich genau gefühlt haben oder wie oft Sie tatsächlich die Dinge getan haben, die Sie tun wollten. In der Tat verschätzen sich die meisten Leute bei der Beurteilung ihres eigenen Fortschrittes, vermutlich deshalb, weil sie sich emotional schnell auf das gegenwärtige Leistungsniveau einstellen. Unsere Ziele verändern sich mit unseren wachsenden Fähigkeiten.

Eine häufige Fehleinschätzung zeigt sich darin, daß man glaubt, *weniger* Fortschritte zu machen, als man tatsächlich macht. Leser, die nichts von Häufigkeitszählung halten, neigen oft dazu, ein Selbstveränderungsprogramm aufzugeben, obwohl es in Wirklichkeit erfolgreich ist. Natürlich kann auch das Gegenteil auftreten, und ein ineffektiver Plan wird unnötig fortgesetzt.

Es ist von entscheidender Bedeutung, daß Sie auch während der Intervention festhalten, wie häufig Ihr erwünschtes Verhalten auftritt, denn nur das liefert Ihnen die Voraussetzung dafür, die notwendig ist, um herauszufinden, ob der Plan auch den erwünschten Effekt hat.

Die beste Methode, die Daten zu überprüfen, besteht darin, sie graphisch darzustellen. (Wie man ein Diagramm anfertigt, ist in Kapitel 6 erklärt worden.) Jeden Tag oder jede Woche haben Sie vermutlich Beobachtungen gesammelt, vielleicht auf Karteikärtchen oder mit Hilfe eines anderen leichten Systems. Nach ein paar Wochen werden Sie einen ganzen Stapel dieser Informationen haben. Indem Sie alle zusammen in ein Diagramm eintragen, können Sie den Fortschritt oder dessen Ausbleiben feststellen.

WIE MAN DAS DIAGRAMM AUSWERTET

FALL 23 war ein junger Mann, der lernen wollte, häufiger in Kursen zu sprechen. In seinem Bericht schrieb er, daß es ihm schwerfalle, in der Öffentlichkeit zu sprechen. Er hatte Angst davor, daß andere das, was er sagte, albern oder überflüssig fänden. Diese Angst trat vor allem in sehr großen Klassen auf, wo er das Gefühl hatte, daß er schon etwas sehr Gutes sagen müsse, um die Zeit so vieler Leute in Anspruch nehmen zu dürfen. Seine Grundhäufigkeit war gleich Null. Er entschloß sich, zunächst in kleinen Klassen das erwünschte Verhalten zu üben und es dann, wenn er damit Erfolg hatte, in großen Klassen zu versuchen. Er nahm seine Verhaltensformung in kleinen Schritten vor, um sein Verhalten im Unterricht zu ändern. Dabei ging er so vor:
1. einfach irgend etwas zu einem Klassenkameraden zu sagen,
2. mit einem Klassenmitglied über etwas zu sprechen, das mit einer schulbezogenen Gruppenaktivität zu tun hatte,
3. an die ganze Klasse gewendet eine Äußerung machen,
4. »dauernde Teilnahme«.
   Als Verstärker nahm er ein Verhalten, das mit sehr hoher Wahrscheinlichkeit bei ihm auftrat: »Mein Verstärker besteht aus meiner Musikgruppe. Auf zwei Arten ist das für mich ein sehr wirksamer Verstärker: Ich spiele wirklich sehr gern Gitarre, und die fünf anderen Jungen würden mir den Hals umdrehen, wenn ich zu einem Treffen nicht kommen würde.«
   Abb. 1 ist eine graphische Darstellung seiner Daten. Bemerkenswert ist, daß er nur die Schultage zählt, somit hat jede Woche fünf Tage. Das ist gut durchdacht, weil er ja auch nur während der Schultage das neue Verhalten zeigen konnte.
   Da er immer seinen Notizblock bei sich hatte, wenn er

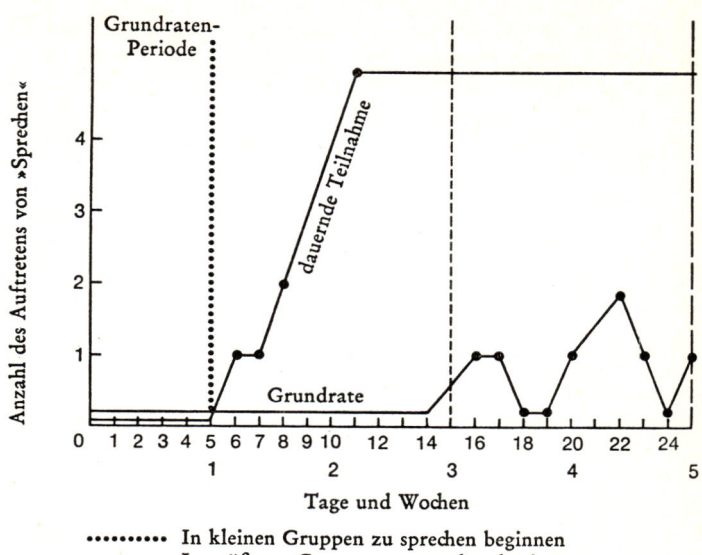

Abb. 1. FALL 23: Häufigkeit des Sprechens in einer Gruppe

in die Klasse ging, war es leicht für ihn, einfach dann einen Strich zu machen, wenn er in der Klasse frei gesprochen hatte.

Abb. 1 zeigt eine sehr rasche Verbesserung seines Sprechverhaltens in seinen Klassen. Vom ersten Tag seines Veränderungsplans an begann er zu sprechen, und innerhalb von vier Tagen betrachtete er seine Teilnahme an den Diskussionen als konstant. Dies sind ungewöhnlich gute Daten. Die meisten Leute kommen langsamer voran wie dieser Mann, als er zu dem zweiten Teil seines Planes kam, nämlich dem Sprechen in größeren Gruppen. Wie die graphische Darstellung zeigt, machte er einige Fortschritte, wobei seine Verbesserungen aber von Tagen, in denen er nicht sprach, unterbrochen wurden. In dieser Situation ist eine graphische Darstellung sehr hilfreich, weil sie dann zeigt, daß Sie immerhin einige Fortschritte machen.

Es folgt das Beispiel eines Falles, der keine Fortschritte machte. FALL 24 war eine junge Frau, die ein Verhältnis mit einem verheirateten Mann hatte. Er sagte, er sei glücklich verheiratet und nur wegen sexueller Abenteuer an ihr interessiert – eine Unterbrechung seiner ehelichen Routine. Sie liebte ihn verzweifelt. »Ich kann so leben« sagte sie. »Ich weiß, daß er seine Frau wegen mir niemals verlassen würde. Aber ich sehe ihn nicht sehr häufig und bin nun so weit, daß ich den ganzen Tag damit verbringe, an ihn zu denken. Mein Problemverhalten besteht darin, daß ich mich auf nichts anderes mehr konzentrieren kann. Das wird schon so eine Art Besessenheit. Ich muß damit aufhören«.

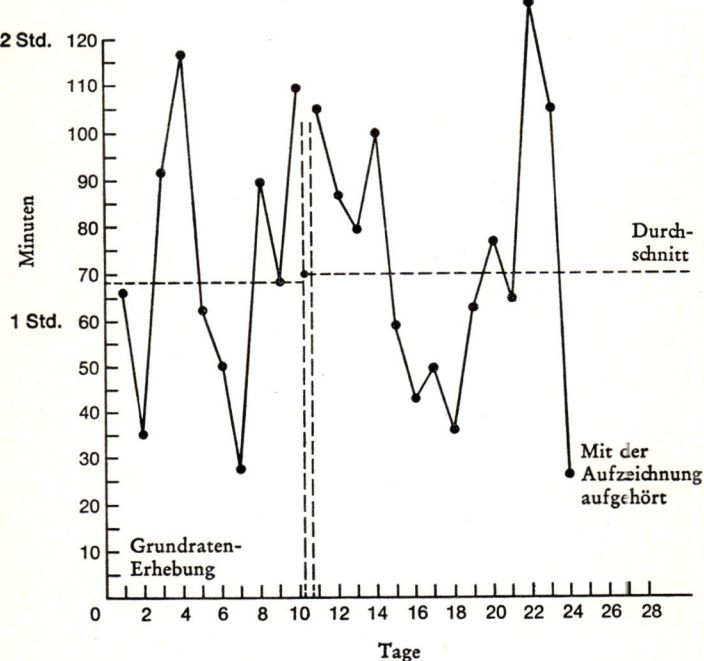

Abb. 2. FALL 24: Die Gesamtzeit am Tag, in der sie sich auf andere Aktivitäten konzentrierte, als an ihre Liebe zu denken.

Sie beschloß, ihre Gedanken an ihn als Verstärker einzusetzen. Zuerst würde sie sich ein paar Minuten auf Dinge konzentrieren, die sie tun mußte oder tun wollte, so wie einen

Einkaufszettel schreiben, studieren oder einen Artikel in einer Zeitschrift lesen. Dann würde sie sich für diese Konzentration belohnen, indem sie ausgiebig an ihren Liebhaber dachte; sie begann Aufzeichnungen über die Zeitmenge zu machen, die sie für Aktivitäten, die nicht mit ihm zu tun hatten, zubrachte.

Abb. 2 zeigt die Daten, die sie mitgebracht und uns gezeigt hatte. Der durchschnittliche tägliche Anstieg von nur drei Minuten ist nichtssagend. Es gibt einige Schwierigkeiten bei den Daten in Abb. 2. Die Grundhäufigkeiten sind sehr unbeständig, was einen Vergleich mit der Veränderungsperiode schwer macht. Außerdem ist ihre Aufzeichnung wahrscheinlich sehr unzuverlässig, weil die Kategorie »Konzentrieren auf Aktivitäten« zu vage ist. Sie sagte, daß es ihr schwerfiele, zu entscheiden, ob sie eine bestimmte Aktivität dazuzählen sollte oder nicht. Noch schlimmer ist, daß »Konzentrieren auf Aktivitäten« ein Ereignis ist, das bei den verschiedensten Gelegenheiten auftauchen kann – im Kino, in der Schule, im Kaufhaus, beim Gespräch mit Freunden usw. –, und sie hatte keine Schritte unternommen, um sicher zu gehen, daß sie immer etwas zum Registrieren mithatte.

Ihr Plan war tatsächlich nicht effektiv. Sie hatte in etwa beabsichtigt, das Denken an ihren Geliebten als Verstärker für Konzentration auf andere Aktivitäten zu benutzen, aber sie setzte dieses nie systematisch in Abhängigkeit von ihrem gewünschten Verhalten ein. Diese Probleme machten es schwer, wenn nicht sogar unmöglich, irgendwie einen Fortschritt zu beurteilen.

Wir sagten ihr, daß ihr weiteres Programm nur dann etwas werden könne, wenn sie erstens ihre Kategorie schärfer faßte, so daß sie nicht mehr so vage wäre; zweitens neue Grundratenerhebungen durchführte; drittens sich Gedanken machte über ein genaues Vorgehen, wie sie sich verstärke, und außerdem einen wirksamen und variabel einsetzbaren Verstärker benutzte. Wir sagten ihr auch, daß sie unserer Meinung nach das falsche Problem in Angriff nähme, und empfahlen ihr, sich doch zu überlegen, diesen Mann nicht mehr zu sehen, während sie andere soziale Aktivitäten entwickeln sollte, die sie in die Lage versetzen würden, andere Männer kennenzulernen, die sie glücklicher machten.

Einige Leute setzten ihre graphischen Darstellungen als eine Interventionstechnik ein. Der Sinn dabei ist, ihre Aufzeichnungen auf einem für andere relativ leicht zugänglichen Platz aufzubewahren, so daß andere sehen können, ob sie Fortschritte machen oder nicht. Sie brauchen allerdings schon ein bißchen Mut für diese Technik. Ein älterer Mann, der mehrere Angestellte hatte, wollte abnehmen. Er beschloß, eine Liste aller Nahrungsmittel, die er gegessen hatte, an einen Platz mitten in seinem Laden anzuschlagen, so daß seine Angestellten genau verfolgen konnten, was er am Vortage gegessen hatte. Andere verlangten einfach von sich, daß sie jemand anderen, vielleicht einer kleinen Gruppe, über ihren Fortschritt berichteten. Es ist eine zweischneidige Sache, bei der Sie soziale Anerkennung gewinnen, wenn Sie Erfolg haben, aber sozial bestraft werden, wenn Sie nachzulassen beginnen.

WENN SICH DIE KATEGORIEN VERSCHIEBEN

Im Laufe der Veränderung kann sich eine *Kategorie* verschieben, und zwar nicht etwa in der Verhaltenshäufigkeit, sondern in der Definition der Kategorie selbst. FALL 24 erfuhr diese Verschiebung in der Kategorie »Konzentration auf Aktivitäten« fast an jedem Tag. In ihrem Falle rührte die Verschiebung von ihrer unangemessenen Definition her.

Manchmal ist eine Kategorienverschiebung zunächst auch von Nutzen. Sie zeigt einen neuen Fortschritt auf, kündigt ein neues Verstehen an. Diese Art Verschiebung tritt auf, wenn eine neue Kategorie für die Beschreibung neuer Ziele gebraucht wird.

FALL 25 war eine hübsche, aber schüchterne junge Frau. Sie spürte, daß ihr Problem darin bestand, daß sie sich zu sehr zurückzog, besonders in Gruppen. Sie überlegte, daß sie weniger zurückgezogen erschiene und mehr Anerkennung von anderen fände, wenn sie es schaffte, diese häufiger anzulächeln. Ihre ursprüngliche Aufgabe, Plan 1, war die Häufigkeit ihres Lächelns zu erhöhen, besonders Leuten gegenüber, die sie noch nicht so gut kannte. Sie zählte die Häufigkeit des Lächelns, indem sie einfach immer dann einen Strich auf eine Karte machte, wenn sie jemanden, den sie noch nicht so gut kannte, angelächelt hatte. Nachdem sie eine Grundrate aufgestellt hatte, arbeitete sie einen Plan aus, in dem sie Spielmarken verdiente, die sie später für den Kauf eleganter Kleidung verwenden konnte, als Belohnung dafür, daß sie gelächelt hatte. Sie überredete außerdem ihre Zimmergenossin, ihr bei der Anwendung ihres Symbol-Verstärkersystems zu helfen.

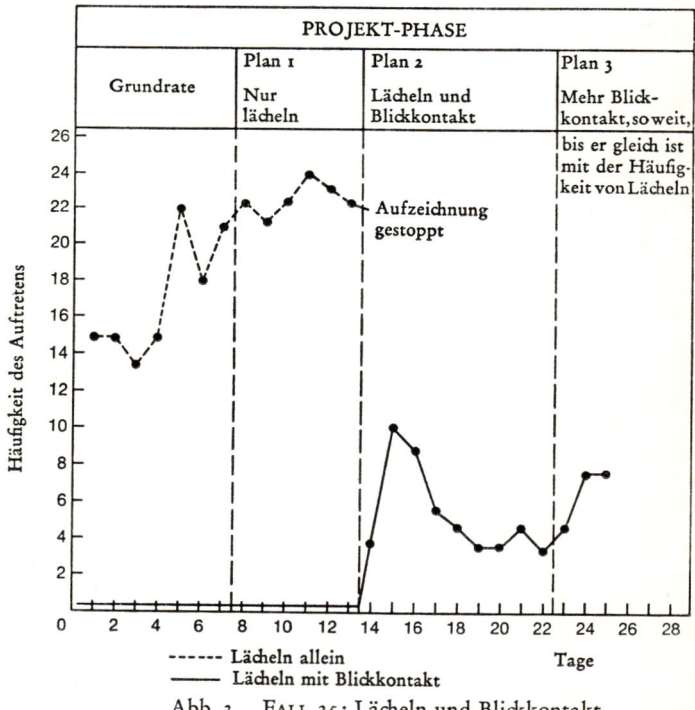

Abb. 3. FALL 25: Lächeln und Blickkontakt

Abb. 3 zeigt einen Teil ihrer Daten. Einige interessante Dinge fallen auf. Zunächst schien sie einen Veränderungseffekt im letzten Teil ihrer Grundratenperiode zu erzielen; zumindestens zeigt ihre graphische Darstellung eine vermehrte Häufigkeit, die sich tatsächlich nicht viel änderte, nachdem sie mit Veränderungsplan 1 begann. Natürlich war sie hocherfreut; denn egal aus welchem Grund, ihre Freundlichkeit Fremden gegenüber schien zuzunehmen. Ihre systematische Verstärkung mit ihrem Spielmarken-System erhielt ihr Lächeln mit einer neuen, höheren Rate aufrecht.

Ungefähr am elften oder zwölften Tag begann sie die Definition ihres Problems zu überdenken. »Ich begann zu bemerken«, schrieb sie später in ihren Bericht, »daß ich, obwohl ich die Leute mehr anlächelte, immer noch zurückgezogen schien, weil ich sie nicht ansah. Ich lächelte zwar, guckte dabei aber auf den Fußboden; die meisten Leute empfinden es aber als Zeichen von Interesse, wenn man ihnen in die Augen sieht, so entschied ich, daß Lächeln allein nicht genug war: ich mußte *lächeln und Augenkontakt aufnehmen.*« Was sie tat, war, daß sie ihre Definition der Kategorie änderte und sie damit erweiterte. Sie zählte Blickkontakte, die drei Sekunden und länger dauerten. Am vierzehnten Tag begann sie mit dem zweiten Teil ihres Planes, in welchem sie ihre Spielmarken für »Lächeln und drei Sekunden Blickkontakt« erlangte. Dies spiegelt ihr neues Verständnis der Verhaltensweisen wieder, die notwendig sind, um bei Begegnungen mit anderen Menschen eher interessiert als zurückgezogen zu erscheinen.

Mit ihrem letzten Schritt – Plan 3 – wollte sie den Blickkontakt so weit ausformen, daß er so häufig auftrat, wie »lächeln« allein aufgetreten war.

Sie hätte diese Verschiebung natürlich vermeiden können, indem sie mit einer Ziel-Definition angefangen hätte, die beides, Lächeln und Blickkontakt, eingeschlossen hätte. Dies geschah nicht, weil sie, bevor sie den Interventionsplan begann, nicht erkannt hatte, wie wichtig Blickkontakt ist, um im Umgang mit anderen anziehend zu wirken. Nachdem sie ihr Lächeln gesteigert hatte, merkte sie, daß sie Blickkontakt hinzufügen mußte.

Wenn Sie mit einem Interventionsplan fortfahren, kann sich ihre Definition irgendeiner Kategorie des Zielverhaltens ändern, wie es im Verhalten von Fall 25 geschah. Dies ist oft sogar wünschenswert, denn es zeigt, daß Sie mehr über Ihr Verhalten lernen und daß Sie besser zwischen den verschiedenen Verhaltensweisen unterscheiden können.

Bleiben Sie Ihrer ursprünglichen Kategorie nicht blindlings treu! Aber wenn Sie deren Definition ändern, gehen Sie sicher, daß Sie sich über diese Änderung völlig im klaren sind, weil Sie diese Verfeinerung ja auch in Ihren Daten abbilden wollen.

KATEGORIENÄNDERUNG UND DIE NEUE GRUNDRATE

Bei der Änderung der Kategorien mitten im Plan ist es möglich, nur dadurch eine neue Grundrate zu erhalten, daß Sie sich eine Zeitlang die Verstärkung vorenthalten, bis Sie die neue Kategorie mit einer stabilen Rate aufzeichnen. Bei großen und abrupten Veränderungen ist es ratsam, eine neue Grundrate zu erstellen, so, als beginne man einen neuen Plan. Für Fall 25 war die Selbstverbesserung so angenehm, daß sie sich entschied, keine neue Grundrate mehr zu erstellen. Außerdem war sie sicher, daß ihre Grundrate für Blickkontakt gleich Null war.

Wann immer Sie die Definition einer Kategorie ändern, müssen Sie entscheiden, ob Sie eine neue Grundratenperiode brauchen oder nicht. Sollten Sie sich die Verstärkung so lange vorenthalten, bis sie eine neue Grundrate gewinnen? Manchmal wird die notwendige Änderung in der Kategorie klein erscheinen, und Sie werden meinen, es sei es nicht wert, Ihren Interventionsplan so lange aufzugeben, nur um eine neue Grundrate zu bekommen.

Wenn Ihre Kategorienänderung so drastisch ist, daß Sie wirklich einen neuen Plan erfordert, sollten Sie unbedingt neue Grundhäufigkeiten erheben. Beispielsweise könnten Sie Ihr Zielverhalten von »Leute anlächeln« in »auf öffentliche Veranstaltungen gehen« umändern. Für jede große oder abrupte Änderung sollten Sie eine neue Grundrate haben.

Manchmal wird Ihre Änderung so sein, daß sie etwas einem laufenden Projekt *hinzufügen,* wie es die Dame tat, die den Blickkontakt ihrem Lächeln hinzufügte. Wenn sie nicht sicher gewesen wäre, daß ihre Grundrate für Blickkontakt gleich Null war, hätte sie tatsächlich einige Daten sammeln müssen, damit sie in der Lage gewesen wäre, ihren Fortschritt während der Intervention zu beurteilen. Sie hätte einfach fortfahren können, ihr Lächeln für ein paar Tage zu verstärken, während sie zusätzlich zählte, wie oft sie außerdem Blickkontakte aufnahm. *Sie können eine Grundrate bekommen, indem Sie einfach fortfahren, Ihr erstes Zielverhalten für ein paar Tage zu verstärken, während Sie gleichzeitig zählen, wie oft Sie Ihr neues Zielverhalten ausführen, das hinzugefügt wird.*

Zum Beispiel könnten Sie mit einer Schlankheitsdiät als Zielverhalten begonnen und nach zwei Wochen beschlossen haben, Ihrem Plan »Bewegung« hinzuzufügen. In diesem Fall könnten Sie damit fortfahren, »Schlankheitsdiät« für ein paar Tage zu verstärken, während Sie eine neue Grundrate für »Bewegung« bekommen.

DAS FEHLEN EINER GRUNDRATE FÜR UNVEREINBARE REAKTIONEN

Wenn Ihr Anfangsproblem eine unerwünschte Verhaltensweise war, haben Sie wahrscheinlich damit begonnen, für dieses Verhalten Grundhäufigkeiten zu sammeln. Später haben Sie vielleicht eine unvereinbare Reaktion ausgewählt, um sie auf Kosten des unerwünschten Verhaltens zu steigern. Sie werden feststellen, daß Sie, während Sie eine sehr gute Grundrate für das unerwünschte Zielverhalten haben, für das unvereinbare Zielverhalten keine gute Grundrate haben. Wenn ein Plan sich so weiter entwickelt, kann sich ferner die unvereinbare Kategorie ändern, wenn Sie ein neues Verständnis und neue Fähigkeiten entwickeln. Sollten neue Grundhäufigkeiten aufgezeichnet werden?

Wenn das neue unvereinbare Verhalten etwas ist, das Sie ständig beizubehalten beabsichtigen, dann werden Sie wünschen, eine getrennte Grundrate dafür zu bekommen – zum Beispiel beschließen Sie, »gute-Bücher-lesen« als ein Verhalten zu steigern, das unvereinbar ist mit »Zeit-verschwenden«. Sie können die gleichen Strategien benutzen, die Sie für irgendeine Verschiebung von Katgorien gebrauchen.

Falls Sie nicht beabsichtigen, das unvereinbare Verhalten beizubehalten – zum Beispiel Händeklatschen anstatt Fingerknacken –, dann wäre es unnötig, das unvereinbare Verhalten besonders zu zählen, solange Sie eine zuverlässige Aufzeichnung über das unerwünschte Zielverhalten haben. Beliebig viele Verschiebungen könnten innerhalb dieser unvereinbaren Verhaltensweisen gemacht werden, ohne die Kategorie zu beeinträchtigen, die aufgezeichnet werden soll. Vergewissern Sie sich dennoch, daß Sie jede Änderung im Vorgehen bei Ihrer Intervention auf dem Diagramm anzeigen.

HÄUFIGE GRÜNDE FÜR SCHWIERIGKEITEN BEI SELBSTVERÄNDERUNGSPLÄNEN

An vielen Stellen des Buches haben wir allgemeine Probleme erwähnt, die auftreten können, und haben Lösungen dafür vorgeschlagen. Hier möchten wir Sie noch einmal an mögliche Quellen für Probleme erinnern.

1. Fehlerhafte Aufzeichnung, die durch unzuverlässige Datenerhebung entsteht, ist gewöhnlich eine Quelle des Ärgers.
2. Unangemessen definiertes Verhalten – in bestimmten Situationen – und zu ungenaue Kategorien von Verhalten, Gefühlen oder Situationen bereiten häufig Probleme.
3. Versagen dabei, die Verstärker tatsächlich von dem Zielverhalten abhängig zu machen, ist häufig ein Grund für Probleme. Viele Fehler sind dem Vertrauen auf die Verstärkerqualitäten, die dem Zielverhalten innewohnen (sogenannte »immanente« Verstärker), zuzuschreiben. Ein verwandtes Problem ist, ausschließlich auf den Interventionseffekt der Beobachtung Ihres eigenen Verhaltens zu vertrauen.
4. Zu lange aufgeschobene Verstärkung ist gewöhnlich ein Problem.
5. Das Fehlen einer richtigen Verhaltensformung ist eine andere häufige Quelle für Schwierigkeiten.

Es gibt außerdem viele besondere Arten von Problemen, mit denen Sie in Berührung kommen können, von denen in den vorhergehenden Kapiteln schon die Rede war.

Wenn Sie Ihre Diagramme genau angesehen haben, werden Sie über Ihren Plan entscheiden können. Die Änderung der Häufigkeit von der Grundrate weg kann klar genug sein, um zu garantieren, daß Sie Ihren Plan unverändert fortführen können, wie es in Abbildung 1 gezeigt worden ist. Abb. 2 macht das Gegenteil deutlich: Daten, die es notwendig machen, den Plan noch einmal zu überarbeiten. Das erfordert, daß Sie jeden einzelnen Punkt noch einmal überdenken: klare und saubere Definition der Kategorien, genaue Beobachtung und eine angemessene Verstärkung. Abb. 3 verdeutlicht ein anderes Ergebnis, nämlich die Veränderung des Planes aufgrund geänderter Ziele. Eine weitere, vierte Möglichkeit ist die Entscheidung, den Plan zu beenden, weil er hinlänglich erfolgreich war. Diese Möglichkeit soll im nächsten Kapitel besprochen werden.

IHR EIGENES SELBSTVERÄNDERUNGSPROJEKT: 11. SCHRITT

Zeichnen Sie eine graphische Darstellung Ihrer Daten. Erinnern Sie sich: *die Zeit* wird auf die waagerechte Achse eingetragen, die *Anzahl des Auftretens* Ihres Zielverhaltens auf der senkrechten Achse. Sie sollten in der Lage sein, nach einem Blick auf Ihre Graphik genau zu sagen, ob Sie Änderungen in Ihrem Zielverhalten erzielen oder nicht.

Kapitel 12

Beendigung des Programms

1. Der Entschluß, einen Interventionsplan zu beenden, ist eine Wertentscheidung, die Ihre Zufriedenheit mit dem gegenwärtig erreichten Stand widerspiegelt.
   a) Viele Leute arbeiten während der Durchführung des Interventionsplanes neue Werte heraus.
   b) Eine formale Beendigung ist nicht die Regel. Öfter hören die Leute einfach auf.

2. Wenn Sie die Beendigung in Erwägung ziehen, sollten Sie Schritte unternehmen, um sicher zu sein, daß das neue erlernte Verhalten auch anhalten wird, nachdem Sie die Selbstveränderung einstellen.
   a) Suchen Sie Gelegenheiten, die neuen Fertigkeiten in der natürlichen Umgebung durchzuführen und dafür verstärkt zu werden.
   b) Prüfen Sie die Möglichkeiten zur Reizgeneralisierung und sorgen Sie für diese Möglichkeit.
   c) Bauen Sie Widerstände gegen die Löschung auf, indem Sie dazu übergehen, manchmal die Verstärker aus dem Plan auszulassen. Gehen Sie zu intermittierender Verstärkung über.
   d) Üben Sie die neuen Verhaltensweisen in ausreichendem Maße.

3. Einige Projekte scheinen nie zu enden. Seien Sie darauf vorbereitet, sofort wieder einen Interventionsplan einzusetzen, wenn einige unerwünschte Eigenschaften wieder auftauchen.

Während unseres ganzen Lebens stellen wir beständig unsere Ziele in Frage und ändern diese oft. Es ist bestimmt die Ausnahme, daß sich Studenten in späteren Semestern genau dieselben Dinge wie bei der Immatrikualtion im ersten Semester wünschen.

Die Hochschule selbst trägt dazu bei, eine solche Auswirkung zu begünstigen, da sie einen beständig mit neuen Ideen und Möglichkeiten konfrontiert. In anderen Lebenszeiten, wenn man beständiger in einer Gewohnheit geworden ist, ist diese dauernde Veränderung weniger wahrscheinlich, einfach weil gänzlich neue Situationen mit veränderten Gefühlen und veränderten Verhaltensweisen seltener auftreten.

DIE AUSARBEITUNG VON ZIELEN

Derjenige, der sich bewußt mit einem Programm für Selbstveränderung beschäftigt, muß darauf gefaßt sein, sich auch mit einer nochmaligen Überprüfung seiner Ziele auseinanderzusetzen. Dies ist notwendig, da sich ihm neue Möglichkeiten in seinem Verhalten und in Situationen bieten werden. Man bringt sein Verhalten nicht einfach auf ein vorher festgesetztes Niveau und läßt es dann gut sein. Ziele stehen ebenfalls in einer dynamischen Wechselbeziehung mit dem Verhalten und der Umwelt.

Tatsächlich sind die endgültigen Ziele (selbst in einem genauen Selbstveränderungsvertrag) nicht nur unklar – sie können sogar unbekannt sein. Alles, was Sie sicher wissen können, ist, daß Sie einen Schritt in eine bestimmte Richtung tun möchten. Natürlich ist ein Teilziel manchmal von Anfang an klar – aufhören zu rauchen, abzunehmen, aufhören, an den Nägeln zu kauen. Öfter müssen Ziele jedoch zwischendurch überprüft werden, da Sie die Informationen, die Sie für spätere Entscheidungen brauchen, nicht erhalten, bevor Sie nicht irgendeine Änderung zustande gebracht haben.

Dieses Problem taucht oft auf, wenn man ein Ziel-Verhalten ausgesucht hat, weil es zu einem größeren Ziel führen wird. Zum Beispiel ist Studieren ein Verhalten, das die meisten Studenten schätzen, da es zu etwas führt – Beherrschung des Themas. Eigentlich ist Studieren nicht das alleinige Ziel; es ist lediglich der Weg zum Ziel – ein zur Festigung ausgewähltes Verhalten, in der Hoffnung, daß sich hierdurch Wissen und Verständnis des Stoffes vergrößern werden.

Aber es mag auch nicht so sein. Wir haben beobachtet, wie Studenten ihre Arbeitszeit durch Selbstverstärkung enorm steigerten, aber nur eine geringe Zunahme an Wissen erreichten. Gewöhnlich wird dies durch ein ungeeignetes Lernverfahren verursacht – wenn man sich keine Notizen macht oder keine Zusammenfassungen schreibt, sondern den Text nur immer wieder liest. Wenn die Definition des Zielverhaltens zum Beispiel geändert wird in »genaue-Kapitel-Zusammenfassungen-schreiben«, mag ein Student feststellen, daß er weniger Stunden in der Woche benötigt und sich trotzdem seinem wirklichen Ziel – Beherrschung des Themas – nähert. Auf diese Weise kann sich Ihr Zielverhalten ändern, wenn Sie seine Beziehungen zu ihren endgültigen Zielen im Auge behalten. In diesem Sinn hat das Erreichen einiger gesetzter Kriterien – wie zum Beispiel zwölf Stunden in der Woche zu studieren – sehr wenig zu tun mit der Entscheidung, aufzuhören oder nicht. Die Entscheidung wird daran gemessen werden, ob das Studium den gewünschten Effekt hat oder nicht.

Selbst wenn Sie Ihr Zielverhalten genau ausgewählt haben und es zum endgültigen Ziel führt, mag das Ausmaß der erwünschten Leistung nicht klar sein, bevor Sie das neue Verhalten nicht selbst durchgeführt haben.

Erinnern Sie sich an die junge Dame im letzten Kapitel, die im Zusammensein mit Leuten anziehender wirken wollte. Zu Beginn Ihres Selbstveränderungsplanes hatte sie eine vage Idee, wie ihr endgültiges Ziel aussehen sollte: Sie wußte nicht, was ihr später als angemessenes Ausmaß an Lächeln und Augenkontakt erscheinen würde. Erst nachdem sie dieses neue Verhalten gelernt hatte, konnte sie sich entscheiden, wie oft sie es anwenden wollte.

Manchmal werden Sie daher Ihr Endziel nicht kennen, bevor Sie es erreicht haben. Dann erst werden Sie bemerken, daß Sie so weit gekommen sind, wie Sie kommen wollten. Dies ist ein normaler Prozeß.

Stellen Sie sich zwei Studenten vor; beide beginnen damit, die Zeit, die sie täglich studieren, zu erhöhen. Zu Anfang arbeitet jeder nur sehr wenig, im Durchschnitt eine halbe Stunde wöchentlich. Jeder erreicht eine Steigerung seiner Arbeitszeit auf fünf Stunden wöchentlich, und beide merken, daß sie ihrem Endziel – nämlich Beherrschung des Wissensstoffes – näher kommen. An diesem Punkt mag A beschließen: »Gut, dies ist meine obere Grenze. Ich könnte meine Arbeitszeit noch auf ein höheres Niveau bringen, aber ich will es eigentlich nicht. So besteht noch ein gutes Gleichgewicht zu anderen Aktivitäten, die ich auch schätze. Und es liegt mir nicht daran, meine anderen Interessen zu opfern, nur um bessere Noten zu bekommen.«

Student B andererseits mag sich entschließen, weiterzumachen. Nachdem er fünf Stunden Arbeitszeit geschafft hat, könnte er sich selbst sagen: »Das ist schon ziemlich gut, aber ich möchte mehr erreichen, vielleicht bis zu acht Stunden in der Woche. Ich bin noch ziemlich träge, und die Befriedigung durch das Lernen ist doch größer, als ich dachte.«

Beide Entscheidungen sind vernünftig. Aber keine von ihnen hätte getroffen werden können, bevor nicht jeder seinen neuen Stand erreicht und erfahren hätte.

In diesem Sinn *ist die Entscheidung, einen Interventionsplan zu beenden, eine Wertentscheidung.* Ihre Werte verlagern sich und bilden sich neu heraus, je nachdem, in welchen Interaktionen sie mit ihrer Umwelt stehen. Diese Veränderungen sind Änderungen in Einstellungen und Gefühlen. Dies ist ein Teil der Selbstveränderung, denn Änderungen von Einstellungen sind eine Komponente neuer Verstärkungsbedingungen. Das Mädchen, das sich gegen Vögel desensibilisierte, kann *erwarten,* daß sie eine andere Haltung der Bücherei gegenüber einnehmen wird, wo die Stufen von Tauben bevölkert sind.

Indem Sie sich selbst verändern, ändern Sie außerdem oft Ihre Umgebung mit. Veränderungen Ihres Sozialverhaltens zum Beispiel werden die Reaktion anderer Leute Ihnen gegenüber ändern, da Ihr Verhalten ein Reiz für deren Verhalten sein wird, *und indem Sie sich ändern, ändern Sie diesen Reiz. Eine Studentin, die ihre Interaktionen mit Professoren steigert, wird finden, daß sie ihr gegenüber anders zu reagieren beginnen. Dies ist neben allem anderen der Hauptpunkt der Selbstveränderung: die Reaktion der natürlichen Umwelt auf Ihr Verhalten zu ändern, so daß Sie ein positiveres Verstärkungsmuster erhalten für die Verhaltensweisen, die Ihnen wichtig sind.* Diese Veränderungen in den Reaktionen der Umwelt können kaum perfekt vorher geplant werden, weil das Verhalten anderer Leute auch durch andere Quellen verursacht wird. Daher müssen Sie immer erwarten, daß sich Ihre Ziele verlagern, wenn eine veränderte Umgebung Sie neue Alternativen lehrt.

Um es zusammenzufassen: Ihre Ziele werden und müssen sich als ein Teil der Selbstmodifikation verändern. Deshalb ist es häufig unrealistisch, schon weit im voraus einen Zeitpunkt für die Beendigung festzusetzen.

FORMALE BEENDIGUNG

Sie können trotzdem einen Punkt erreichen, an dem sich Ihre Daten dem Ziel angleichen. So stellen Sie fest, daß Sie zwar Küchenschaben immer noch nicht mögen, aber Sie haben sich so weit desensibilisiert dagegen, daß Sie sich nicht mehr davor fürchten, in fremde Häuser zu gehen. Wenn Ihre graphischen Daten das Niveau erreicht haben, auf dem Sie unter Umständen Ihr Ziel angesetzt haben, könnten Sie gewiß sagen, Sie seien fertig – zumindest hiermit und für den gegenwärtigen Zeitpunkt. Dies erscheint so einleuchtend, daß es kaum einer weiteren Diskussion bedarf. *In Wirklichkeit ist der springende Punkt bei der formalen Beendigung, daß sie so selten ist.*

Die meisten erfolgreichen Interventionspläne wurden nicht an einem bestimmten Tag beendet. Sie scheinen eines natürlichen, obgleich glücklichen Todes zu sterben, da das erwünschte Verhalten bestehen bleibt, ohne daß planmäßig Selbstverstärkung eingesetzt wird.

Wenn wir einige Monate, nachdem sie den Kurs beendet hatten, mit Studenten sprachen, haben wir sie oft nach ihrem Veränderungsprogramm gefragt. Eine ganz allgemeine Reaktion ist das verlegene Geständnis, daß sie in Wirklichkeit keine Daten mehr sammeln und daß sie auch keine Selbstverstärkung mehr benutzen. Aber das Problem? Ach, das ist bedeutungslos geworden – das Studieren und Verabredungen treffen und das verspätete Aufstehen am Morgen ist jetzt kein Problem mehr; in der Tat haben sie über längere Zeit schon nicht mehr darüber nachgedacht.

Von unserem Standpunkt aus ist dies ein ausgezeichnetes »Endergebnis«. Wir befürworten keinesfalls planmäßige Selbstveränderung als Lebensstil. Wir betonen nachdrücklich das Gegenteil und sehen formelle Verstärkungsverträge als eine vorübergehende Zweckmäßigkeit, als einen Kunstgriff an, den Sie gebrauchen können, wenn Sie durch Bedingungen Ihres Verhaltens und Ihrer Umgebung gefangen sind, die zu durchbrechen ein genaues Planen erfordert. In jedem Fall besagt die Tatsache, daß Selbstkontrolle und Verstärker nicht länger notwendig sind, daß Sie wirklich erfolgreich waren, erfolgreich im Erreichen einer bestimmten Anpassung, so daß Sie und die Umgebung gegenseitig ein Beziehungsmuster aufrechterhalten, das Sie gutheißen.

Dieses Erreichen von Anpassung ist ebenfalls eine dynamische Sache, die sich aus verändertem Verhalten, Ausarbeitung von Zielen und Änderung der Reaktionen der Umwelt zusammensetzten. Das »Versanden« eines Selbstveränderungsprogrammes kann die wünschenswerte Folge dieser allmählichen dynamischen Anpassung sein. Kurzum, planmäßige Selbstveränderung wird immer weniger notwendig, daher lassen Sie sie allmählich fallen. Wenn sie nicht mehr notwendig ist, haben Sie eine Anpassung Ihres Verhaltens gegenüber einer Situation innerhalb Ihrer Umgebung erreicht.

Ein solches Ergebnis ist wünschenswert. Tatsächlich kann ein gutes Interventionsprogramm sogar diese Entwicklung begünstigen. *Das beste Selbstveränderungsprogramm wird planmäßig so vorgehen, daß es nach und nach überflüssig wird.* Dies kann dadurch erreicht werden, daß man plant, die selbstgeplanten Verstärker durch natürlich auftretende Verstärker zu ersetzen. Sie können die speziellen und planmäßigen Hilfen für Ihr Verhalten langsam »ausblenden«.

DIE HERSTELLUNG NATÜRLICHER KONTINGENZEN

Die kontingente Beziehung zwischen dem Verhalten und den darauffolgenden Verstärkern hält das Verhalten in der natürlichen Umgebung aufrecht. *Es wird sehr leicht möglich sein, daß Sie Ihren Selbstveränderungsplan beenden und zugleich das*

Zielverhalten auf dem Niveau halten, das es unter Einwirkung der Selbstveränderung erreicht hat, dadurch, daß Sie fortdauernde Bedingungen in Ihrer Umgebung herstellen, die das neuentwickelte Verhalten verstärken.

Angenommen, Sie haben Ihre Studierzeit erfolgreich erhöht und Ihre Studiengewohnheiten verbessert, nachdem Sie vorher immer ein schlechter Student waren. Wo kann Studieren in der natürlichen Umgebung verstärkt werden? Nicht in einem relativ fortgeschrittenen Kursus, der mehrere Voraussetzungen erfordert, da dieser Kurs Hintergrundwissen verlangen wird, das Sie nicht haben. Es werden andere Kurse sein, die vielleicht einen solchen Hintergrund nicht erfordern; diese Kurse ermöglichen Ihnen den Neubeginn. In dieser zweiten Art von Kursen werden Sie viel eher für Ihre neuen, guten Studiergewohnheiten verstärkt werden, als es im ersten Kurs der Fall wäre.

Der ausschlaggebende Punkt ist: Sie sollten Situationen in der natürlichen Umgebung einplanen, die Ihre neuen Fähigkeiten verstärken, *ohne Sie gleichzeitig für Fertigkeiten, die Ihnen noch fehlen, zu bestrafen.*

In einem gewissen Sinn ist dies eine Fortsetzung der Verhaltensformung. Ein guter Interventionsplan wird jedoch die Quellen der Verstärkung allmählich von Symbolverstärkern und Verträgen in reale Lebenssituationen verlagern.

Hier ist ein Beispiel dieses Prozesses. Ein junger Mann wurde am Anfang des Semesters in einem seiner Seminare einem Klein-Gruppen-Projekt zugeteilt. Dieses Sechser-Team traf sich regelmäßig und wurde aufgefordert, ein größeres Projekt gemeinsam zu Ende durchzuführen. Dieser Mann hatte sich in kleinen Gruppen von Gleichaltrigen immer unbeholfen gefühlt, und er hatte bisher entweder zwischen gespanntem Schweigen und sarkastischen Bemerkungen gewechselt. Er nahm diese Möglichkeit, sich selbst zu verbessern, wahr, indem er die Häufigkeit freundlicher oder aufgabenorientierter Bemerkungen in der Gruppe verstärkte. Sein Verstärker war die Zeit, die er mit Wellenreiten verbrachte; deren Gesamtbetrag hing jede Woche von der Häufigkeit des erreichten Zielverhaltens ab. Er verbesserte seine Leistung und sein Wohlbefinden in hohem Maße. Da er am Ende des Kurses immer noch nicht gänzlich befriedigt war, bedauerte er das Ende des Semesters. Er wünschte sich noch einige weitere Situationen, in denen er üben könnte, aber er bemerkte, daß der »Verstärker« nicht länger notwendig war.

Von mehreren Möglichkeiten wählte er sich die abendlichen Treffen des literarischen Clubs aus. Dies war eine gute Wahl, da er sehr daran interessiert war, Gedichte zu schreiben, und er viel auf diesem Gebiet zu sagen hatte. Weiterhin würde jedes Zurückfallen in sein eher agressives Verhalten nicht allzu streng bestraft werden, da Kritik an den Gedichten der Mitglieder eine Teilfunktion des Clubs war. Kurz, die Gruppe war gut geeignet, daß er seine neuen veränderten Fähigkeiten einbringen und von ihr viel Freude und ein relativ geringes Ausmaß an Bestrafung erwarten konnte. Diese natürlichen Verstärker würden sein Verhalten stabilisieren und die Art der Teilnahme, an der ihm gelegen war, vergrößern.

Neue Verhaltensweisen, die wirklich angebracht sind, sollten eine natürliche Unterstützung, natürliche Verstärker finden. In frühen Stadien der Beendigung ist es dennoch oft hilfreich, sich an die Kette von Ereignissen, die Ihr Verhalten unterstützt, zu erinnern. Eine Dame, die durch weniger Essen und Selbstverstärkung dafür an Gewicht abgenommen hatte, freute sich zu entdecken, daß andere Personen sie, weil sie weniger aß, ebenfalls attraktiver fanden. Sie hatte viel mehr Verabredungen. Sie hörte mit den Verstärkern auf, aber befestigte an ihrem Kühlschrank einen Zettel: »Diät-halten erhält mir auch Telefonanrufe!«

Wenn Ihr neues Zielverhalten sich durch Ihren Interventionsplan gut verfestigt hat, werden Sie nach Gelegenheiten, das neue Verhalten auszuüben und die Verstärker zu erhalten, die die Welt für dieses Verhalten anzubieten hat, suchen wollen. *Sie sollten eine Liste anfertigen von den Situationen, in denen Sie wahrscheinlich in der Lage sind, das neue Verhalten anzuwenden und dafür verstärkt zu werden.* Dadurch, daß Sie das Verhalten in jeder dieser Situationen durchführen, wird es Ihnen möglich sein, sich auf natürliche Verstärker umzustellen und gleichzeitig die Generalisierung zu erhöhen.

Das Mädchen, das sich zur Aufgabe gemacht hatte, die Wirkung ihres Lächelns durch Blickkontakt zu erhöhen, wenn sie Fremde traf, verlangte anfänglich von sich, dieses Verhalten nur bei Leuten durchzuführen, die Sonnenbrillen trugen. So konnte sie in ihre Sonnenbrillen sehen, ohne zu wissen, ob sie zurückschauten oder nicht. Nachdem sie dieses Verhalten sicher ausgebildet hatte, begann sie Blickkontakte mit Leuten aufzunehmen, die keine Sonnenbrillen trugen. Im Verlauf einiger

Wochen war sie in der Lage, dieses neue Verhalten ebenfalls zu lernen.

Sie erkannte, daß die Reaktionen anderer Leute auf ihre neue Fähigkeit für sie von Bedeutung waren, etwas, das schon vorher veranschaulicht worden ist. Deshalb war es wichtig, daß sie verstärkt und nicht bestraft wurde für das Verhalten.

Sie fertigte eine Liste jener Leute an, die sie wahrscheinlich für ihr Lächeln verstärken würden. An oberster Stelle standen Leute, die sehr freundlich erschienen. Am Schluß waren Personen, von denen sie glaubte, daß sie »hochnäsig« oder selbst so schüchtern seien, daß sie nicht reagieren würden, oder zu geschäftig, um zurückzulächeln.

DAS PLANEN VON REIZGENERALISIERUNG

In Kapitel 9 haben wir die Strategie für das Planen der Reizgeneralisierung besprochen. Nachdem sich ein Verhalten – in Beziehung zu irgendeiner vorausgehenden Bedingung – verfestigt hat, können Sie das Verhalten sogar häufiger werden lassen, wenn Sie die Reihe der Situationen, in denen Sie für das Verhalten verstärkt werden, allmählich vergrößern.

Wenn Sie die Beendigung Ihres Programms erwägen, sollten Sie prüfen, wieweit Sie Ihr Verhalten generalisiert haben. Diese Regel ist natürlich nur erforderlich, wenn Ihr Zielverhalten eines ist, das Sie in einer Vielzahl von Situationen anwenden wollen. Dies ist oft der Fall bei sozialen Verhaltensweisen, wie Zuhören, Sprechen, Lächeln, Blickkontakt, Durchsetzung, Ermutigung usw.

Es ist ebenfalls der Fall bei jedem Verhalten, das nicht situationsgebunden ist: die Verhaltensweise »Bettenmachen« zum Beispiel sollte nur in der Situation eines ungemachten Bettes auftreten. Aber Sie haben vielleicht den Wunsch, in mehr als einem Raum arbeiten zu können oder gegenüber mehr als einer Person zu lächeln und dies auch auf mehr als einer Straße ausführen zu können.

Wenn Sie anfangen, die Beendigung Ihres Programmes zu erwägen, dann sollten Sie sich selbst beobachten, um zu sehen, ob Sie Ihre neuen Verhaltensweisen in einer Vielfalt angemessener Situationen ausführen. Zählen Sie die Häufigkeiten und vergleichen Sie Ihre Grundrate mit jener in den ursprünglichen Situationen. Wenn Sie sehen, daß Ihre neuerreichte Verbesserung situationsspezifisch ist (also ausschließlich an diese Situation gebunden), dann sollten Sie Ihrem Programm vor der Beendigung eine Phase der Generalisation hinzufügen. Die Techniken hierfür sind schon auf den Seiten 223 und 224 besprochen worden.

AUSSCHLEICHEN: DAS AUFBAUEN VON LÖSCHUNGS-WIDERSTAND

In der nicht vorgeplanten Umgebung werden Sie nicht jedesmal, wenn Sie ein Verhalten durchführen, Verstärkung erhalten. In Ihrem Selbstveränderungsplan mögen Sie umgekehrt gerade das getan haben, um die schnellste Änderung hervorzurufen. Mittlerweile werden Sie darüber nachdenken, wie Sie allmählich auf natürlich auftretende Verstärker übergehen können. Dies ist auch der Zeitpunkt, Schritte zu unternehmen, die sicherstellen, daß Sie Ihre neuerworbenen Verhaltensweisen nicht aufgrund von Löschungen wieder verlieren.

Diese Schritte müssen Sie unternehmen; denn ein Verhalten, das kontinuierlich verstärkt worden ist, wird in der natürlichen Umwelt, in der es nicht jedesmal verstärkt werden wird, mit hoher Wahrscheinlichkeit wieder gelöscht werden. *Die beste Art, sicherzustellen, daß diese Löschung nicht auftritt, ist, Ihr Zielverhalten intermittierend zu verstärken.* Hören Sie nicht abrupt mit Ihrem Selbstveränderungsplan auf. Wenn Sie Ihr Zielverhalten auf einem annehmbar hohen Niveau verfestigt haben, können Sie das Verhältnis Verstärker pro Verhaltenseinheit kleiner werden lassen.

Eine Ehefrau arbeitete daran, die Häufigkeit, mit der sie ihrem Gatten gegenüber warme und freundliche Gefühle zum Ausdruck brachte, zu erhöhen. Er hatte sich beklagt, daß sie kalt und desinteressiert schiene. Sie wußte, daß dies zwar der Eindruck ihres offensichtlichen Verhaltens war, nicht jedoch ihren Gefühlen entsprach. Sie erreichte eine bemerkenswerte Erhöhung mit Hilfe eines Symbolverstärkersystems.

Sie verstärkte sich selbst jedes Mal, wenn sie das gewünschte Verhalten ausführte. Sie gab sich selbst einen Punkt dafür, eine Spielmarke, die zu passenderer Zeit in eine ihrer Lieblingsspeisen, die sie in einer Liste zusammengestellt hatte, eingetauscht werden konnte. Ein Stück Kuchen zum Beispiel kostete eine Münze, eine Pizza zwei, ein Bier kostete eine, ein Glas Sekt vier Münzen.

Sie erreichte jedenfalls eine wünschenswerte obere Grenze. Selbst ihr Gatte würde durch einen ständigen Strom von Gefühlsäußerungen wie: »ich liebe dich, ich liebe dich! Du bist wunderbar!« bald ermüden.

An diesem Punkt *verringerte sie ihre Verstärkungsquote,* anstatt das Verstärkungs-System unverzüglich abzusetzen. Sie bereitete sich auf die Tatsache vor, daß ihr Gatte ihr neues Verhalten nicht jedesmal verstärken würde: manchmal war er in Gedanken versunken oder in der falschen Stimmung.

Sie begann, die Verstärkerquote auf dem einfachsten Weg zu verringern (indem sie zu intermittierender Verstärkung überging): sie erhielt nicht jedesmal den Münzverstärker. Sie senkte die Anzahl der Verstärkungen, so daß sie nur in $75^0/0$ der Fälle eine Münze erhielt. Dann verringerte sie die Quote weiter, zuerst auf $50^0/0$, dann auf nur noch $25^0/0$ usw. Sie ging dabei nicht so schnell vor, da ein langsamer »Ausschleichungs«-Prozeß stabiler gegen Löschung wirkt.

Mit diesem Verfahren war eine immer größere Zahl von liebevollen Äußerungen notwendig, um einen Münzverstärker zu erhalten.

Beim Verringern der Verstärkungsquote müssen Sie gewissenhaft fortfahren, die Häufigkeit des Zielverhaltens zu zählen. Es besteht nämlich die Gefahr, daß die Häufigkeit abnehmen wird. Es mag Ihnen gelingen, nur wenig von Ihrer oberen Grenze entfernt zu bleiben, aber Sie werden wissen wollen, ob ein Absinken stattgefunden hat und um wieviel. *Ein Wechsel von Perioden der Verringerung der Verstärkungsquote mit Perioden mit hundertprozentiger Verstärkung kann die Häufigkeit Ihres Verhaltens auf einem annehmbar hohen Niveau halten,* wenn die natürlichen Verstärkungskontingenzen sich nur langsam entwickeln.

Die Ausarbeitung natürlicher Kontingenzen, Programme zur Generalisation des Verhaltens und Verringerung der Verstärkungsquote sind dazu bestimmt, die Chancen zu erhöhen, daß Sie nach Beendigung des Veränderungsprogramms Ihr Ergebnis aufrechterhalten. Eine weitere Strategie besteht darin, sicherzustellen, daß eine ausreichende *Übung* während der Intervention stattgefunden hat. Im allgemeinen werden Verhaltensweisen wahrscheinlicher, wenn man mit Hilfe eines Verstärkungsplanes für eine optimale Anzahl von Versuchen sorgt. Von einem gewissen Punkt ab wird Verhalten in das »Repertoire« übernommen. Diese Übernahme von Verhalten ist eine komplizierte Funktion der Verstärkungspläne und der vorausgehenden Reize, aber es hat auch etwas zu tun mit der Häufigkeit des auftretenden Verhaltens. *Übung ist wichtig!*

Denken Sie daran, wie man Autofahren lernt. Zuerst, wenn Sie anfangen, müssen Sie sich auf jeden einzelnen Aspekt Ihres Fahrverhaltens konzentrieren. Sie wagen nicht, auch nur eine Sekunde mit Ihren Gedanken abzuschweifen. Nach mehreren Jahren Fahrpraxis können Sie jedoch lange Entfernungen ohne diese konzentrierte Aufmerksamkeit fahren. Diese Notwendigkeit von Übung schließt ein, daß Sie nicht aufhören sollten, wenn Sie Ihr Ziel gerade erreicht haben. Statt dessen wäre es ratsam, mit Ihrem Plan noch eine Zeitlang fortzufahren – eine Woche oder vielleicht länger –, das ist abhängig davon, wie oft Sie Gelegenheit haben, zu üben. Wir können keine Regeln aufstellen für die genau erforderliche Anzahl, da sie noch von anderen Aspekten des Interventionsplanes abhängig ist. Aber ein Versuch mit »Ausschleichen« ist ein guter Test, bis zu welchem Ausmaß Sie das Verhalten nach der Beendigung beibehalten. *Wenn die Häufigkeit Ihres Zielverhaltens alarmierend sinkt, sobald Sie anfangen, die Verstärkerquote zu reduzieren – etwa von 100 Prozent Verstärkung auf 75 Prozent Verstärkung hinunterzugehen –, dann bedeutet dies, daß Sie nicht genügend Übung haben.* In diesem Fall sollten Sie zum 100-Prozent-Verstärkungsplan zurückkehren und mehr Übung erlangen.

Es liegt kein zu großes Risiko darin, daß Sie den Plan zu lange fortführen, außer daß Sie sich langweilen oder daß Sie dessen überdrüssig werden. Dies ist kein großes Problem, es zeigt nur, daß Sie die Zeit, wo Sie hätten aufhören können, überschritten haben. Andererseits liegt eine Gefahr darin, wenn Sie zu früh aufhören. Sie können das, was Sie erreicht haben, wieder verlieren.

Wenn Sie eine erwünschte Verhaltensweise allmählich erhöht haben und damit zu früh aufhören, werden Sie schnell darauf kommen. Sie werden unter das Niveau, das Sie zuletzt erreicht haben, zurückfallen. *In diesem Fall empfehlen wir, nach Aussetzen der Verstärkung mit der Häufigkeitszählung fortzufahren, bis sich die Rate stabilisiert hat.*

Eine beträchtliche Abnahme würde bedeuten, daß Sie wieder mit dem Verstärkungsplan anfangen sollten. Am besten ist es, in bezug auf die Beendigung vorsichtig zu sein: wann immer Sie im Zweifel sind, ob Sie mit dem Plan nicht noch weitermachen sollten, fahren Sie damit fort, aber reduzieren Sie die Verstärkungsquote. Das Schlimmste, das passieren kann, ist, daß es Ihnen etwas langweilig wird.

Nie zu Ende gehende Projekte

Einige Probleme erfordern vielleicht einen lebenslangen Vertrag. Zu unmittelbarer Befriedigung führende Verhaltensweisen, auf die wir schon mehrfach eingegangen sind, sind dafür am ehesten prädestiniert. Wenn Sie ein starker Raucher sind, werden Sie immer verschärft darauf achten müssen, sich von Zigaretten fernzuhalten, und Sie müssen vielleicht mehrmals aktive Selbstveränderungspläne einsetzen, sobald Sie wieder ins Rauchen zurückfallen. Dasselbe trifft auf andere mit unmittelbarer Befriedigung verbundene Probleme zu. Es ist das beste, einen Selbstveränderungsplan sofort wieder einzusetzen, wenn das alte Problem wieder auftritt. Wenn Sie einmal 40 Zigaretten pro Tag geraucht haben und Sie konnten damit gänzlich aufhören, ist es ratsam, einen neuen Plan dann sofort wieder einzusetzen, wenn Sie fünf Monate später anfangen, auch nur drei Zigaretten zu rauchen. Warten Sie nicht, bis Sie wieder vierzig Zigaretten rauchen! Es ist weitaus besser, bei dreien aufzuhören. Derselbe Gedankengang trifft auch auf andere unmittelbar zur Befriedigung führende Verhaltensweisen zu und auf jedes Verhalten, das eine physiologische Abhängigkeit erzeugt hat. Es kann sein, daß eines Tages eine dauerhafte Behandlung dieser Probleme erfunden wird. Bis heute existiert diese umfassende, dauerhafte Lösung noch nicht (Lichtenstein, 1971).

Es ist sicherlich wahr, daß einige Leute aufgehört haben zu rauchen oder sich ständig zu überessen. Viel eher kann jedoch erwartet werden, daß diese Art von Problemen immer wiederkehren wird. Sie werden wahrscheinlich schneller ein Selbstveränderungsprogramm wieder einsetzen, wenn Sie sich dieser Tatsache bewußt sind.

NICHT ERFOLGREICHE SELBSTVERÄNDERUNG

Es gibt noch einen anderen Grund, warum Sie Ihre Selbstveränderung beenden möchten: wenn sie überhaupt nicht klappt. In einem solchen Fall müssen Sie die Alternativen in Erwägung ziehen: Sollten Sie Ihre Ziele aufgeben? Sollten Sie die Hilfe von Fachleuten in Anspruch nehmen? Um diese Fragen beantworten zu können, müssen Sie den Stellenwert der Selbstveränderung im gesamten Spektrum der Techniken zur Verhaltensänderung untersuchen. Gibt es theoretische Grenzen für die Effektivität von Selbsthilfe? Wenn ja, welche sind es? Wie kann man wissen, ob sie erreicht wurden? In Kapitel 13 werden wir diese Fragen diskutieren.

Wenn Sie die Beendigung in Erwägung ziehen, sollten Sie eine Reihe von Verhaltensweisen befolgen.

1. Machen Sie eine Liste der verschiedenen natürlichen Situationen, in denen Sie Ihr neu erlerntes Verhalten ausüben können.
2. Schätzen Sie ein, mit wie hoher Wahrscheinlichkeit Sie für Ihr neues Verhalten von Ihrer natürlichen Umwelt verstärkt werden.
3. Überprüfen Sie die Möglichkeiten zur Reizgeneralisierung. Üben Sie das neue Verhalten in den verschiedensten Situationen aus. (Wenn keine Reizgeneralisierung aufgetreten ist, sollten Sie sie in Ihren Plan einbauen.)
4. Bauen Sie planmäßig Löschungsresistenz auf, indem Sie intermittierende Verstärkung einführen.
5. Fahren Sie fort, das Zielverhalten während der oben aufgeführten Verfahren zu zählen.

Kapitel 13

Selbstveränderung und Willenskraft

1. Dieses Kapitel wirft die allgemeine Frage auf, wieviel Willenskraft erforderlich ist, um die Verhaltensweisen der Selbstveränderung durchzuführen.

2. Funktioniert Selbstveränderung wirklich? Die Beantwortung der folgenden Fragen gibt darauf eine Antwort:
   a) Hat Selbstverstärkung verstärkende Wirkung?
   b) Kann man Selbstverstärkung lernen?
   c) Wie wird dadurch, daß man sich Regeln setzt, das Verhalten beeinflußt?
   d) Wie beeinflußt die Kenntnis der Ergebnisse das Verhalten?

3. Verhaltensformung, sofortige Verstärkung und der Anreiz durch die Verstärkung bewirken, daß weniger Willenskraft erforderlich ist.

4. Wille *ist* der Akt der Selbstbestimmung.

Funktioniert Selbstverstärkung *wirklich*? Sogar der Leser, der erfolgreich ein Projekt abgeschlossen hat, mag diese Frage stellen: war es wirklich die Selbstverstärkung oder war es die Willenskraft, die den Unterschied bewirkt hat? Das ist ein lohnendes Thema, das eine ganze Reihe von Fragen aufwirft. Als erstes, was heißt »Willenskraft« denn überhaupt? Willenskraft zu definieren ist das eigentliche Vorhaben dieses ganzen Kapitels. Wir möchten daher unsere Antwort auf diese Frage gerne noch zurückhalten. Für den Augenblick wollen wir uns an die Definition von Willenskraft halten, wie sie im Lexikon steht. Die zweite Frage, die sich stellt, betrifft die Theorie selbst: *ist Selbstverstärkung wirklich verstärkend*? Das heißt, beeinflußt sie Verhalten genauso wie andere Verstärker: festigt sie das Verhalten, auf das sie folgt?

IST SELBSTVERSTÄRKUNG WIRKLICH VERSTÄRKEND?

Die Antwort auf diese Frage lautet *ja*. Die Forschung über Selbstverstärkung begann bereits vor Jahren, und es gibt heute Laboruntersuchungen, die zeigen, daß selbstgegebene Verstärker tatsächlich die Häufigkeit der verstärkten Verhaltensweisen steigern. Die Arbeiten von Kanfer, Marston, Bandura und ihrer Mitarbeiter sind hier von besonderer Bedeutung. Ein Jahrzehnt dieser Forschungsbemühungen ist kürzlich von Kanfer (1970a) zusammengefaßt worden. Kanfer und Duerfeldt (1967) konnten z. B. zeigen, daß Individuen geometrische Muster besser erkennen, wenn sie sich vorher bei einem Training für richtiges Erkennen selbst verstärkt haben. Marston und Kanfer (1963) berichteten, daß Selbstverstärkung für das richtige Erkennen von Silben eine größere Genauigkeit bewirkte als eine Löschungsbedingung, allerdings geringere Genauigkeit als andauernde äußere Verstärkung. Bandura und Perloff (1967) fanden, daß Selbstverstärkung handwerkliche Tätigkeiten bei Kindern in ähnlicher Weise aufrechterhielt wie äußere Verstärkung und daß sie nicht-kontingenter Verstärkung oder überhaupt keiner Verstärkung überlegen war.

Verstärkung *ist* also Verstärkung, auch wenn man sie sich selbst verabreicht.

Die Frage »funktioniert es wirklich?« wirft eine dritte Frage auf: kann man den Akt der Selbstverstärkung ebenso lernen, wie man andere Handlungen lernt?

Wieder lautet die Antwort *ja*. Das Verhalten der Selbstverstärkung kann selbst durch Verstärkung verändert werden, wie Kanfer und Marston (1963a) gezeigt haben.

Selbstverstärkung kann auch durch Nachahmung gelernt werden. Wenn Menschen Gelegenheit bekommen, Modelle zu beobachten, die Selbstverstärkungsverhalten zeigen, dann lernen sie neue Maßstäbe für Selbstverstärkung und Selbstbewertung und wenden diese auf ihr eigenes Verhalten an (Bandura und Kupers, 1964; Bandura und Whalen, 1966; Bandura, Grusec und Menlove, 1967; McMains und Libert, 1968). Dieses stellvertretende Lernen von Selbstverstärkung scheint denselben Gesetzen zu folgen wie anderes Nachahmungslernen (d. h., es wird beeinflußt von der Art der Modellperson, den früheren Erfahrungen mit der jeweiligen Aufgabe usw.). Die Hauptsache ist die: Selbstverstärkung ist ein Verhalten, das ebenso gelernt werden kann, wie andere Verhaltensweisen gelernt werden.

Aber der Leser mag immer noch entgegnen, daß man erst *lernen* muß, sich selbst zu verstärken. Und kann man Selbstverstärkung benutzen, um Selbstverstärkungsverhalten zu lernen? Kommt man damit nicht wieder genau auf den Ausgangspunkt zurück − ist Selbstveränderung nicht irgendwie doch unausweichlich eine Frage der Willenskraft?

Nein, nicht notwendigerweise. Denken Sie daran, daß es andere Techniken bei der Selbstveränderung gibt als Selbstverstärkung, z. B. *Regeln aufstellen, Kenntnis der Ergebnisse, Verhaltensformung, sofortige Verstärkung und Anreize.* Bevor wir mit der Frage fortfahren, ob Willenskraft erforderlich ist oder nicht, wollen wir diese anderen Techniken untersuchen, da jede von ihnen den nötigen Aufwand an Willenskraft verringert.

Regeln aufstellen

Ein wichtiger Teil der Selbstveränderung ist der *Vertrag*, der die Einzelheiten des Interventionsplanes festlegt. Der Vertrag besteht aus einer *Reihe von Regeln*, die bei der Selbstveränderung eingehalten werden sollen. Mit Regeln meinen wir Leitfäden für das Verhalten, Festlegungen, was man tun sollte oder nicht tun sollte, unabhängig von jeglichen positiven oder negativen Verstärkungen, die mit den Regeln verbunden sind. Wie sich zeigt, erhöht das *Aufstellen* von Regeln die Wahrscheinlichkeit, daß derjenige, der sich selbst verändern will, die Regeln auch befolgt.

Skinner (1963) hat dargelegt, daß Regeln und Pläne als diskriminative Reize dienen. Sie werden Hinweisreize für Verhalten. Natürlich erwerben oder verlieren sie ihre Hinweisfunktion nach denselben Gesetzmäßigkeiten, die das Lernen von anderen Hinweisreizen bestimmen: auf das Verhalten, das durch den Hinweisreiz in Gang gebracht wird, muß Verstärkung erfolgen.

Die Wirkung von Regelnaufstellen ist nicht unabhängig von Anreizen oder von Verstärkung. Vielmehr erhöht Regelnaufstellen die Wahrscheinlichkeit, daß ein Lernerfolg eintritt, wenn der Anreiz, das Verhalten durchzuführen, groß genug ist, und wenn das Verhalten verstärkt wird. Wenn ein Mann anfangen wollte, sich zu trimmen, dann müßte er dafür sorgen, daß er für dieses Verhalten irgendwie verstärkt wird, und er müßte sich einen Anreiz dafür schaffen, dieses Verhalten zu steigern. Aber es würde auch helfen, wenn er sich Regeln für dieses Verhalten aufstellte. Trotz dieser Einschränkungen, denen die Macht von Regeln unterworfen ist, erleichtert das Aufstellen von Regeln, sein eigenes Verhalten verstärken zu lernen. Über das Thema »Regeln aufstellen« haben Cheyne und Walters (1970) einen Überblick gegeben. Darüber hinaus gibt es mehrere Laboruntersuchungen, die den Vorgang analysiert haben. O'Leary (1968) konnte z. B. zeigen, daß einfach das laute Aussprechen von Regeln dazu führte, daß die Regeln mehr befolgt wurden. Er brachte Schulanfängern bei, eine Telegrafentaste zu drücken. Immer wenn sie die Taste drückten, bekamen sie eine Marmel. Die *Regel* war folgende: die Taste durfte nur gedrückt werden, wenn ein bestimmter Hinweisreiz (ein Signal oder diskriminativer Reiz) gegeben wurde. (Dieses Vorgehen ist ähnlich wie die Regeln in jedem Selbstveränderungsprojekt.) O'Leary ließ die Jungen dann allein und beobachtete ihr Verhalten durch eine Einwegscheibe. Bevor er den Raum verließ, forderte er die eine Hälfte der Jungen auf, die Regel laut aufzusagen: sie mußten sagen, wann das Tastendrücken »richtig« und wann es »falsch« war. Die andere Hälfte mußte die Regel nicht laut aufsagen. Der Versuchsleiter zählte dann einfach, wie häufig jeder Junge die Taste drückte und eine Marmel bekam, wenn er es eigentlich nicht tun durfte, d. h., wenn er die Regel verletzte. Die Jungen, die die Regeln laut aufgesagt hatten, wichen viermal weniger häufig von der Regel ab als diejenigen, die die Regel nicht aufgesagt hatten.

Eine Regel zur eigenen zu machen, indem man sie ausspricht, anstatt daß sie einem von jemandem anderen einfach auferlegt wird, führt dazu, daß man sich mehr an die Regel hält, auch wenn die Motivation die gleiche ist.

Das gilt nicht nur für Schulanfänger. Die Fähigkeit oder Neigung, das eigene Verhalten durch verbale Äußerungen über das Verhalten zu lenken, scheint bei einer ganzen Reihe von Aufgaben mit dem Alter anzusteigen (s. Cheyne und Walters, 1970; Birch, 1966; Lovaas, 1964; Luria, 1961).

Das Lernen hängt auch davon ab, wie ausdrücklich und detailliert eine Regel aufgestellt wird. Liebert, Hanratty und Hill (1969) ließen Kinder Modelle beobachten, die Bowling spielten und sich für gute Würfe belohnten. Die Kinder wurden dann aufgefordert, dasselbe zu tun. Die Experimentatoren variierten die Detailliertheit der Regeln in drei Stufen: 1. das Modell sprach das Ergebnis seines Wurfes, »fünfzehn«, aus und nahm sich dafür als Belohnung seine Spielmarke. 2. Das Modell fügte hinzu »das ist ein (kein) guter Wurf« und 3. »das verdient eine (keine) Belohnung!« Sie fanden, daß die Kinder sich um so weniger unangemessen belohnten, je ausdrücklicher die Regel spezifiziert war.

Ein präziser, selbstaufgestellter Vertrag ist bei der Selbstveränderung von Verhalten sehr wichtig, denn dadurch, daß man eine Regel zu seiner eigenen macht und sie ausdrücklich formuliert, wird die Wahrscheinlichkeit erhöht, daß das Verhalten tatsächlich durchgeführt wird.

Um es noch einmal zusammenzufassen: wir waren dabei, zu untersuchen, warum Willenskraft bei der Selbstveränderung nicht allein ausschlaggebend ist. Bisher haben wir 1. die Selbstverstärkung selbst und 2. die Art und Weise, wie man lernt, sich selbst zu verstärken, betrachtet. Zusätzlich haben wir begonnen, andere Techniken zu untersuchen, die bei der Selbstveränderung eine Rolle spielen und die erforderliche Willenskraft verringern. Die erste dieser Techniken war Regeln aufstellen. Die nächste ist die Kenntnis der Ergebnisse.

KENNTNIS DER ERGEBNISSE

Schon Jahrzehnte hat die Psychologie untersucht, was die Kenntnis der Ergebnisse zum Lernen beiträgt. Es sind Hunderte von Untersuchungen durchgeführt worden. Eine gute Zusammenfassung der Ergebnisse in diesem Bereich findet man bei B. K. Estes (1970). Die grundlegende Frage auf diesem Gebiet lautete: führt die Kenntnis, ob man richtig oder unrichtig liegt, an sich schon zu einem verbesserten Lernen?

Es sind die verschiedenartigsten Möglichkeiten und Abstufungen von Informationsrückmeldung untersucht worden: der Versuchsleiter sagte einfach »richtig« oder »falsch« nach jeder Handlung der Versuchsperson; der Versuchsperson wurde »richtig« oder »falsch« durch ein Licht signalisiert; die Versuchsperson wurde belohnt und nicht belohnt. Tatsächlich ist die grundlegende Frage noch nicht zur allgemeinen Zufriedenheit beantwortet worden. Nicht alle Psychologen stimmen darin überein, ob Kenntnis der Ergebnisse allein (ohne jede Verstärkung) ausreicht, um Lernen zu bewirken. Das kommt daher, weil es so schwer, wenn nicht tatsächlich unmöglich ist, die einfache *Information* in einer Botschaft von ihrer *verstärkenden* Wirkung zu trennen. Indem man z. B. zur Versuchsperson »richtig« sagt, gibt man ihr zwar Information, aber »richtig« ist wahrscheinlich auch eine soziale Verstärkung.

Glücklicherweise müssen wir uns hier mit dieser Frage nicht auseinandersetzen. Selbstveränderungsprogramme bauen üblicherweise nicht alleine auf Kenntnis der Ergebnisse oder Verstärkung auf. Die Folgerung aus den Forschungsergebnissen (s. Estes, 1970) ist sehr klar: unter sonst gleichen Bedingungen *lernt der Mensch um so besser, je mehr Rückmeldung über seine Leistung er erhält.*

Dies ist ein Grund dafür, weshalb wir so betonen, daß Datenerhebung tatsächlich eine Form der Selbstveränderung *ist*. Die meisten Menschen beobachten sich selbst nicht sehr sorgfältig. Wenn man anfängt, Daten zu sammeln, wird die Selbstbeobachtung sorgfältiger. Verbesserte Selbstbeobachtung führt zu einer besseren Kenntnis über das eigene Verhalten. Aufzeichnungen über das Verhalten geben Rückmeldung und Anleitung, und man wird daher besser lernen (Kolb, 1971; Kolb, Winter und Berlew, 1968).

Diese Rückmeldung reicht häufig aus, damit eine Änderung des Verhaltens eintritt. Tharp und Wetzel (1969) berichten, daß bei ihrer Arbeit zur Verhaltensveränderung bei Problemen, die meist schwerer waren als die in diesem Buch angeführten, allein die Erhebung von Grundraten bei 7% der Fälle eine Veränderung bewirkte, so daß kein »vertraglich« festgelegtes Interventionsprogramm mehr erforderlich war. In diesen Fällen konnten die Betroffenen ihre natürlichen Interaktionen anpassen und damit neues Lernen bewirken, nachdem sie erst einmal genügend Rückmeldung über ihr Verhalten hatten. Dieser Interventionseffekt der Grundratenerhebung tritt bei der Selbstveränderung auch manchmal in Erscheinung. Sie fangen an, zu zählen, wie häufig am Tag Sie ein bestimmtes Verhalten durchführen, und stellen fest, daß sich die Häufigkeit erheblich ändert, einfach weil Sie jedes Auftreten des Verhaltens so sorgfältig beobachten.

Zusammengefaßt: der stärkste Wille reicht nicht aus, wenn die Kontingenzen falsch sind, wenn man nie gelernt hat, sich selbst zu verstärken, wenn keine ausdrücklichen Regeln aufgestellt sind und wenn keine Rückmeldung vorhanden ist. Auf der anderen Seite kann die Willensstärke, die zur Selbstbestimmung erforderlich ist, erheblich verringert werden, wenn man auf diese Punkte achtet. Aber ist nicht immer noch wenigstens ein kleiner Anteil von Willenskraft erforderlich, damit wir uns selbst ändern können?

Vielleicht nicht, denn die beiden nächsten Techniken, die wir behandeln wollen, *Verhaltensformung* und *sofortige Verstärkung,* tragen noch mehr dazu bei, die Bedeutung der Willenskraft als der hauptsächlichen Erklärung für Erfolg zu verringern.

Der Gedanke der Verhaltensformung ist sehr einfach: man wird viel leichter einen kleinen Schritt machen als einen riesigen. Leute, die ihre Selbstveränderungsprogramme als gescheitert aufgeben, vernachlässigen fast immer das Prinzip der Verhaltensformung. Das gilt genauso bei einer *in-vivo*-Desensibilisierung wie bei einem Programm mit kontingenter Verstärkung. Theoretisch ist es möglich, das Maß des jeweils nächsten Schrittes so klein zu machen, daß man ihn wirklich »mühelos« schaffen kann.

Der Gedanke der sofortigen Verstärkung ist ebenso einfach: man wird ein Verhalten viel eher durchführen, wenn man eine Verstärkung sofort nach der Durchführung erhält, als wenn man lange Zeit darauf warten muß. Das Mißliche bei Neujahrsvorsätzen liegt darin, daß sie so oft eine sehr verzögerte Verstärkung vorsehen. »Wenn ich dieses Jahr nur 20 Pfund abnehmen könnte, wieviel besser würde ich am Ende des Jahres aussehen und wieviel besser würde ich mich fühlen!« Für viele Dinge, die man erreichen möchte, braucht man eine lange Zeit, und es gibt viele Gelegenheiten, auszusteigen, bevor man das endgültige Ziel erreicht hat. Es erfordert mehr Willenskraft, bei einer Diät zu bleiben, wenn die Belohnung erst nach Wochen der Anstrengung erfolgt, als wenn man täglich Belohnungen erhält. Ein häufiger Grund für das Scheitern der Selbstveränderung liegt darin, daß man sich mehr auf die endgültige Verstärkung verläßt, die im Erreichen des Zieles besteht, und keine sofortige Verstärkung für jeden Schritt auf das Endziel hin vorsieht.

Wie Sie sehen, können Sie durch Verhaltensformung und sofortige Verstärkung zusammen mit den anderen hilfreichen Techniken *sogar das Ausmaß an Willenskraft selbst regulieren, das Sie von sich selbst fordern.*

Das bedeutet nicht, daß alle menschlichen Probleme durch Selbstveränderung gelöst werden können. Manchmal können Sie über andere Menschen nicht so verfügen, daß Sie mit Ihrem Programm Erfolg haben. Manchmal sind keine sofortigen ausreichenden Verstärker verfügbar. Aber dies sind keine Probleme der Willenskraft, *es sind technische Probleme.*

Jeder von uns hat zu jedem Zeitpunkt ein bestimmtes Maß von Selbstkontrolle über ein bestimmtes Verhalten. Verhaltensformung schraubt die Verhaltensschritte auf ein Niveau herab, auf dem Sie Selbstkontrolle ausüben können. Nachdem Sie sich auf dieser Stufe erfolgreich verhalten haben und dafür verstärkt worden sind, haben Sie nicht nur einen Fortschritt im Verhalten gemacht, sondern *Sie haben auch Ihre Selbstkontrolle* (oder Willenskraft) *um eine Stufe erhöht.* Diese gesteigerte Willenskraft wird es dann ermöglichen, zum nächsten Schritt überzugehen.

Es hat keinen Sinn, über ein Minimum erforderlicher Willenskraft zu sprechen, wenn nicht mit Bezug auf einen bestimmten Schritt bei der Verhaltensformung und auf die Zeitspanne, bis die Verstärkung eintritt.

WILLENSKRAFT UND ANREIZE

Selbstveränderungsprogramme stimmen das Niveau der Selbstkontrolle, auf dem man steht, auch noch in anderer Weise auf die Erfordernisse des Verhaltens ab. Das geschieht durch die Verwendung von *Anreizen.* Wenn man in einem Vertrag festlegt, daß man den ersten Schritt mit einem bestimmten Verstärker belohnen wird, dann wird der Anreiz größer, diesen Schritt zu tun. Einen Kilometer zu laufen, um einen Pfennig aufzuheben, erfordert eine Menge »Willenskraft«. Einen Kilometer zu laufen, um einen Hundertmarkschein aufzuheben, erfordert fast keine. Einige Lerntheoretiker sind der Meinung, daß der Anreizwert von Belohnungen viel größer ist als ihr Verstärkerwert. Diese Frage spielt bei der Selbstveränderung keine Rolle, da die Belohnung gleichzeitig Anreiz und Verstärkung ist.

Wenn Sie über genügend starke Anreize verfügen würden, dann würde die Mehrzahl Ihrer Willens-Probleme sich in nichts auflösen. (Vielleicht nicht alle – wir sind mit dieser Frage immer noch nicht fertig.) Für den Augenblick könnten wir jedenfalls den Schluß ziehen, daß die Frage der Willenskraft noch weniger wichtig wird, wenn man die Anreize in Betracht zieht, die Sie sich selbst geben können.

Jemand, der sein erstes Selbstveränderungsprogramm vorhat, wird sich oft fragen: »Hab' ich überhaupt die Willenskraft, um es erfolgreich durchzuführen?« Anfangs erscheint es fast immer so, daß jedesmal, wenn eine Selbstverstärkung zurückgehalten wird, bis das geforderte Verhalten durchgeführt ist, ein eigener Willensakt erforderlich ist. Es mag so scheinen, daß schon ein starker Willensakt erforderlich ist, um das Programm überhaupt erst einmal in Gang zu setzen.

In unserer Sprache: die Frage ist, ob jemand zu einem gegebenen Zeitpunkt bereits genügend Selbstbestimmungsverhalten gelernt hat, um den Plan zu unternehmen. Daher lautet die Frage eigentlich: eine wie große Fähigkeit zur Selbstbestimmung muß man schon haben, um erfolgreich ein Verhalten verändern zu können?

Die Antwort lautet: eine gewisse. Wie wenig aber erforderlich ist und an welchem Punkt sie benötigt wird, ist ziemlich überraschend.

Lassen Sie uns zuerst das Problem des Zurückhaltens von Selbstverstärkung betrachten, bis gemäß einem Vertrag das festgelegte Kriterium erreicht ist. Leser betrachten dies gewöhnlich von Anfang an als die entscheidende Frage. »Werde ich nicht in Wirklichkeit auf jeden Fall morgens Radio hören, auch wenn ich es nicht verdient habe, weil ich mein Bett nicht gemacht habe?« »Werde ich nicht trotzdem am Samstag abend zu der Party gehen, auch wenn ich nicht alle 32 Punkte erreicht habe?«

Die Antwort lautet: wahrscheinlich nein. Überraschenderweise scheitern Selbstveränderungsprogramme selten an dieser Frage. Wir haben diesen Punkt früher unter »Mogeln« in Kapitel 8 behandelt. Die meisten Menschen, die ihre Selbstveränderungsprogramme ernst nehmen, können, wenn dieses Problem auftaucht, einige Schritte in der Stufenleiter bei der Verhaltensformung zurückgehen und die vertraglich festgelegten Kontingenzen wieder einhalten. Das Zurückhalten von Verstärkung, bis ein angemessener Schritt auf das Ziel hin geleistet worden ist, stellt eine der leichteren Aufgaben bei der Selbstveränderung dar. Es erfordert relativ geringe Fähigkeit zur Selbstbestimmung. Das sollte eigentlich auch nicht überraschen, da man es logischerweise erwarten kann. Die ganze Technik der Selbstveränderung besteht ja darin, die Anreize und Verhaltensschritte so lange zu verschieben, bis die Kontingenz *tatsächlich* eingehalten werden kann. Außer diesem logischen Argument zeigt unsere Erfahrung mit Selbstveränderern, daß das wirkliche Problem bei der Selbstbestimmung viel früher in dem ganzen Prozeß auftritt. Wenn der Selbstveränderer über das erforderliche technische Wissen verfügt, um seinen Plan der schrittweisen Verhaltensformung neu den Gegebenheiten anzupassen, dann stellt das Zurückhalten von Verstärkung kein großes Problem dar. Der Punkt, an dem das Problem sich am schärfsten stellt, liegt in den allerersten Stadien des Selbstveränderungsprozesses.

Gewöhnlich sagen wir, um sich verändern zu können, muß man sich verändern *wollen.* Diese Formulierung ist nicht unvereinbar mit der Verhaltensanalyse, sie ist nur unvollständig. Das heißt, man muß auch wissen, *wie* man sich verändern kann. Bei der Entscheidung über das »wie« tauchen die wirklichen Probleme auf. Der Leser dieses Buches hat einige Kenntnisse darüber gewonnen, wie er sich durch Herstellung günstiger Umgebungsbedingungen verändern kann. Darüber hinaus gewinnt man durch das Ausführen der Verhaltensweisen der Selbstbestimmung bei der Selbstveränderung eine größere Fertigkeit bei ihrer Durchführung. Wenn man sich größere Fertigkeiten zur Selbstbestimmung erworben hat, dann werden die zweiten und dritten Selbstveränderungsvorhaben weniger und weniger eigens dafür geschaffener Anreize bedürfen. Für jemanden, der einen hohen Grad von Selbstbestimmung erreicht hat, ist es selten notwendig, jeden der in diesem Buch dargestellten Schritte ausdrücklich auszuformulieren. Er hat bereits viel Geschick in Selbstbeobachtung und -analyse, und er weiß, welche Dinge in seiner Umgebung er verändern muß, um seine Ziele zu erreichen.

Aber auch ein solcher Mensch – vielleicht gerade ein solcher Mensch – wird nicht selbst eine Veränderung herbeiführen, die er nicht möchte. Der Wunsch zur Selbstveränderung ist daher sicherlich ein notwendiger Bestandteil der Selbstveränderung. Eine strenge, lerntheoretische Analyse würde so argumentieren, daß *das, was Sie möchten, auch gelernt ist,* und daß Sie sich selbst beibringen können, andere Dinge zu wollen. Aber für die Praxis der Selbstveränderung stellt sich die einfache Frage:

Wie stark müssen Sie die Veränderung wollen, damit ein Projekt Aussicht auf Erfolg hat?

Beim gegenwärtigen Stand unserers Wissens scheint die Antwort darauf zu sein: *stark genug, um die Tätigkeiten des Selbstveränderungsprogramms durchzuführen*. Indem man für jedes Stadium Belohnungen vorsieht, z. B. sich selbst für Aufzeichnungen zu verstärken oder vorausgehende Reize so einzurichten, daß die Verhaltensweisen weniger Anstrengung brauchen (indem man z. B. die Kühlschranktür zwischen den Mahlzeiten abschließt), verringert man die Mühen, die man bei einem Programm auf sich nehmen muß. Aber es gibt keine Möglichkeit, den Faktor der Anstrengung vollständig auszuschalten, den Aufwand an Energie für das Aufzeichnen von Notizen, für das Formulieren von Kategorien, für das Entwerfen von Registrier-Systemen, für das Zählen, Zeichnen und Analysieren. Das ist die Willenskraft, die erforderlich ist. Die Vorteile, die man sich von der Veränderung erhofft, müssen die erwarteten Mühen, die man in das Projekt hineinsteckt, ausgleichen.

WAS IST WILLE?

In der Alltagssprache bedeutet Willenskraft häufig Selbstbeherrschung: »Ich hatte heute die Willenskraft, nicht zuviel zu essen!« Manchmal meint man mit Willenskraft eine Stärke, die uns befähigt, zugunsten eines längerfristigen Ziels oder persönlicher Wertvorstellungen auf eine unmittelbare Befriedigung zu verzichten. Manchmal benutzt man Willenskraft zur Erklärung, wenn man etwas Unangenehmes tut. Ein anderes Mal benutzt man das Wort zur Erklärung, wenn man etwas sehr Schwieriges tut oder etwas, für das man erst nach sehr langer Zeit positiv verstärkt werden wird. Die Philosophie hat eine allgemeinere Auffassung vom menschlichen Willen. In diesem Sinne soll *Wille* einen Aspekt des menschlichen Geistes ausdrücken, durch den man sein eigenes Schicksal lenkt oder bestimmt. Eine verhaltenstheoretische Auffassung von Willen kann der philosophischen sehr ähnlich sein. B. F. Skinner schreibt: »Wenn ein Mensch sich selbst kontrolliert, eine bestimmte Handlungsrichtung einschlägt, sich eine Lösung für ein Problem ausdenkt oder eine größere Selbsterkenntnis anstrebt, *verhält* er sich« (Skinner, 1953, S. 228). Dieses Verhalten kann nach denselben Prinzipien gelernt werden wie jedes andere Verhalten.

Wissenschaftlich erforschte Gesetzmäßigkeiten des Verhaltens können benutzt werden, um das Ausmaß Ihrer Selbstbestimmung zu erhöhen. Man kann Selbstbestimmung stärken durch Einwirkung auf die Umgebungsbedingungen, die sie beeinflussen. Daher ist Willenskraft *nicht etwas Eigenständiges*, das man heranziehen muß, um Selbstveränderung zu erklären. Sie *ist* Selbstveränderung. Wenn man lernt, sich mehr selbst zu bestimmen, dann lernt man zu wollen.

Literatur

Ayllon, T., & Azrin, N. *The token economy: A motivational system for therapy and rehabilitation.* New York: Appleton-Century-Crofts, 1968.

Annon, J. The extension of learning principles to the analysis and treatment of sexual problems. Unpublished doctoral dissertation, University of Hawaii, 1971.

Bandura, A. *Principles of behavior modification.* New York: Holt, Rinehart & Winston, 1969.

Bandura, A., Grusec, J. E., & Menlove, F. L. Some social determinants of self-monitoring reinforcement systems. *Journal of Personality and Social Psychology,* 1967, *5,* 449–455.

Bandura, A., & Kupers, C. J. Transmission of patterns of self-reinforcement through modelling. *Journal of Abnormal and Social Psychology,* 1964, *69,* 1–9.

Bandura, A., & Perloff, B. Relative efficacy of self-monitored and externally imposed reinforcement systems. *Journal of Personality and Social Psychology,* 1967, 7, 111–116.

Bandura, A., & Whalen, C. K. The influence of antecedent reinforcement and divergent modeling cues on patterns of self-reward. *Journal of Personality and Social Psychology,* 1966, *3,* 373–382.

Bergin, A. E. A self-regulation technique for impulse control disorders. *Psychotherapy: Theory, Research, & Practice,* 1969, 6, 113–118.

Birch, D. Verbal control of nonverbal behavior. *Journal of Experimental Child Psychology,* 1966, *4,* 266–275.

Bringman, W. G., Kirchev, A., & Balance, W. Goethe as behavior therapist. South-Eastern Psychological Association, New Orleans, February 28 to March 1, 1969.

Cautela, J. R. Treatment of compulsive behavior by covert sensitization. *Psychological Record,* 1966, *16,* 33–41.

Cautela, J. R. Behavior therapy and self-control: Techniques and implications. In C. M. Franks (Ed.), *Behavior therapy: Appraisal and status.* New York: McGraw-Hill, 1969.

Cheyne, J. A., & Walters, R. H. Punishment and prohibition: Some origins of self-control. In T. M. Newcomb (Ed.), *New directions in psychology 4.* New York: Holt, Rinehart & Winston, 1970. Pp. 281–366.

Davison, G. C. The elimination of a sadistic fantasy by a client-controlled counter-conditioning technique: A case study. *Journal of Abnormal Psychology,* 1968, *73,* 84–90.

Di Cara, L. V. Learning in the autonomic nervous system. *Scientific American,* 1970, *222,* 30–39.

Estes, W. K. *Learning theory and mental development.* New York: Academic Press, 1970.

Ferster, C. B. Classification of behavioral pathology. In L. Krasner & L. P. Ullmann (Eds.), *Research in behavior modification.* New York: Holt, Rinehart & Winston, 1965.

Ferster, C. B., Nurnberger, J. I., & Levitt, E. G. The control of eating. *Journal of Mathetics,* 1962, *1,* 87–109.

Fox, L. Effecting the use of efficient study habits. In R. Ulrich, T. Stachnik, & J. Mabry (Eds.), *Control of human behavior.* Glenview, Ill.: Scott, Foresman, 1966. Pp. 85–93.

Freud, S. *New introductory lectures in psychoanalysis.* New York: Norton, 1933.

Goldiamond, I. Self-control procedures in personal behavior problems. *Psychological Reports,* 1965, *17,* 851–868.

Hall, V. R., Atelrod, S., Weiss, L., & Rohrer, S. Use of self-imposed contingencies to reduce the frequency of smoking behavior. Association for the Advancement of Behavior Therapy, Washington, D.C., September 5–6, 1971.

Harris, M. B. A self-directed program for weight control: A pilot study. *Journal of Abnormal Psychology,* 1969, *74,* 263–270.

Homme, L. E. Perspectives in psychology: XXIV. Control of coverants, the operants of the mind. *Psychological Record,* 1965, *15,* 501–511.

Homme, L. E., de Baca, P. C., Devine, J. V., Steinhorst, R., & Rickert, E. J. Use of the Premack principle in controlling the behavior of nursery school children. *Journal of the Experimental Analysis of Behavior,* 1963, *6,* 544.

Kahn, M., & Baker, B. Desensitization with minimal therapist contact. *Journal of Abnormal Psychology,* 1968, *73,* 198–200.

Kahn, M., & Sandler, A. A manual for self-desensitization. Unpublished manuscript, 1966.

Kanfer, F. H. Self-regulation: Research, issues, and speculations. In C. Neuringer & J. L. Michael (Eds.), *Behavior modification in clinical psychology*. New York: Appleton-Century-Crofts, 1970a. Pp. 178–220.

Kanfer, F. H. Self-monitoring: Methodological limitations and clinical applications. *Journal of Consulting and Clinical Psychology*, 1970b, *35*, 148–152.

Kanfer, F. H., & Duerfeldt, P. H. Motivational properties of self-reinforcement. *Perceptual and Motor Skills*, 1967, *25*, 237–246.

Kanfer, F. H., & Marston, A. R. Conditioning of self-reinforcing responses: An analogue to self-confidence training. *Psychological Reports*, 1963a, *13*, 63–70.

Kanfer, F. H., & Marston, A. R. Determinants of self-reinforcement in human learning. *Journal of Experimental Psychology*, 1963b, *66*, 245–254.

Kanfer, F. H., & Phillips, J. S. Behavior therapy: A panacea for all ills or a passing fancy? *Archives of General Psychiatry*, 1966, *15*, 114–128.

Kanfer, F. H., & Phillips, J. S. *Learning foundations of behavior therapy*. New York: John Wiley, 1970.

Kolb, D. A. Self-directed behavior change. In D. A. Kolb & R. Schwitzgebel (Eds.), *Behavior change*. New York: McGraw-Hill, 1972.

Kolb, D. A., Winter, S. K., & Berlew, D. E. Self-directed change: Two studies. *Journal of Applied Behavioral Science*, 1968, *4*, 453–471.

Lazarus, A. A. *Behavior therapy and beyond*. New York: McGraw-Hill, 1971.

Lichtenstein, E. Modification of smoking behavior: Good designs–ineffective treatments. *Journal of Consulting and Clinical Psychology*, 1971, *36*, 163–166.

Liebert, R. M., Hanratty, M., & Hill, J. H. Effects of rule structure and training method on the adoption of a self-imposed standard. *Child Development*, 1969, *40*, 93–101.

Lovaas, O. I. Cue properties of words: The control of operant responding by rate and content of verbal operants. *Child Development*, 1964, *35*, 245–256.

Luria, A. R. The genesis of voluntary movements. In N. O'Conner (Ed.), *Recent soviet psychology*. New York: Liverwright, 1961. Pp. 273–289.

Mahoe, L. Personality characteristics and record-keeping behavior in self-modification projects. Unpublished study, University of Hawaii, 1970.

Marston, A. R. Personality variables related to self-reinforcement. *Journal of Psychology*, 1964, *58*, 169–175.

Marston, A. R., & Kanfer, F. H. Human reinforcement: Experimenter and subject controlled. *Journal of Experimental Psychology*, 1963, *66*, 91–94.

Marston, A. R., & McFall, R. M. Comparison of behavior modification approaches to smoking reduction. *Journal of Consulting and Clinical Psychology*, 1971, *36*, 153–162.

McFall, R. M. Effects of self-monitoring on normal smoking behavior. *Journal of Consulting and Clinical Psychology*, 1970, *35*, 135–142.

McGuire, R. J., & Vallance, M. Aversion therapy by electric shock: A simple technique. *British Medical Journal*, 1964, *1*, 151–153.

McManis, M. J., & Liebert, R. M. Influence of discrepancies between successively modeled self-reward criteria on the adoption of a selfimposed standard. *Journal of Personality and Social Psychology*, 1968, *8*, 166–171.

Melamed, B., & Lang, P. J. Study of the automated desensitization of fear. Paper presented at the meeting of the Midwestern Psychological Association, Chicago, 1967.

Menninger, K. *Theory of psychoanalytic technique*. New York: Basic Books, 1958.

Migler, B. A supplementary note on automated self-desensitization. *Behavior Research and Therapy*, 1968, *6*, 243.

Migler, B., & Wolpe, J. Automated self-desensitization: A case report. *Behavior Research and Therapy*, 1967, *5*, 133–135.

Miller, N. E. Learning of visceral and glandular responses. *Science*, 1969, *163*, 434–445.

Munroe, R. L. *Schools of psychoanalytic thought*. New York: Dryden Press, 1955.

Nolan, J. D. Self-control procedures in the modification of smoking behavior. *Journal of Consulting and Clinical Psychology*, 1968, *32*, 92–93.

Nurnberger, S. I., & Zimmerman, J. Applied analysis of human behavior: An alternative to conventional motivational inferences and unconscious determination in therapeutic programming. *Behavior Therapy*, 1970, *1*, 59–69.

O'Leary, K. D. The effects of self-instruction on immoral behavior. *Journal of Experimental Child Psychology*, 1968, *6*, 297–301.

Orne, M. T. From the subject's point of view, when is behavior private and when is it public: Problems of inference. *Journal of Consulting and Clinical Psychology*, 1970, *35*, 143–147.

Patterson, G. R., & Guillon, M. E. *Living with children: New methods for parents and teachers*. Champaign, Illinois: Research Press, 1968.

Paul, G. *Insight vs desensitization in psychotherapy*. Stanford, California: Stanford University Press, 1966.

Rardin, M. Treatment of a phobia by partial self-desensitization. *Journal of Consulting and Clinical Psychology*, 1969, *33*, 125–126.

Rehm, L. P. & Marston, A. R. Reduction of social anxiety through modification of self-reinforcement: An instigation therapy technique. *Journal of Consulting Psychology*, 1968, *32*, 565–574.

Reppucci, N. D., & Baker, B. L. Self-desensitization: Implications for treatment and teaching. In R. D. Rubin & C. M. Franks (Eds.), *Advances in behavior therapy.* New York: Academic Press, 1969. Pp. 151–159.

Rogers, C. R. & Dymond, R. F. (Eds.) *Psychotherapy and personality change.* Chicago: University of Chicago Press, 1954.

Rutner, I. T. The modification of smoking behavior through techniques of self-control. Unpublished masters thesis, Wichita State University, 1967.

Rutner, I. T., & Bugle, C. An experimental procedure for the modification of psychotic behavior. *Journal of Consulting and Clinical Psychology*, 1969, *33*, 651–653.

Schachter, S. Cognitive effects on bodily functioning: Studies of obesity and eating. In D. C. Glass (Ed.), *Neurophysiology and emotion.* New York: Rockefeller University Press and Russel Sage Foundation, 1967. Pp. 117–144.

Skinner, B. F. *Science and human behavior.* New York: Macmillan, 1953.

Skinner, B. F. Operant behavior. *American Psychologist*, 1963, *18*, 503–515.

Staats, A. *Learning, language, and cognition.* New York: Holt, Rinehart & Winston, 1968.

Staats, A. W. Social behaviorism, human motivation, and conditioning therapies. In B. A. Maher (Ed.), *Progress in experimental personality research.* New York: Academic Press, 1970.

Staats, A., & Staats, C. *Complex human behavior.* New York: Holt, Rinehart & Winston, 1963.

Stuart, R. B. Behavioral control of overeating. *Behavior Research and Therapy*, 1967, *5*, 357–365.

Stuart, R. B. Situational versus self control of problematic behaviors. In R. D. Rubin (Ed.), *Advances in behavior therapy, 1970.* New York: Academic Press, 1971.

Tharp, R., & Wetzel, R. *Behavior modification in the natural environment.* New York: Academic Press, 1969.

Tooley, J. T., & Pratt, S. An experimental procedure for the extinction of smoking behavior. *Psychological Record*, 1967, 17, 209–218.

Ullmann, L. P., & Krasner, L. *A psychological approach to abnormal behavior.* Englewood Cliffs, N.J.: Prentice-Hall, 1969.

Ullmann, L., & Krasner, L. (Eds.) *Case studies in behavior modification.* New York: Holt, Rinehart & Winston, 1965.

Ulrich, R., Stachnik, T., & Mabry, J. (Eds.) *Control of human behavior,* Glenville, Ill.: Scott, Foresman, 1966–70. 2 vols.
Watson, J. B., & Rayner, R. Conditioned emotional reactions. *Journal of Experimental Psychology,* 1920, *3,* 1–14.
Wolpe, J. *The practice of behavior therapy.* New York: Pergamon Press, 1969.
Wolpe, J., & Lazarus, A. A. *Behavior therapy techniques: A guide to the treatment of neuroses.* New York: Pergamon Press, 1966.

EINE AUSWAHL DEUTSCHSPRACHIGER LITERATUR ZU DEN THEO-
RETISCHEN GRUNDLAGEN UND DER PRAXIS DER VERHALTENS-
THERAPIE

Angermeier, W. F.; Peters, M.: *Bedingte Reaktionen,* Springer-Verlag, Berlin (Heidelberger Taschenbücher Band 138), 1973.
Angermeier, W. F.: *Kontrolle des Verhaltens* (Heidelberger Taschenbücher Band 100), 1974.
Bachmann, C. H. (Hrsg.): *Psychoanalyse und Verhaltenstherapie,* Fischer-Taschenbuch Nr. 6171, Frankfurt, 1972.
Blöschl, L.: *Grundlagen und Methoden der Verhaltenstherapie,* Huber-Verlag, Stuttgart, 1969.
Florin, I., und Tunner, W.: *Behandlung kindlicher Verhaltensstörungen,* Goldmann, München, 1970.
Hartig, M.: *Selbstkontrolle,* Urban & Schwarzenberg, München, 1973.
Holland, J., und Skinner, B. F.: *Analyse des Verhaltens,* Urban & Schwarzenberg, München, 1971.
Keupp, H.: *Psychische Störungen als abweichendes Verhalten,* Urban & Schwarzenberg, München, 1972.
Keupp, H. (Hrsg.): *Psychische Störungen und Sozialstruktur,* Urban & Schwarzenberg, München, 1974.
Kraiker, Chr. (Hrsg.): *Handbuch der Verhaltenstherapie,* Kindler, München, 1974.
Mandel, A. et. al.: *Einübung in Partnerschaft durch Kommunikationstherapie und Verhaltenstherapie,* Pfeiffer-Verlag, München, 1971 (7. Aufl. 1974).
Meyer, V., und Chesser, E.: *Verhaltenstherapie in der klinischen Psychiatrie,* Thieme-Verlag, Stuttgart, 1971.
Skinner, B. F.: *Wissenschaft und menschliches Verhalten,* Kindler, München, 1973.
Skinner, B. F.: *Futurum Zwei.* »Walden Two«. Vision einer aggressionsfreien Gesellschaft, Rowohlt-Taschenbuch Nr. 6791, Reinbek, 1972.
Wolpe, J.: *Praxis der Verhaltenstherapie,* Huber, Stuttgart, 1972.

Anita Mandel / Karl Herbert Mandel / Ernst Stadter /
Dirk Zimmer

Einübung in Partnerschaft

durch Kommunikationstherapie und Verhaltenstherapie
Band I

Dieses Ehebuch empfiehlt keine »Schönheitsreparaturen«, sondern zeigt neue Wege, die Beziehung zum Partner entscheidend zu verbessern, Probleme rascher und befriedigender miteinander zu lösen. Besonders hervorzuheben ist, daß ausführliche »Interaktionsprogramme« beschrieben werden, die von den Klienten zu Hause durchgeführt werden können. Münchener Medizinische Wochenschrift
7. Auflage, 22.–24. Tausend, 488 Seiten, Paperback

Karl Herbert Mandel / Anita Mandel / Hans Rosenthal

Einübung der Liebesfähigkeit

Praxis der Kommunikationstherapie für Paare
Einübung in Partnerschaft durch Kommunikationstherapie
und Verhaltenstherapie, Band II

Der lange erwartete zweite Band des Erfolgsbuches »Einübung in Partnerschaft durch Kommunikationstherapie und Verhaltenstherapie« bringt Ergänzungen und Weiterentwicklungen dieses inzwischen weithin anerkannten psychotherapeutischen Ansatzes. Fachleute und interessierte Laien lesen mit Gewinn die ausführlichen Fall-Beispiele aus der Praxis der Ehetherapie. Jedem Exemplar des Buches ist ein zehnseitiger Fragebogen (zweifach) zur Partnertherapie beigegeben.

240 Seiten, Paperback

Gerald Patterson

Soziales Lernen in der Familie

Psychologische Hilfen für Eltern und Kinder
Aus dem Amerikanischen übersetzt von Elfriede Wagner

Gerald Patterson, ein führender amerikanischer Verhaltenstherapeut, gibt eine gut lesbare, wissenschaftlich fundierte Darstellung der Vorgänge, Probleme und Verbesserungsmöglichkeiten im Familienleben. Besonders die alltäglichen Erziehungsfragen werden anhand vieler Beispiele in methodisch aufeinander abgestimmten Lernschritten anschaulich behandelt. 144 Seiten, Paperback

Verlag J. Pfeiffer · München